Gütersloher Taschenbücher / Siebenstern 626

Sören Kierkegaard
Gesammelte Werke

Herausgegeben von
Emanuel Hirsch und Hayo Gerdes

33. Abteilung

Sören Kierkegaard

Die Schriften über sich selbst

Gütersloher Verlagshaus
Gerd Mohn

Aus dem Dänischen übersetzt von Emanuel Hirsch

CIP-Kurztitelaufnahme der Deutschen Bibliothek

Kierkegaard, Søren:
Gesammelte Werke / Sören Kierkegaard. Hrsg. von
Emanuel Hirsch u. Hayo Gerdes. – Gütersloh:
Gütersloher Verlagshaus Mohn
NE: Hirsch, Emanuel [Hrsg.]; Kierkegaard, Søren:
[Sammlung ⟨dt.⟩]
Abt. 33. Die Schriften über sich selbst /
[aus d. Dän. übers. von Emanuel Hirsch]. – 1985
(Gütersloher Taschenbücher Siebenstern; 626)
ISBN 3-579-00626-6

NE: GT

ISBN 3-579-00626-6

Lizenzausgabe mit freundlicher Genehmigung
des Eugen Diederichs Verlages, Köln

Gesamtherstellung: Clausen & Bosse, Leck
Umschlagentwurf: Dieter Rehder, Aachen
Printed in Germany

INHALTSVERZEICHNIS

Anlagen

Geschichtliche Einleitung zur dreiunddreißigsten Abteilung

Die erste Schrift dieser Abteilung „Über meine Wirksamkeit als Schriftsteller" (Om min Forfatter-Virksomhed) ist am 7. VIII. 1851 im Kopenhagener Buchhandel erschienen und steht in den Samlede Vaerker XIII (1906) S. 487—509. Sie bietet zwei voneinander unabhängige Stücke, deren erstes „Die Rechenschaft" (Regnskabet) heißt, deren zweites den Haupttitel „Ein Beiblatt" (Et Folgeblad) und den Untertitel „Meine Stellung als religiöser Schriftsteller in der Christenheit und meine Taktik" (Min Position som religieus Forfatter i Christenhed og min Taktik) führt. Die zweite, umfangreichere Schrift dieser Abteilung, „Der Gesichtspunkt für meine Wirksamkeit als Schriftsteller" (Synspunctet for min Forfatter-Virksomhed) ist von Kierkegaard zur Veröffentlichung nach seinem Tode bestimmt und im Jahre 1859 durch seinen Bruder P. Chr. Kierkegaard herausgegeben worden. Sie steht Samlede Vaerker XIII (1906) S. 511—612. Die „Beilage" (Bilag) des „Gesichtspunktes" sieht äußerlich wie eine selbständige Schrift mit eignem Vorwort aus; sie führt den Titel „Der Einzelne. Zwei Noten betreffs meiner Wirksamkeit als Schriftsteller" (Den Enkelte. Tvende Noter betraeffende min Forfatter-Virksomhed). Angesichts der verwickelten Entstehungsgeschichte beider Schriften war es nötig, aus der großen Ausgabe der „Papirer" Kierkegaards ergänzendes und erläuterndes Material beizufügen. Die mit + versehenen Anmerkungen des Übersetzers und die Anlagen bringen Stellen der Entwürfe, die in der Druckfassung fortgefallen sind, sowie Tagebuchaufzeichnungen, die mit der Arbeit Kierkegaards an diesen Schriften zusammenhängen. Es ist nur inhaltlich Bedeutungsvolles mitgeteilt worden. Nimmt der Leser zu dem hier Gebotenen noch die „Bewaffnete Neutralität" hinzu, welche in der Anlage zur „Einübung im Christentum" mitgeteilt ist, so hat er das gesamte Selbstzeugnis, das Kierkegaard 1848—1850 von seinem schriftstellerischen Werk gegeben hat, beieinander. Zur Erleichterung des Verständnisses ist am Schlusse der Abteilung eine Übersicht über die von Kierkegaard 1843–1851 in den Druck gegebenen Schriften zusammengestellt, die alle von Kierkegaard in diesem seinem Selbstzeugnis berührten Tatsachen verzeichnet.

Die Frage nach der geschichtlichen Entstehung dieser Schriften führt uns in das Jahr 1848, das zu den seltsamsten und reichsten in Kierkegaards Leben gehört. Die Märzrevolution versetzte ihn in eine starke innere Erregung. Seine Voraussage von 1846, daß das ganze Leben der sogenannten christlichen Völker in ein Zeitalter der Nivellierung einzutreten im Begriffe sei, schien sich ihm zu bestätigen, und er glaubte die Trughaftigkeit und Unechtheit der bestehenden Christenheit noch tiefer zu erkennen als bisher. Die Erregung entlud sich in seinen stärksten und gedankenreichsten, zugleich aber auch polemisch einschneidendsten Schriften, der „Krankheit zum Tode" und der „Einübung im Christentum", welche nach der religiösen und kirchlichen Seite seiner Gedankenarbeit als sein eigentliches geistiges Vermächtnis gelten müssen. Unter diesen Erlebnissen meinte er, in sich selber erschauernd, den eigentlichen Sinn und Zusammenhang seiner Lebensgeschichte und seines schriftstellerischen Werkes erst richtig zu verstehen. Dem heraufziehenden Zeitalter der Nivellierung den „Einzelnen" entgegenzustellen und dem Sinnentrug der Christenheit das wahre Bild des Christ Seins und Christ Werdens, beides aber zu tun nicht als ein außerordentlicher Gotteszeuge, sondern als ein schlichter Mensch, der den Weg des ein Einzelner Werdens und des ein Christ Werdens so wie jeder andere zu gehen hat, das ist die Aufgabe, zu der die Weltlenkung ihn brauchen wollte, und um derentwillen sie ihn als Menschen und als Schriftsteller eben so führen mußte, wie sie ihn geführt hat. Der „Gesichtspunkt für meine Wirksamkeit als Schriftsteller", noch in die Arbeit am letzten Teile der Einübung hinein geschrieben, im November 1848 vollendet, ist die Darstellung dieses Selbstverständnisses. Er ist geschrieben unter größter leiblicher Erschöpfung, subjektiv im Angesichte des Todes. Der in dieser Analyse des eignen Werks und der eignen Person sich ausdrückende Wille aber ist der zur nüchternsten wahrhaftigsten Reflexion, die sich bis ins Letzte zur Klarheit darüber zwingt, für die Richtigkeit des vollzogenen Selbstverständnisses auf nichts denn Reflexion und Glaube gewiesen zu sein.

Bei der Frage, ob und wie nun „die Frucht des Jahres 1848", diese „Werke der Vollbringung" zu veröffentlichen seien, erhoben sich nun jedoch, etwa seit Februar 1849 deutlich für uns wahrzunehmen, nicht unbeträchtliche innere Schwierigkeiten. Kierkegaard glitt aus dem Zustande schöpferischer Erregung in seinen großen, von tiefen Depressionen verschatteten Reflexionskampf von 1849/50 hinein. Es sind hauptsächlich Anfechtungen darüber, ob er überhaupt das innere Recht habe zu einem so erschütternden Angriff auf das Bestehende, die Christenheit. Aber auch die äußeren Sorgen fehlen nicht. Kierkegaard ist noch jung. Das Vermögen, das er im Dienst seiner freien Schriftstellerei rücksichtslos verzehrt hat, kann nicht mehr sehr viele Jahre reichen. Mit den Schriften gegen Christenheit und Kirche aber droht er den einzigen Brotberuf, zu dem er nach Vorbildung und Leibesbeschaffenheit leidlich taugt, den des Pastors, sich zu verschließen. Das Gespenst erwerbsloser Armut taucht auf. Kierkegaard hat diesen Reflexionskampf im Wesentlichen siegreich bestanden. Er wagte es, 1849 die „Krankheit zum Tode", 1850 die „Einübung im Christentum" zu veröffentlichen, und er wagte dann 1854/55 den Angriff auf die Kirche in der anstößigsten nur denkbaren Form, wagte ihn in einem Augenblick, wo die Frage der künftigen Existenz wieder ein Stück bedrohlicher geworden war. Verhängnisvoll ist dieser Reflexionskampf allein dem „Gesichtspunkt" geworden, bei dem zu allen andern Hemmungen noch die hinzutrat, daß Kierkegaard sich innerlich außerstande fühlte, sein letztes Wort über sich als noch Lebender zu Mitlebenden zu sagen.

Januar/Februar 1849 sehen wir ihn an dem zunächst ohne Rücksicht auf den Druck geschriebenen „Gesichtspunkt" die „Kleinänderungen" vornehmen, die ihn druckmöglich machen sollen. Im März und April 1849 schreibt er dann als eine Art Auszug aus dem „Gesichtspunkt" die erste Fassung der „R e c h e n s c h a f t", um auch sie, obwohl er sie für ein „Meisterwerk" hält, sofort als nicht druckfähig zu erkennen. Aber das Verlangen, aus der so lange getragenen Unkenntlichkeit und Zweideutigkeit herauszutreten und durch ein unmittelbares Wort den letzten religiösen Sinn seiner Schriftstellerei öffentlich kund zu tun, läßt sich nicht bändigen. Eine Fassung der „Rechenschaft" nach der andern entsteht, das Persönliche wird allmählich dem Allgemeineren gegenüber zurückgedrängt, und die „allerletzte Redaktion“ von 1850 läßt nichts übrig als eine kühle Verlautbarung, die einige objektive Tatbestände analysiert.

Mittlerweile aber vertiefte sich durch die Veröffentlichung erst der „Krankheit zum Tode“, dann der „Einübung im Christentum“ unter Zuhilfenahme des nicht mehr ästhetischen Pseudonyms Anti-Climacus das Gesicht des schriftstellerischen Werkes dermaßen, daß die „Rechenschaft“ einer Ergänzung bedurfte. Im Oktober 1849 schrieb Kierkegaard eine längere Anmerkung zu ihr, welche die Gestalt des Anti-Climacus und die „Krankheit zum Tode“ in das Ganze der Schriftstellerei einordnete. Im Zusammenhang mit der Veröffentlichung der „Einübung im Christentum“ 1850 entstand dann der kleine geistreiche Aufsatz über seine Stellung und Taktik als religiöser Schriftsteller in der Christenheit. Er verband Gedanken aus der „bewaffneten Neutralität“ mit einem Bilde des politischen Geschehens von 1848 und war zunächst als „Nachwort des Herausgebers“ zur „Einübung“ bezeichnet. Indem Kierkegaard ihn nun als „Beiblatt“ mit der allerletzten Redaktion der „Rechenschaft“ vereinigte, war die kleine Schrift „Über meine Wirksamkeit als Schriftsteller“ im Wesentlichen fertig. Bei der Veröffentlichung reichlich ein Dreivierteljahr später im August 1851 nahm er nur noch geringfügige Änderungen vor.

Während der ganzen mühseligen Arbeit von 1849/50 an dieser kleinen Schrift hat Kierkegaard anscheinend öfter die Handschrift des „Gesichtspunktes“ vorgenommen und die Frage ihrer Veröffentlichung immer von neuem geprüft. Es finden sich Notizen, nach denen er den „Gesichtspunkt“ in einen zu Lebzeiten veröffentlichbaren und einen vorläufig nicht veröffentlichbaren Teil sich zerlegte. Ob und wieweit die Reinschrift des „Gesichtspunktes“ dabei Veränderungen erlitten hat, läßt sich mit einer Ausnahme nicht mehr feststellen. Diese Ausnahme betrifft die „Beilage“ des „Gesichtspunktes“, in der kleine 1846/47 entworfene Stücke über sein Verhältnis zur Mitwelt in neuer erweiterter Fassung zusammengestellt waren. Sie schien bei ihrem allgemeineren geistigen Gehalt zur Herausgabe als Sonderschrift geeignet. Kierkegaard gab ihr daher den Obertitel „Der Einzelne“ und schrieb ein eigenes Vorwort zu ihr. Obertitel und Vorwort blieben stehn, auch als der

Plan wieder aufgegeben wurde. Doch nahm Kierkegaard aus der „Beilage“, die ursprünglich aus „Drei Noten“ bestanden hatte, die letzte, dritte Note heraus und brauchte sie als Vorwort zu den August 1851 veröffentlichten „Zwei Reden beim Altargang am Freitag“. Daher lesen wir in der Beilage des heutigen „Gesichtspunkts“ nur noch zwei Noten.

Dieser Bericht über die Entstehungsgeschichte läßt erkennen, daß es sowohl für die „Rechenschaft“ und ihr „Beiblatt“ wie für die als „Beilage“ zum „Gesichtspunkt“ gehörenden „Zwei Noten“ über „den Einzelnen“ möglich ist, die erzeugende, feilende, verwerfende, zurechtrückende Arbeit Kierkegaards am Texte auf Grund der noch erhaltenen Papiere sozusagen Satz für Satz, Wort für Wort zu verfolgen. Nicht möglich aber ist dies heute da, wo es am wichtigsten wäre, beim Kernstück des „Gesichtspunktes“. Als Kierkegaards Neffe, Henrik Lund, am 17. I. 1856 ein Verzeichnis der hinterlassenen Papiere Kierkegaards anfertigte, war nicht allein die Reinschrift des „Gesichtspunktes“, sondern auch die ursprüngliche Niederschrift, die Kierkegaard für das wahreste Wort über sich selbst erklärt hat, noch vorhanden. Im Jahre 1865 waren beide nicht mehr da. Nur die Hüllen, in denen sie sich befunden haben, mit einigen darauf geschriebenen Notizen Kierkegaards über den Inhalt, sowie ein von Kierkegaard nachträglich entferntes und anderweit verwahrtes Blatt mit einem verworfenen Schlusse sind der Vernichtung entgangen. Daß die Reinschrift, nach welcher der Setzer 1859 gearbeitet haben wird, umgekommen ist, mag man zur Not verstehen. Die Vernichtung der ursprünglichen Niederschrift hingegen ist schwer anders zu erklären als aus der Absicht, ihren Inhalt der Nachwelt vorzuenthalten und einen Vergleich der Ausgabe von 1859 mit ihr unmöglich zu machen. Besonders auffallend ist, daß man bei der „Beilage“, den „Zwei Noten“, es nicht für nötig gehalten hat, das gleiche radikale Verfahren anzuwenden. Es bleibt nur die Feststellung, daß wir beim Kernstück des „Gesichtspunktes“ nicht mit Sicherheit wissen, ob und wieweit wir wirklich den von Kierkegaard beabsichtigten Text vollständig lesen.

Es ist nicht erlaubt, aus diesem Tatbestand allzu weitgehende Schlüsse zu ziehen. Der Druck von 1859 macht im Ganzen einen gewissenhaften Eindruck. Abgesehen von einigen etwas hart klingenden Überleitungssätzen darf der Wortlaut dessen, was wir im „Gesichtspunkt" lesen, überall als echt vorausgesetzt werden. Zweifellos finden sich Lücken und Sprünge. Der Übersetzer hat an den entsprechenden Stellen darauf aufmerksam gemacht. Es ist aber möglich, zum mindesten nicht widerlegbar, daß hier Eingriffe von Kierkegaard selber in die Reinschrift geschehen sind.

Angesichts dieser Sachlage war es immerhin unbedingt geboten, aus den dem „Gesichtspunkt" zum Teil noch recht nahestehenden, besonders lehrreichen Entwürfen zur „Rechenschaft" und aus den Tagebüchern schlechthin alles mitzuteilen, was Schlüsse auf den ursprünglichen Text des „Gesichtspunktes" etwa gestatten könnte. Da der von Kierkegaard 1851 gedruckte Text der „Rechenschaft" respektiert werden mußte, war es nötig, sich mit Anmerkungen und Anlagen zu behelfen. Die Anmerkungen bringen solche Stellen aus früheren Entwürfen, die einen sicheren Platz im Zusammenhang des endgiltigen Textes der „Rechenschaft" haben. Die Anlagen bieten solche Stücke, deren Verbindung mit dem endgiltigen Text lose oder unsicher ist, und außerdem tastende unabgeschlossene Versuche zu Erweiterungen. Nimmt man zu dem allen noch die mitgeteilten Tagebuchaufzeichnungen hinzu, so wird wohl nichts Wesentliches an dem fehlen, was Kierkegaard der Nachwelt mitgeteilt wissen wollte.

Das formell Unausgeglichene, Abgerissene, das dem Selbstzeugnis Kierkegaards von seinem schriftstellerischen Werk durch die geschilderte Entstehungs- und Überlieferungsgeschichte aufgeprägt bleibt, stellt sicherlich an Aufmerksamkeit und Einfühlungskraft des Lesers besondere Ansprüche. Es gibt aber den Aussagen dafür eine Unmittelbarkeit und Lebendigkeit, die einer bis ins Letzte zurechtgeschliffenen Darstellung niemals eigen sein könnte. Der Leser wird in die Reflexion Kierkegaards, welche die Sache immer von neuem hin- und herwendet, mit hineingenommen. Kein Zweifel, daß schon rein unter der von Kierkegaard für sich abgelehnten Kategorie des Interessanten diese Schriften und Versuche Kierkegaards über sich selbst kostbare und einzigartige Dokumente in der Geschichte der christlich abendländischen Autobiographie darstellen. Ihre besondere Eigenart aber liegt in ihrer strengen unerbittlichen Wahrhaftigkeit. Der Erforscher von Kierkegaards Leben und Werk hat vielleicht festzustellen, daß einzelne der geschliffenen

Wendungen nicht leicht nach der in ihnen berührten Konkretion zu bestimmen sind. Er wird aber auch, je tiefer er in den Gegenstand eindringt, mit umso größerer Verwunderung feststellen, daß Kierkegaard nicht die geringste Vertuschung oder Verschiebung unterlaufen ist, und daß er sein Leben und Schaffen mit einer Bewußtheit und Klarheit durchdrungen hat, die nahezu unbegreiflich ist.

ÜBER MEINE WIRKSAMKEIT ALS SCHRIFTSTELLER XIII 489

VON

S. KIERKEGAARD

KOPENHAGEN
1851

Dänischer Titel (XIII 489): Om Min Forfatter-Virksomhed af S. Kierkegaard. Kjøbenhavn 1851 mit Angabe von Verleger und Drucker.

XIII 490 Wer glaubet, der ist groß und reich,
Er hat Gott und das Himmelreich.
Wer glaubet, der ist klein und arm,
Er schreiet nur: Herr Dich erbarm!

Dies Motto[1+] (auf der Rückseite des Titels) auch bei Kierkegaard deutsch. Vgl. Gerh. Tersteegen, „Der Frommen Lotterie“ No. 78: „Die reiche Armut“ (Anhang zum „Geistlichen Blumengärtlein inniger Seelen“).

DIE RECHENSCHAFT XIII 491

Kopenhagen im März [2+] 1849 XIII 493

Ist ein Land klein, so sind selbstverständlich in allen Verhältnissen die Maßstäbe klein in so einem kleinen Lande. So auch im Literarischen; das Honorar und alles, was dazu gehört, wird nur unbedeutend sein; Schriftsteller sein — wenn man denn nicht Dichter ist, und dann wiederum dramatischer, oder Lehrbücher schreibt oder auf sonst eine Weise Schriftsteller ist in Beziehung auf eine amtliche Stellung — so ungefähr die am schlechtesten ausgestattete, die am wenigsten gesicherte, insofern die undankbarste Bestallung. Lebt da nun ein Einzelner, dem die Fähigkeit dazu eignet, Schriftsteller sein zu können, ist er dazu so glücklich etwas Vermögen zu haben, so wird er denn also Schriftsteller, so beinahe auf eigne Rechnung. Dies ist indes ganz in der Ordnung, und nichts weiter darüber zu sagen; so soll der Einzelne in seiner Tätigkeit Liebe haben zu seiner Idee, zu dem Volke dem er angehört, der Sache der er dient, der Sprache die er als Schriftsteller zu schreiben die Ehre hat. Das wird auch so sein, wo Einträchtigkeit besteht zwischen dem Einzelnen und dem Volke, welches denn auch bei gegebnem Anlaß ein bißchen erkenntlich sein wird gegen diesen Einzelnen.

Ob gewissermaßen das Gegenteil hiervon das mir Widerfahrene[3+] sein sollte, ob ich von irgendwem oder irgendwelchen mit Unerkenntlichkeit behandelt sein sollte: das geht ja eigentlich nicht mich an, sondern recht eigentlich jene und ist deren eigne Sache. Dahingegen was mich angeht, und wovon es mir so lieb ist daß es mich angeht, ist für das danken zu müssen und zu sollen, was an Gunst und Wohlwollen und Entgegenkommen und Anerkennung da, im Allgemeinen oder von Einzelnen insbesondere, mir bezeigt worden ist.[4+]

XIII 494 Die Bewegung welche das schriftstellerische Werk beschreibt ist: *vom* „Dichter" – vom Ästhetischen, *vom* „Philosophen" – vom Spekulativen *zur* Andeutung der allerinnerlichsten Bestimmung im Christlichen: *vom pseudonymen* „Entweder – Oder" *durch* die „Abschließende Nachschrift" mit *meinem Namen als Herausgeber*, zu den „Reden beim Altargang am Freitag",* von denen die ‚zwei' in der Frauenkirche ge-
XIII 495 halten sind. Diese Bewegung ist uno tenore, in einem einzigen

* Später ist denn doch ein neues Pseudonym herausgekommen: Anti-Climacus. Aber gerade daß es ein Pseudonym ist, bedeutet, was auch der Name (*Anti*-Climacus) andeutet, daß es, in umgekehrter Richtung, Halt gebietet. Die gesamte frühere Pseudonymität steht niedriger als „der erbauliche Schriftsteller"; das neue Pseudonym ist eine höhere Pseudonymität. Jedoch auf die Art wird ja „Halt geboten": es wird ein Höheres aufgewiesen, das mich gerade in meine Schranke zurückzwingt, über mich das Urteil sprechend, daß mein Leben einer so hohen Forderung nicht entspreche, und daß also die Mitteilung dichterisch sei. – Und ein wenig früher im gleichen Jahre ist ein kleines Buch herausgekommen: zwo kleine ethisch-religiöse Abhandlungen von H. H. Die Bedeutung dieses kleinen Buches (welches nicht so sehr *innerhalb* des schriftstellerischen Werkes als vielmehr *zum* schriftstellerischen Werk in seiner Ganzheit seine Beziehung hat, und aus diesem Grunde auch völlig anonym gewesen ist, um aus allem ganz herausgehalten zu werden) ist nicht gar so leicht anzugeben ohne auf das Gesamtwerk einzugehn. Es ist wie eine Seemarke, *nach* der gesteuert wird, wohl zu merken, derart, daß der Steuernde versteht, daß er sich gerade *in einem gewissen Abstande von ihr halten solle*. Sie bestimmt die Grenze des schriftstellerischen Werks. „Der Unterschied zwischen einem Genie und einem Apostel" (Abhandl. Nr. 2) ist: „Das Genie ist ohne Vollmacht". Aber eben weil das Genie als solches ohne Vollmacht ist, hat es auch nicht jene letzte Gesammeltheit in sich, welche Kraft und Recht gibt den Akzent in der Richtung zu setzen: „daß man sich für die Wahrheit totschlagen läßt" (Abhandl. Nr. 1). Das Genie, als solches, steht in einer Reflexion. Dies ist wiederum die Kategorie meines gesamten schriftstellerischen Werks: *aufmerksam zu machen* auf das Religiöse, das Christliche, – jedoch „*ohne Vollmacht*". – Und endlich, um auch das Geringste anzuführen, sind später noch herausgekommen „Die Lilie auf dem Felde und der Vogel unter dem Himmel", drei fromme Reden, welche das Geleit zur zweiten Auflage von Entweder – Oder abgaben, und „Der Hohepriester – Der Zöllner – Die Sünderin" drei Reden beim Altargang am Freitag, welche das Geleit zu „Anti-Climacus' Krankheit zum Tode" abgaben – zwei Kleinschriften, die beide im Vorwort jenes erste Vorwort wiederholen, das Vorwort zu den zwei erbaulichen Reden 1843.

Im Oktober 1849.

Atemzuge, wenn ich so sagen darf, zurückgelegt oder beschrieben worden, so daß das schriftstellerische Werk, in seiner Ganzheit betrachtet, religiös ist vom Anfang bis zum Ende, etwas, was jeder, der sehen kann, auch sehen muß, wenn er sehen will. Und so wie der Naturkundige an der Kreuzung der Fäden im Gespinst, allsogleich erkennt, welches kunstverständige kleine Tier das sei, wessen Gespinst es sei: so wird der Einsichtige auch erkennen, daß zu diesem schriftstellerischen Werk als Urheber einer gehört, der in Eigenschaft als Schriftsteller „nur Eines gewollt hat".[5+] Der Einsichtige wird zugleich erkennen, daß dies Eine das Religiöse ist, aber das Religiöse als ganz und gar in die Reflexion hineingesetzt, jedoch derart, daß es ganz und gar aus Reflexion in Einfalt zurückgenommen wird, das heißt, er wird sehen, daß der zurückgelegte Weg ist: zu gelangen, hinzukommen zur Einfältigkeit.

Und dies ist auch (in Reflexion, wie es denn tatsächlich das Ursprüngliche war) die christliche Bewegung. Christlich ist es nicht das Einfältige, davon man ausgeht, um alsdann interessant, witzig, tiefsinnig, Dichter, Philosoph usw. zu werden. Nein, gerade umgekehrt; mit diesem Letzten fängt man an, und wird alsdann einfältiger und einfältiger, kommt hin zum Einfältigen. Das ist, in der „Christenheit", christlich die Bewegung der Reflexion; man reflektiert sich nicht ins Christentum hinein, sondern man reflektiert sich aus dem Andern heraus und wird, einfältiger und einfältiger, Christ. Wäre der Verfasser ein reich begabter Geist gewesen, oder, falls er es gewesen ist, wäre er ein zweimal so reich begabter Geist gewesen, so hätte er wohl eine längere, oder eine zweimal so lange Zeit gebraucht um, in der schriftstellerischen Hervorbringung, diesen Weg zu beschreiben und diesen Punkt zu erreichen.

* *
*

Aber so wie das was mitgeteilt worden (der Gedanke des Religiösen) ganz und gar in die Reflexion hineingesetzt und wiederum aus der Reflexion zurückgenommen worden ist: so ist auch die Mitteilung entscheidend durch Reflexion gekennzeichnet gewesen, oder auch es ist diejenige Art Mitteilung gebraucht

worden, welche der Reflexion eignet. „Unmittelbare Mitteilung" ist: unmittelbar das Wahre mitteilen. „Mitteilung in Reflexion" ist: hineintäuschen[6] in das Wahre; aber weil die Bewegung ist hinkommen zum Einfältigen, muß die Mitteilung doch einmal, früher oder später, bei der unmittelbaren Mitteilung
XIII 496 enden. Der Anfang wurde, maieutisch, gemacht mit ästhetischer Hervorbringung,* und die gesamte pseudonyme Schriftstellerei ist solch ein Maieutisches. Deshalb ist diese Schriftstellerei ja auch pseudonym gewesen, indessen das unmittelbare Religiöse — das von Anfang an zur Stelle war im Aufschimmern einer Andeutung — meinen Namen trug. Das unmittelbare Religiöse ist von Anfang an zur Stelle gewesen; denn „Zwei erbauliche Reden 1843" ist ja gleichzeitig** mit „Entweder — Oder". Und um diese Gleichzeitigkeit des unmittelbaren Religiösen zu sichern, darum folgte dann gleichzeitig mit jedem Pseudonym eine kleine Sammlung „erbaulicher Reden", bis daß die „Abschließende Nachschrift" erschien, welche das Fragmal stellt, welches „das Fragmal" schlechthin[9] ist, das Fragmal des gesamten schriftstellerischen Werks: „ein Christ werden".***

---

* Dies Maieutische[7] liegt in dem Verhältnis zwischen ästhetischer Schriftstellerei als Anfang, und der religiösen als Ziel und Ende.[8] Der Anfang wird gemacht mit dem Ästhetischen, darin vielleicht die meisten ihr Leben haben, und nunmehr wird das Religiöse so geschwinde angebracht, daß die, welche, vom Ästhetischen bewogen, sich entschließen mitzugehn, plötzlich mitten in den entscheidenden Bestimmungen des Christlichen stehen, dazu veranlaßt zum mindesten aufmerksam zu werden.

** Hiermit wird zugleich der Sinnentrug verhindert: daß das Religiöse etwas ist, zu dem man seine Zuflucht nimmt, wenn man älter wird; „man beginnt als ästhetischer Schriftsteller, und wenn man dann älter geworden ist, nicht mehr die Kräfte der Jugend hat, so wird man religiöser Schriftsteller". Jedoch wenn ein Schriftsteller zur gleichen Zeit als ästhetischer und als religiöser Schriftsteller beginnt, so kann man doch wohl die religiöse Schriftstellerei nicht aus dem zufälligen Umstand erklären, daß der Verfasser älter geworden ist; denn zur gleichen Zeit ist man doch wohl nicht älter als man selbst.

*** Die Lage (in der „Christenheit", wo man also Christ ist – ein „Christ" werden) die Lage, welche, was jeder Dialektiker sieht, alles in Reflexion hineinsetzt, macht zugleich ein mittelbares Verfahren nötig, weil die Aufgabe hier sein muß vorzugehen in Richtung wider den Sinnentrug: daß man sich Christ nennt, vielleicht sich einbildet es zu sein, ohne daß man es ist. Der, welcher das Fragmal anbrachte, bestimmte sich daher nicht unmittelbar dahin, daß er Christ sei, die andern nicht, nein

Von diesem Augenblick an hört das Aufschimmern des unmittelbaren Religiösen auf; denn nunmehr stellt sich die rein religiöse Schriftstellerei ein: „Erbauliche Reden in verschiedenem Geist“; „Die Taten der Liebe“; „Christliche Reden“. Aber um XIII 497
umgekehrt an den Anfang zu erinnern, erschien (als Entsprechung zu dem was die „zwei erbaulichen Reden“ zu Anfang waren, da die umfangreichen Schriften ästhetische waren) gegen Ende (wo lange Zeit hindurch alles, ausschließlich und umfangreich, bloß religiöse Schriftstellerei war) ein kleiner ästhetischer Artikel von „Inter et Inter“ in der Zeitung „Faedrelandet“ Juli 1848 Nummer 188—191: das Aufschimmern der „zwei erbaulichen Reden“ zu Anfang bedeutete, daß dies es eigentlich war, das an den Tag sollte, dahin man kommen sollte; das Aufschimmern des kleinen ästhetischen Artikels gegen Ende bedeutete als Widerschein, daß es zum Bewußtsein gebracht wurde,[10+] das Ästhetische sei von Anfang an das gewesen, davon fortgegangen werden sollte, das verlassen werden sollte. Die „Abschließende Nachschrift“ ist der Mittelpunkt, und dies — was da natürlich lediglich darauf Anspruch macht eine Merkwürdigkeit[11] zu sein — so haargenau, daß sogar die Menge des Geleisteten vorher und nachher nahezu gleich groß ist, sofern man denn, wie es ja in der Ordnung ist, „die achtzehn erbaulichen Reden“ mit zur bloß religiösen Schriftstellerei rechnet; und selbst die Zeit der Schriftstellerei vor der „Abschließenden Nachschrift“ und nach ihr ist nahezu gleich lang.[12+]

* *
*

Endlich ist die Bewegung dieses schriftstellerischen Werks abermals entscheidend gekennzeichnet durch Reflexion, oder sie ist die der Reflexion. Unmittelbar beginnt man mit einzelnen, einigen wenigen Lesern, und die Aufgabe oder die Bewegung ist dann eine Menge zu sammeln, ein Abstraktum sich zu gewinnen: das Publikum. Hier wurde, *maieutisch*, der *Anfang* gemacht

---

umgekehrt, er stellt in Abrede daß er es ist und gesteht es den andern zu. Das tut Joh. Climacus. — Im Verhältnis zur reinen Empfänglichkeit, dem leeren Gefäße gleich das gefüllt werden soll, ist *unmittelbare* Mitteilung an ihrem Platz; wo indes Sinnentrug im Spiele ist, also ein Etwas, das erst einmal fort muß, da ist unmittelbare Mitteilung nicht an rechter Stelle.

mit einer Sensation, und dem was dazu gehört, dem Publikum, das jederzeit dabei ist, wo etwas zu Gange ist; und die Bewegung war, *maieutisch*, die „Menge“ abzuschütteln um „den Einzelnen“* zu fassen zu bekommen, den Einzelnen in religiösem Sinn.
XIII 498 Eben im gleichen Augenblick, da die von „Entweder — Oder“ wachgerufene Sensation auf ihrem Höhepunkte war, eben im gleichen Augenblick kamen „zwei erbauliche Reden“ 1843 heraus, welche die Formel brachten, die seitdem mit Gleichmäßigkeit wiederholt worden ist: „sie sucht jenen Einzelnen, den ich mit Freude und Dankbarkeit meinen Leser nenne“.[13] Und eben in dem kritischen Augenblick, da die „Abschließende Nachschrift“, die wie gesagt, das „Fragmal“ stellt, an die Druckerei abgeliefert war, damit der Druck so schnell wie möglich beginne, und die Herausgabe also wohl bald folgen mußte: eben in diesem Augenblick machte ein Pseudonym,[14] und zwar an der hierfür zweckmäßigsten Stelle, in einem Zeitungsartikel, die größte mögliche Anstrengung, in Richtung wider das Publikum abzustoßen;**[15]+ und darnach begann die entscheidende religiöse Schriftstellerei. Religiös machte ich mir zum andern Mal mit „jenem Einzelnen“ zu tun, welchem denn

* Das ist wiederum (ebenso wie dies, daß ein religiöser Schriftsteller mit ästhetischer Hervorbringung beginnt, und ebenso wie dies: daß man, anstatt sich selber und seinen Vorteil liebend, sein Bestreben mit einem Sinnentrug zu unterstützen, statt dessen, sich selber hassend, allen Sinnentrug fortnimmt) die dialektische Bewegung oder es ist das Dialektische: beim *Arbeiten* sich selbst *entgegenzuarbeiten*, welches die Verdoppelung ist und die Ungleichartigkeit alles wahrhaften frommen Strebens mit weltlichem Streben. *Unmittelbar* streben oder arbeiten heißt arbeiten oder streben mit Unmittelbarkeit, in unmittelbarem Zusammenhange mit einem tatsächlich gegebenen Zustand; das Dialektische ist das *Umgekehrte*: beim Arbeiten sich selbst entgegenzuarbeiten, eine Verdoppelung, welche der „Ernst“ ist, gleich dem Druck auf den Pflug, welcher die Tiefe der Furche bestimmt, indessen das unmittelbare Streben ein glättendes Gleiten ist, welches rascher von der Hand geht und zugleich weit weit dankbarer ist, d. h.: Weltlichkeit und Gleichartigkeit ist.

** Nur Eines noch. Die Presse der literarischen Erbärmlichkeit hatte eine zum Erschrecken unverhältnismäßige Verbreitung gewonnen: aufrichtig gesprochen, ich glaubte, daß das was ich tat, zugleich eine Wohltat sei; sie wurde von manchen unter denen, um derentwillen ich unter anderm mich derart aussetzte, belohnt — ja, so wie eine Liebestat in der Welt gerne belohnt wird, und wurde, dank diesem Lohne, eine wahre christliche Liebestat.

auch die (auf die „Abschließende Nachschrift") nächstfolgende
wesentliche* Schrift „Erbauliche Reden in verschiedem Geist"
oder doch deren erster Teil, die „Beichtrede", gewidmet war. Als
ich zum ersten Mal die Kategorie „jener Einzelne" anbrachte,
achtete man vielleicht nicht auf sie; stark achtete man wohl auch
nicht darauf, daß sie mit Gleichmäßigkeit wiederholt wurde im
Vorwort zu einem jeden Heft der erbaulichen Reden: als ich zum
andern Mal, oder in zweiter Potenz, die Botschaft wiederholte
und zu meiner ersten Botschaft stand, war alles getan, was ich
vermochte, damit das ganze Gewicht der Nachdrücklichkeit auf
jene Kategorie fiele. Die Bewegung ist hier wiederum: *hin-* XIII
kommen zum Einfältigen, die Bewegung ist: fort *vom* Pu- 499
blikum *zum* „Einzelnen".[17+] *Religiös* gibt es nämlich kein
Publikum sondern nur Einzelne;** denn das Religiöse ist der Ernst,
und der Ernst ist: der Einzelne, jedoch so, daß jeder Mensch, un-
bedingt jeder Mensch, der Einzelne sein kann, ja sein soll, so wie
er es denn ja ist. Für mich, den erbaulichen Schriftsteller, war und
ist es darum eine Freude, daß von jenem Augenblick an es derer
mehr wurden, welche auf das mit „dem Einzelnen" aufmerksam
wurden; das war und ist mir eine Freude, denn allerdings, ich habe
Glauben an die Richtigkeit meines Gedankens der ganzen Welt
zum Trotz, aber was ich doch nächst dem zu allerletzt aufgäbe,
ist mein Glaube an die Einzelmenschen. Und das ist mein Glaube:
so viel Verwirrtes und Böses und Widerwärtiges an den Menschen
sein mag, sobald sie, der Verantwortung und Reue ledig, „Publi-
kum", „Menge" u. dgl. werden: ebensoviel Wahres und Gutes
und Liebenswertes ist an ihnen, wo man sie einzeln zu fassen be-

* Denn die kleine „literarische Anzeige" der Novelle „Zwei Zeitalter" folgte so unmittelbar auf die „Abschließende Nachschrift", daß sie ihr nahezu gleichzeitig ist, und ist ja eine Arbeit von mir in Eigenschaft als Kritiker, nicht in Eigenschaft als Verfasser,[16+] enthält denn jedoch im übrigen, in ihrem letzten Abschnitt, unter dem Gesichtspunkt „der Einzelne" ein Bild der Zukunft, welches durch das Jahr 1848 nicht zur Unwahrheit gemacht worden ist.

** Und insoweit es, religiös, eine „Gemeinde" gibt, ist dies ein Begriff, der auf der andern Seite von „der Einzelne" liegt, und der um alles nicht verwechselt werden darf mit dem, was politisch Giltigkeit haben mag, mit Publikum, Menge, dem Numerischen usw.[18+]

kommt. O, und in welchem Maße würden die Menschen nicht — Menschen werden und liebenswert, wenn sie Einzelne würden vor Gott![19+]

XIII 500 Auf die Art[20+] verstehe ich das Ganze *jetzt*; von Anbeginn an habe ich so nicht überschauen können, was ja zugleich meine eigene Entwicklung gewesen ist. Zu weitläuftiger Darstellung war denn hier am wenigsten die Stelle; hier galt es gerade, ganz kurz mit Einfalt in Eins zu falten, was da entfaltet ist in den vielen Büchern oder als ein Entfaltetes die vielen Bücher ist; und veranlaßt ist diese kurze Mitteilung zuallernächst dadurch, daß das erste Stück des schriftstellerischen Werks jetzt zum andern Male erscheint: die neue Auflage von „Entweder — Oder", die ich nicht früher habe ausgehen lassen wollen.

Persönlich — wenn ich sowohl an meine inwendigen Leiden denke, als auch an das was ich persönlich verschuldet[21] haben mag — persönlich beschäftigt mich Eines unbedingt, und ist mir wichtiger als das ganze schriftstellerische Werk und liegt mehr mir am Herzen: so aufrichtig und so stark wie möglich auszudrücken, wofür ich niemals genugsam danken kann, und woran ich, wenn ich dereinst mein gesamtes schriftstellerisches Werk vergessen haben werde, unwandelbar ewig mich erinnern will: wie unendlich viel mehr die Weltlenkung[22] für mich getan hat, als ich irgend erwartet habe, habe erwarten können, habe erwarten dürfen.

XIII 501 *„Ohne Vollmacht"* *aufmerksam zu machen* auf das Religiöse, das Christliche, das ist die Kategorie für meine gesamte Wirksamkeit als Schriftsteller, als ein Ganzes betrachtet. Daß ich „ohne Vollmacht" war, habe ich vom ersten Augenblick an eingeschärft und mit Gleichmäßigkeit wiederholt; ich betrachte mich selbst am liebsten als einen *Leser* meiner Bücher, nicht als den *Verfasser*.

„Vor Gott", religiös, nenne ich, wenn ich mit mir selbst rede, die gesamte Wirksamkeit als Schriftsteller meine eigene Erziehung und Entwicklung, nur nicht in dem Sinne, als ob ich nun vollkommen wäre oder vollkommen fertig wäre insofern daß es einer Erziehung und Entwicklung nicht mehr bedürfte.[23+]

EIN BEIBLATT XIII 503

Meine Stellung als religiöser Schriftsteller in der „Christenheit“ und meine Taktik.[24+] XIII 505

1.

Meine Stellung.

Kopenhagen im Nov. 1850

Niemals hab ich so gekämpft. daß ich sagte: ich bin der wahre Christ, die andern sind nicht Christen, oder wohl gar Heuchler u. dgl. Nein, ich habe so gekämpft: *ich weiß, was Christentum ist*; meine Unvollkommenheit als Christ erkenne ich selbst – aber ich weiß, was Christentum ist. Und dies zweckdienlich zu wissen zu bekommen scheint mir in jedes Menschen Interesse zu liegen, er sei nun Christ oder Nicht-Christ, seine Absicht sei, das Christentum anzunehmen oder es aufzugeben. Aber keinen hab ich angegriffen, daß *er* kein Christ sei, keinen hab ich gerichtet; ja das Pseudonym, Joh. Climacus, welches das Fragmal „Christ Werden“ stellt, tut sogar das Gegenteil, stellt es für sich in Abrede, Christ zu sein, und gesteht es den andern zu – doch wohl die größte mögliche Ferne vom Richten andrer! Und ich selber habe von Anfang an eingeschärft, und wieder und wieder, mit Gleichmäßigkeit wiederholt: ich bin „ohne Vollmacht“. Endlich ist im letzten Buche[25] von Anti-Climacus (welcher, besonders in Nr. I, mittels eines Dichterischen, das alles zu sagen wagt, und eines Dialektischen, das keine Folgerung scheut, den ganzen Sinnentrug zu zerstören strebt) wiederum keiner, keiner gerichtet; der einzige namhaft Gemachte, über den der Spruch ergeht, daß er, im Streben nach der Idealität, nur ein sehr unvollkommener Christ sei, das (vgl. das dreimal wiederholte Vorwort) bin ich selbst, der einzige Geurteilte, und darein finde ich mich willig, denn es beschäftigt mich unendlich, daß die Forderungen der Idealität zum wenigsten gehört werden. Aber das ist doch wiederum die größte mögliche Ferne vom Richten anderer.

2.

Meine Taktik.

Die lange Zeit hindurch gebrauchte Taktik ist gewesen: alle Mittel anwenden, um so viele wie möglich, womöglich alle dahin zu bringen, daß sie aufs Christentum eingehen — aber dann es
XIII 506 nicht so ganz genau damit nehmen, ob nun das, darauf einzugehen sie bewogen wurden, ob das wirklich Christentum war. Meine Taktik ist gewesen: mit Gottes Hilfe alle Mittel anwenden um es zur Klarheit zu bringen, was die Forderung des Christentums in Wahrheit ist — wenn dann auch nicht ein einziger darauf eingehen wollte, wenn auch ich selbst es aufgeben müßte, Christ zu sein, was solchenfalls öffentlich zu gestehen ich mich verpflichtet gefühlt hätte. Von der andern Seite her war meine Taktik diese: anstatt auch nur auf die entfernteste Weise den Anschein zu geben, es bestünden doch solche Schwierigkeiten mit dem Christentum, daß eine Apologie nötig werde, wenn wir Menschen darauf eingehen sollen: stattdessen es, wahrheitsgemäß, als etwas so unendlich Erhabenes darzustellen, daß die Apologie an eine andere Stelle rückt, für uns geschieht, daß wir es wagen uns Christen zu nennen, oder sich verwandelt in ein bußfertiges Bekenntnis, daß wir Gott danken, wenn wir nur uns selbst für Christen ansehen dürfen.

Indes darf auch dies nicht vergessen werden. Ebenso streng wie das Christentum ist, ebenso milde ist es, ganz ebenso milde, das heißt, unendlich milde. Wenn die unendliche Forderung gehört und gewahrt worden ist, gehört und gewahrt wird in ihrer ganzen Unendlichkeit, so wird die „G n a d e“ dargeboten, oder auch die Gnade bietet sich dar, zu welcher dann der Einzelne, jeder im besonderen, hinfliehen kann, gleichwie ich es tue; und so geht es schon. Aber es ist doch wohl keine Übertreibung (wie es denn zugleich auch gerade der „Gnade“ dient), daß die Forderung der Unendlichkeit, die „unendliche“ Forderung dargestellt wird als — „unendlich“; es ist lediglich, in andrer Rücksicht, Übertreibung, wenn allein die Forderung dargestellt, und die Gnade überhaupt nicht angebracht wird. Dahingegen heißt es das Christentum zu einem eitlen Dinge machen, wenn man entweder (vielleicht in Anbetracht daß es — was da wohl vermeintlich soll Eindruck machen können auf Gott im Himmel und das Christentum und die Apostel und die Märtyrer und die Wahrheitszeugen und die Väter mitsamt ihrer „*Praxis*“ — „auf die Art nicht hergeht im praktischen Leben“) die unendliche Forderung verendlicht, oder sie am Ende gar völlig fortläßt, und die „Gnade“ *ohne weiteres* anbringt, was ja bedeutet, daß sie eitel genommen wird.[26+]

Aber niemals hab ich, auch nicht auf die entfernteste Weise, Miene oder Versuch gemacht, die Sache, was meiner Seele und meinem Wesen fremd ist, in pietistischer Strenge vollstrecken zu wollen, auch keineswegs, die Existenzen überanstrengen zu wollen, was den Geist in mir betrüben[27] würde. Nein. Was ich gewollt habe ist dazu beitragen, vermittelst von Zugeständnissen, daß womöglich etwas mehr Wahrheit hineingebracht werde in diese (in Richtung auf derlei wie ein ethischer oder ethisch-religiöser Charakter sein, weltlicher Klugheit entsagen, für die Wahrheit leiden wollen) unvollkommeneren Existenzen, wie wir sie führen, und das ist doch immerhin etwas, und jedenfalls die erste Bedingung um dazu zu kommen, daß man auf tüchtigere Art existiere. Was ich habe verhindern wollen ist, daß man da nicht, indem man sich auf das Leichtere und Niedere beschränkt und daran sich genügen läßt, alsdann weiter gehe,[28] das Höhere abschaffe, weiter gehe, das Niedere auf den Platz des Höheren stelle, weiter gehe, das Höhere zu Phantasterei und lächerlicher Übertreibung mache, das Niedere zu Weisheit und wahrem Ernst, daß man da nicht in der „Christenheit“ in existenzieller Beziehung Luther und die Bedeutung von Luthers Leben eitel nehme; das womöglich zu verhindern, dazu hab ich beitragen wollen.

Was nötig war, das war unter anderm eine gottesfürchtige XIII 507
Satire. Diese hab ich dargestellt besonders mit Hilfe der Pseudo-

nyme, die auch mich nicht haben durchwitschen lassen. Damit jedoch keine Verwechslung statthaben könne, damit denn diese Satire nicht verwechselt werden könne mit dem, was sich nur allzu gerne dafür ausgibt, Satire zu sein: mit dem weltlichen[29] Aufstand der tiefst gesunkenen weltlichen Mächte, so war ich, der diese fromme Satire dargestellt hat, eben ich der, welcher der weltlichen Satire jenes Pöbelaufstands sich entgegenwarf[30] und sich preisgab. So hab ich fürs erste mich gottesfürchtig bestrebt redlich zu sein. Und ferner, wenn die Darstellungen auch einen Stachel der Wahrheit haben, so ist doch das Ganze so milde als möglich ins Werk gesetzt, da lediglich die Rede ist von Einräumungen und Zugeständnissen, und zwar Einräumungen und Zugeständnissen, bei denen es jedem Einzelnen überlassen wird, sie sich selber zu machen vor Gott. Indes eben diese Milde kommt vielleicht in einem andern Sinne jemandem ungelegen; es war weit leichter des Ganzen quitt zu werden, wenn der Verfasser ein Wirrkopf war, der bei jedem Punkte übertrieb, so die Anklage wie die Forderung. Und da dies nun nicht der Fall ist, so konnte wohl der eine oder andere es sich einfallen lassen auszusprengen, daß es der Fall sei. Jedoch wird mit Gottes Hilfe dieser Versuch schon mißlingen. Ja, wäre ich ein starker ethisch-religiöser Charakter — ach, statt dessen bin ich beinahe nur ein Dichter! — und somit dazu befugt und verpflichtet im Dienste der Wahrheit strenger vorzugehn: so wäre es wohl möglich, daß ich, anstatt bei Mitlebenden Eingang zu finden, nichts als Widerstand fände. Aber da ich so stark nicht bin, wird es mir freilich gelingen bei Mitlebenden Eingang zu finden, also nicht auf Grund meiner Vollkommenheit, ein Eingeständnis, das ich der Wahrheit zu schulden meine.

Im Verhältnis zu einem „Bestehenden" hab ich — folgerichtig, da ja mein Besteck gewesen ist „der Einzelne" mit polemischer Sicht wider das Numerische, die Menge u. dgl. — jederzeit das Gegenteil von angreifen getan, ich habe niemals eine „Opposition" gemacht oder mitgemacht, welche die „Regierung" fort haben will, sondern das abgegeben was man ein „Korrektiv" nennt, welches will, daß da um Gottes im Himmel willen von denen regiert werden möge, die dazu bestellt und berufen sind, daß diese, in der Furcht Gottes, fest stehen möchten, nur Eines wollend, das

Gute; und ich habe damit erreicht, daß ich mich mit Opposition und Publikum entzweite, ja zuweilen obendrein mich finden müssen in die Mißbilligung des einen oder andern doch vielleicht minder gut unterrichteten Mannes im Amte. — Soweit ein kirchlich Bestehendes sich selbst versteht, wird es in gleichem Maße auch das letzte Buch „Einübung im Christentum" verstehen als einen Versuch, in ideeller Hinsicht den Stützpunkt für ein Bestehendes zu finden. Dies (welches denn übrigens das Vorwort unmittelbar ausdrückt indem es ausdrückt, wie ich das Buch verstehe) habe ich nicht allsogleich so unmittelbar* sagen wollen wie ich
es hier sage, auf daß ich, der Wahrheit zugute, mich selbst nicht XIII 508
schonte in Beziehung auf das, was wahrscheinlich oder nicht, doch eine Möglichkeit war, und mich den Schwierigkeiten und Gefahren nicht entzöge, die hätten entstehen können, wenn das Bestehende sich vorgesetzt hätte — was einen bedenklichen Einblick in den religiösen Gesundheitszustand des Bestehenden eröffnet hätte — die Mitteilung in Opposition zu verwandeln, welches indessen Gott sei Dank nicht geschehen ist, dahingegen es wohl möglich wäre, daß das Gleichgiltige, das Komische noch jetzt geschähe, daß nämlich der eine oder andere gut unterrichtete Mann im Amte, dem allein dies schon genügt, daß ich kein Mann im Amte bin, eilends daherkommt das Bestehende hiergegen zu verteidigen und zu schützen — ja, dennoch ist es allerdings in diesem Augenblick die mögliche Verteidigung für ein Bestehendes, wofern es sich selbst versteht.[32+]

Sie barsten im Jahre 1848, der Klugheit Bande; es ward gehört, das Geheul, welches das Chaos ankündigt! „Es war das Jahr achtundvierzig, es war ein Fortschritt" ja — dann nämlich, wenn „Regierung" zustandegebracht wird, und dazu gehört vielleicht nicht ein einziger neuer Beamter, oder auch die Verabschiedung

* Daß das Buch (ohne das Vorwort des Herausgebers, das ein Ding für sich ist) eine Verteidigung des Bestehenden sei, kann *unmittelbar* nicht gesagt werden, da die Mitteilung doppelt reflektiert ist; sie kann ja auch das gerade Gegenteil sein oder als solches verstanden werden. Ich sage darum unmittelbar nur, daß ein Bestehendes, das sich selbst versteht, es so verstehen muß; alle doppelt reflektierte Mitteilung macht einander entgegengesetzte Verständnisse gleich möglich[31], sodaß der Urteilende offenbar wird darin, wie er urteilt.

irgend eines früheren, indes vielleicht wohl eine innerliche Verwandlung dahin daß man Festigkeit gewinnt in Kraft der Furcht Gottes. Der Fehler von oben her[33+] war allerdings der, daß aufs Ganze gesehen durch die Regierung hin von oben bis unten allein weltliche Klugheit die Stärke war, und die ist wesentlich gerade Mangel an Stärke: die Schuld von unten her war, daß man alles Regiment fort haben wollte: die Strafe — denn die Art der Sünde ist immer die Art der Strafe — die Strafe ist: das was am bittersten vermißt wird ist eben: Regiment. Noch nie sind das Geschlecht und die Einzelnen in ihm (der Befehlende — der Gehorchende; der Vorgesetzte — der Unterstellte; der Lehrer — der Lehrling usw.) so wie in unserm Jahrhundert entblößt gewesen von, wenn man so will, aller Geniertheit dadurch, daß etwas unbedingt fest steht und fest stehen soll; noch nie haben sich wohl die „Meinungen" (die allerverschiedenartigsten, auf den mannigfaltigsten Gebieten) so in „Freiheit, Gleichheit und Brüderlichkeit" ungeniert und glücklich gefühlt unter dem Freibrief „bis zu einem bestimmten Maß": und nie wird das Geschlecht wohl so tief zu spüren bekommen, daß es selbst und jeder Einzelne in ihm des bedürfe, daß etwas unbedingt fest steht und stehen soll, des bedürfe, was die Gottheit, die liebende in Liebe, erdachte, des Unbedingten, an dessen Stelle der Mensch, der gescheite zu eignem Verderben, sich selber bewundernd das bewunderte „bis zu einem gewissen Maß" setzte. Heiße den Seemann ohne Ballast segeln — er segelt um; laß das Geschlecht, laß jeden Einzelnen in ihm versuchen ohne das Unbedingte zu bestehen: es ist und bleibt ein Strudel. Es kann auf längere oder kürzere Zeit, auf ein Stück Weges anders scheinen, daß es nämlich Festigkeit und Sicherheit sei: im Grunde ist und bleibt es Strudel, selbst die größten Ereignisse und das anstrengendste Leben bleiben dennoch Strudel oder etwas wie das Nähen ohne festgemachtes Ende — bis das Ende wieder festgemacht wird dadurch, daß das Unbedingte angebracht wird, oder dadurch, daß der Einzelne, ob auch auf noch so großen Abstand, doch zu einem Unbedingten sich verhält. Bloß im Unbedingten leben, bloß das Unbedingte einatmen, das kann der Mensch nicht, er kommt um gleich dem Fisch, der in der Luft leben soll; aber
XIII 509 anderseits, ohne sich zum Unbedingten zu verhalten kann ein Mensch in tieferem Sinne auch nicht „leben", er haucht aus, das

heißt, er fährt vielleicht fort zu leben, aber ohne des Geistes Hauch. Ist — um bei meinem Gegenstand, dem Religiösen, zu bleiben — ist das Geschlecht, oder ein großer Teil einzelner Menschen im Geschlecht dem Kindlichen entwachsen, daß ein andrer Mensch für sie der ist, der das Unbedingte darstellt: wohl, darum kann gleichwohl das Unbedingte nicht entbehrt werden, vielmehr, umso sehr viel weniger kann es entbehrt werden. Dann muß „der Einzelne" selbst sich zum Unbedingten verhalten. Das ist es, dafür ich, gemäß der mir vergönnten Kraft, mit äußerster Anstrengung und mancher Aufopferung gekämpft habe, kämpfend wider alle Tyrannei, auch die der großen Zahl. Dies mein Streben hat den Haß auf sich gezogen als ein ungeheuerlicher Stolz und Hochmut — ich habe geglaubt, und ich glaube, daß es Christentum ist und Liebe zum „Nächsten".

DER GESICHTSPUNKT FÜR MEINE WIRKSAMKEIT ALS SCHRIFTSTELLER XIII 513

EINE UNMITTELBARE MITTEILUNG

MELDUNG AN DIE GESCHICHTE

VON

S. KIERKEGAARD

KOPENHAGEN
1859

Dänischer Titel (S. V. XIII 513): Synspunktet for min Forfatter-Virksomhed. En Ligefrem Meddelelse, Rapport Til Historien Af S. Kierkegaard. Kjøbenhavn 1859. Auf der Rückseite des Titelblattes die Notiz: Udgivet af P. Chr. Kierkegaard (herausgegeben von Peder Christian Kierkegaard)

XIII 514 In jedem Dinge muß die Absicht mit der Thorheit auf die Wagschale gelegt werden.

Shakespeare

Hvad skal jeg sige? Mine Ord
Vil ikke meget sige,
O, Gud hvad er Din Visdom
stor,
Din Godhed, Magt, Dit Rige.

Brorson

Das Doppelmotto ist genau so wiedergegeben wie es in der Dänischen Ausgabe (XIII 514) steht. Der dänische Gesangbuchvers lautet, in deutsche Prosa übersetzt: „Was soll ich sagen? Meine Worte / wollen nicht viel sagen, / O, Gott wie ist deine Weisheit groß, / deine Güte, Macht, dein Reich." Er stammt aus Brorsons Lied: „Op al den Ting, som Gud har gjort", („Auf, alles Ding, das Gott erschuf"). Das Shakespearewort stammt aus Heinrich IV. 2. Teil 2. Akt 2. Szene und ist von Kierkegaard nach Schlegel-Tieck wiedergegeben.

EINLEITUNG XIII 517

Es ist in meiner Wirksamkeit als Schriftsteller ein Punkt erreicht, wo es sich machen läßt, wo ich ein Bedürfnis fühle, weshalb ich es denn auch als meine Pflicht ansehe: ein für allemal so geradezu und offen und bestimmt als möglich zu erklären, wie es damit bestellt ist, was ich behaupte als Schriftsteller zu sein. Der Augenblick ist, wie ungünstig er auch in einem andern Sinne sei, jetzt gegeben, teils weil, wie gesagt, dieser Punkt erreicht ist, teils, weil ich jetzt in der Literatur zum zweiten Male mit meinem Erstling zusammentreffe, mit der zweiten Auflage von „Entweder – Oder",[34] welche ich nicht früher habe herauskommen lassen wollen.

Es gibt eine Zeit zu schweigen und es gibt eine Zeit zu reden.[35] Solange als ich strengstes Schweigen religiös als meine Pflicht angesehen, habe ich mich auf jegliche Weise bemüht, es zu bewahren. Ich habe auch kein Bedenken getragen, und das hängt zusammen mit dem Schweigen und der Rätselhaftigkeit und der Zwiefältigkeit, meinem Bestreben im endlichen Sinne entgegenzuarbeiten. Was ich in dieser Hinsicht getan, ist mißverstanden worden, ist erklärt worden für Stolz, Hochmut und Gott weiß was. Da ich Schweigen religiös für meine Pflicht ansah, habe ich nicht das Mindeste getan, um dies Mißverständnis zu beheben. Schweigen aber sah ich für meine Pflicht an, weil das schriftstellerische Werk noch nicht derart in seiner Ganzheit vorlag,[36] daß das Verständnis etwas andres als Mißverständnis hätte werden können.

Der Inhalt dieser kleinen Schrift ist denn also: was ich als Schriftsteller in Wahrheit bin, daß ich bin und gewesen bin religiöser Schriftsteller, daß meine gesamte Wirksamkeit als Schriftsteller in einem Verhältnis zum Christentum steht, zu dem Fragmal: ein Christ werden,[37] mit mittelbarer und unmittelbarer XIII 518
polemischer Sicht auf den ungeheuerlichen Sinnentrug: die Christenheit,[38] oder daß in einem Lande so alle soso Christen sind.

Jeden, dem die Sache des Christentums in Wahrheit am Herzen liegt, und je ernstlicher sie ihm am Herzen liegt, den möchte ich, und desto inständiger, darum bitten sich mit dieser kleinen Schrift bekannt zu machen, nicht in Neugier, sondern in Besinnlichkeit, so wie man eine religiöse Schrift liest. Inwiefern ein sogenanntes ästhetisches Publikum einigen Genuß darin gefunden hat oder finden können sollte, die ästhetische Schriftstellerei zu lesen oder in der ästhetischen Schriftstellerei zu lesen, welche das Inkognito oder die Täuschung in des Christentums Diensten ist: das ist mir natürlich, aufs Ganze gesehen, das Gleichgiltige; denn ich bin religiöser Schriftsteller. Angenommen: ein solcher Leser verstehe und beurteile die einzelne ästhetische Hervorbringung auf vollkommene Weise: mich mißversteht er ganz und gar, da er sie nicht versteht in dem religiösen Ganzen der schriftstellerischen Wirksamkeit. Angenommen hingegen, einer, der die schriftstellerische Wirksamkeit nach dem religiösen Ganzen versteht, verstehe vielleicht innerhalb ihrer eine einzelne ästhetische Hervorbringung nicht: so ist dies Mißverständnis bloß ein zufälliges.

Was ich hier schreibe dient zur Unterrichtung und zur Kundmachung, es ist nicht eine Verteidigung oder eine Apologie. Wahrlich, wenn auch sonst in nichts, an diesem Punkte glaube ich etwas mit Sokrates[39] gemeinsam zu haben. Denn so wie sein Dämon, da er seinetwegen angeklagt war und von der „Menge" verurteilt werden sollte, er, der sich bewußt war eine göttliche Gabe zu sein, ihm verwehrte sich zu v e r t e i d i g e n — welche Verletzung des Anstands und welcher Selbstwiderspruch wäre es auch nicht gewesen! —: so ist auch in mir und in dem Dialektischen, das meinem Verhältnis[40] eigen ist, etwas, das es mir unmöglich macht und es an sich unmöglich macht eine „Verteidigung" für meine Wirksamkeit als Schriftsteller zu führen. Ich habe mich in vieles gefunden, ich hoffe — doch wer weiß, vielleicht wird die Zukunft gelinder als das Vergangene — mich in mehr finden zu können, ohne mich selbst zu verlieren; das Einzige, darein ich mich nicht finden könnte, und das ich nicht tun könnte ohne mich selbst zu verlieren samt dem Dialektischen in meinem Verhältnis (und das wäre eben das, darein ich mich nicht finden könnte) ist mich zu v e r t e i d i g e n in Eigenschaft als Verfasser; es würde eine Unwahrheit sein, die, ob sie gleich sinnlos mir hülfe die ganze

Welt zu gewinnen,[41] ewig mein Untergang wäre. Demütig vor Gott, auch vor Menschen weiß ich wohl, was ich *persönlich* verwirkt[42] haben mag, aber ich weiß auch mit Gott, daß eben meine Wirksamkeit als Schriftsteller gewesen ist der Antrieb eines unwiderstehlichen inneren Dranges, die einzige Möglichkeit eines Schwermütigen, der redliche Versuch eines tief Gedemütigten, eines Büßers,[43] mit jedweder Aufopferung und Anstrengung in der Wahrheit Dienst, wo möglich, doch wieder etwas Gutes zu tun zur Entgeltung. Und ich weiß daher mit Gott, vor dessen Augen dies Vorhaben Gnade gefunden hat und findet, so wie es sich seines Beistandes erfreut, daß ich in Beziehung auf mein schriftstellerisches Werk nicht der bin, der sich vor den Mitlebenden verteidigen soll; denn bin ich in der Hinsicht etwas, so bin ich nicht der Schuldige, auch nicht der Anwalt, sondern der Kläger. XIII 519

Jedoch die Mitlebenden anklagen tu ich auch nicht, eben weil ich es religiös als meine Pflicht verstanden habe, der Wahrheit so in Selbstverleugnung zu dienen, daß es meine Aufgabe sei, auf jegliche Weise zu verhindern, daß ich der Angesehene, der Beliebte würde. Allein der, welcher aus sich selber weiß, was wahre Selbstverleugnung ist, allein er kann mein Rätsel lösen und sehen, daß es um Selbstverleugnung sich handelt. Wer es nicht aus sich selber weiß, muß mein Benehmen eher Selbstliebe nennen, Stolz, Eigenheit, Narrheit, und ich klage ihn, folgerichtig, um des allen willen nicht an; denn ich bin ja im Dienste der wahren Selbstverleugnung selber dabei mit am Werke. Es gibt unbedingt Eines, das nicht verstanden werden kann in einer lärmenden Versammlung, oder von einem hochgeehrten Publikum, oder binnen einer halben Stunde, und das ist: was christlich Selbstverleugnung ist. Um das zu verstehen, dazu wird erfordert viel Furcht und Zittern, stille Einsamkeit, und eine lange Zeit.

Daß ich das Wahre verstanden habe, das ich vortrage, des bin ich ewig gewiß; daß die Mitlebenden, soweit sie nicht das Gleiche verstehen, dermaleinst in der Ewigkeit, wenn sie frei geworden sind von vielen störenden Kümmernissen und Beschwerlichkeiten, von denen ich frei gewesen bin und in der Ewigkeit die Stille des Ernstes, Einsamkeit und Muße zum Nachdenken gefunden haben: daß sie, im Guten oder im Bösen das Gleiche verstehen werden, des bin ich ebenso gewiß. Wie viel Mißverstehen ich darum auch erlitten habe (denn weil ich selbst mich dem freiwillig ausgesetzt habe, daraus folgt denn doch nicht, daß ich nicht *wirklich* leiden könnte, sonst wäre ja alles wahre christliche Leiden, das gerade das freiwillige ist, aufgehoben; auch folgt daraus nicht, ohne weiteres und ganz unmittelbar, daß „die andern" keine Schuld haben, so gewiß es wahr ist, daß ich es leide in der Wahrheit Dienst): ich kann nicht anders als Gott danken – nicht weil ich so leide, sondern für das, was mich unendlich beschäftigt, daß er es mir vergönnt die Wahrheit zu verstehen.

XIII 520 Und nun bloß noch Eines. Es versteht sich von selbst, daß ganz, d. h. in der rein persönlichen Innerlichkeit, in der ich sie zu eigen habe, ich die Erklärung meiner Wirksamkeit als Schriftsteller nicht darstellen kann. Teils kann ich mein Gottesverhältnis nicht so zur öffentlichen Sache machen, da es weder mehr noch minder ist als die gewöhnliche menschliche Innerlichkeit, so wie jeder Mensch es haben kann, ohne irgendwelche Amtlichkeit,[44] die zu verschweigen ein Verbrechen, die hervorzukehren Pflicht wäre, oder die ich geltend machen könnte, indem ich mich auf sie beriefe; teils kann ich keinem (und es könnte wohl auch niemand wünschen, daß ich es täte) aufnötigen wollen, was da allein meine private Persönlichkeit angeht, worinnen doch natürlich für mich viel enthalten ist zur Erklärung meiner schriftstellerischen Persönlichkeit.

ERSTER ABSCHNITT

A.

Die Zweideutigkeit oder Zwiefältigkeit in dem gesamten schriftstellerischen Werk,* ob der Verfasser ein ästhetischer oder ein religiöser Schriftsteller sei.

Hier ist also zu beweisen, daß solch eine Zwiefältigkeit[45] von Anfang bis Ende besteht. Es ist daher nicht so wie es sonst der Fall ist mit einer vermeintlichen Zwiefältigkeit, daß andre sie herausgefunden haben, und es die Aufgabe des Betreffenden wäre zu zeigen, daß sie nicht bestehe. Keineswegs, gerade umgekehrt. Insoweit der Leser nicht hinreichend aufmerksam geworden sein sollte auf die Zwiefältigkeit, ist es Aufgabe des Verfassers es so überzeugend wie möglich zu machen, daß sie da ist. Das will heißen, die Zwiefältigkeit, die Zweideutigkeit ist eine bewußte, ist etwas damit der Verfasser allen andern voran Bescheid weiß, ist die wesentliche dialektische Bestimmung des gesamten schriftstellerischen Werks, und hat daher den tieferen Grund.

Aber ist es auch so, besteht solch eine durchgeführte Zwiefältigkeit? Kann man die Erscheinung nicht auf andre Weise erklären, daß es nämlich ein Schriftsteller sei, der erst ästhetischer Schriftsteller war, dann im Laufe der Jahre sich änderte und XIII 522
religiöser Schriftsteller wurde? Ich will nun nicht davon reden,

---

* Damit man sie bei der Hand habe, hier die Titel der Bücher. Erste Folge (ästhetische Schriftstellerei): Entweder – Oder; Furcht und Zittern; Die Wiederholung; Der Begriff Angst; Vorreden; Philosophische Brocken; Stadien auf dem Lebensweg – samt achtzehn erbaulichen Reden, welche nach und nach erschienen sind. Zweite Folge: Abschließende unwissenschaftliche Nachschrift. Dritte Folge (rein religiöse Schriftstellerei): Erbauliche Reden in verschiedenem Geist; Die Taten der Liebe; Christliche Reden – samt einem kleinen ästhetischen Artikel: die Krise und eine Krise im Leben einer Schauspielerin.

daß, wäre es so, der Verfasser wohl nicht ein Buch wie das gegenwärtige geschrieben hätte, sicherlich kaum es auf sich genommen hätte eine Übersicht über die gesamte Schriftstellerei zu geben, zum mindesten dazu nicht den Augenblick gewählt hätte, wo er wieder mit seinem Erstling zusammentrifft. Ich will auch nicht davon reden, daß es doch sonderbar wäre, wenn solch eine Veränderung im Laufe so weniger Jahre eintreten sollte. Wenn man es ansonst gesehen hat, daß ein ursprünglich ästhetischer Schriftsteller religiöser Schriftsteller wurde, dann liegt doch gewöhnlich ein gut Teil Jahre dazwischen, und es wird die Erklärung der Veränderung nicht unwahrscheinlich, sie hänge damit zusammen, daß der Verfasser wirklich bedeutend älter geworden ist. Jedoch davon will ich nicht reden; denn wenn es auch sonderbar, nahezu unerklärlich wäre, wenn es einen auch geneigt machen müßte, eine beliebige andre Erklärung zu suchen und zu finden: unmöglich wäre es doch nicht, daß solch eine Veränderung im Lauf dreier Jahre einträte. Dahingegen will ich zeigen, daß es unmöglich ist, auf diese Weise die Erscheinung zu erklären. Sieht man nämlich näher zu, so wird man sehen, daß für das Eintreten der Veränderung keineswegs drei Jahre zur Verfügung stehen, sondern daß die Veränderung gleichzeitig ist mit dem Anfang, das heißt, daß die Zwiefältigkeit gleich von Anbeginn an da ist. Denn gleichzeitig mit „Entweder – Oder“ liegen „Zwei erbauliche Reden“. Die Zwiefältigkeit in tieferem Sinne, das heißt im Sinne des gesamten schriftstellerischen Werks, war keineswegs die, von der seinerzeit die Rede gewesen ist: erster Teil und zweiter Teil von „Entweder – Oder“. Nein, die Zwiefältigkeit war: „Entweder – Oder“ – und „Zwei erbauliche Reden“.

Das Religiöse ist zur Stelle alsogleich von Anbeginn an. Umgekehrt, das Ästhetische ist wiederum zur Stelle noch im letzten Augenblick. Nachdem zwei Jahre lang einzig und allein religiöse Schriften herausgegeben worden waren, folgt ein kleiner ästhetischer Artikel.* Sowohl am Anfang wie am Ende findet sich also eine Sicherung dagegen, die Erscheinung so zu erklären: daß es ein ästhetischer Schriftsteller sei, der im Laufe der Zeit sich derart änderte und derart religiöser Schriftsteller wurde. Sowie die

* „Die Krise und eine Krise im Leben einer Schauspielerin“. „Das Vaterland“ Juli 1848.

„zwei erbaulichen Reden" ungefähr zwei bis drei Monate nach „Entweder — Oder" herauskamen, so erschien jener kleine ästhetische Artikel zwei bis drei Monate nach den rein religiösen Schriften der zwei Jahre. Die „zwei erbaulichen Reden" und der kleine Artikel stehen in umgekehrter Entsprechung zu einander und beweisen in der Umkehrung, daß die Zwiefältigkeit sowohl am Anfang wie am Ende besteht. Indessen „Entweder — Oder" die ganze Aufmerksamkeit auf sich zog, und niemand auf die „zwei erbaulichen Reden" achtete, bedeuteten diese doch, daß es eben XIII 523
das Erbauliche war, das an den Tag sollte, daß der Verfasser religiöser Schriftsteller war, der daher niemals selber etwas Ästhetisches geschrieben hat, sondern für alle die ästhetischen Hervorbringungen Pseudonyme benutzt hat, während die „zwei erbaulichen Reden" von Mag. Kierkegaard waren. Umgekehrt, während die rein erbaulichen Schriften der zwei Jahre vielleicht die Aufmerksamkeit anderer auf sich gezogen haben, hat wiederum vielleicht niemand in tieferem Sinne dem kleinen Artikel Beachtung geschenkt, was er bedeute, daß nämlich das dialektische Gefüge des gesamten schriftstellerischen Werks nun fertig ist. Der kleine Artikel ist eben mit dabei zum Zeugnis, um der Gegenüberstellung willen, um am Ende wiederum es unmöglich zu machen (wie es die „zwei erbaulichen Reden" am Anfang tun) die Erscheinung so zu erklären, daß es ein Verfasser ist, der erst ästhetischer Schriftsteller war, und dann später sich *änderte* und religiöser Schriftsteller wurde; denn er ist eben von Anbeginn an religiöser Schriftsteller gewesen und ist ästhetisch produktiv eben im letzten Augenblick.

Die erste Folge von Schriften ist ästhetische Schriftstellerei; die letzte Folge von Schriften ist ausschließend religiöse Schriftstellerei: zwischen beiden liegt als der *Wendepunkt* die „Abschließende unwissenschaftliche Nachschrift". Dies Werk bearbeitet und stellt das „Fragmal", das Fragmal der gesamten schriftstellerischen Wirksamkeit: Christ werden,[46] und nimmt so wieder die pseudonyme Schriftstellerei samt den mit dieser verschlungenen achtzehn erbaulichen Reden in sein Bewußtsein* auf, zeigt, wie dies alles dazu diene, das Fragmal zu beleuchten, ohne daß

* Vgl. S. 187—227[47], ein Abschnitt, mit dem ich den Leser bitte sich bekannt zu machen.

doch damit gesagt wäre, dies sei die Absicht der vorhergehenden Schriftstellerei gewesen: dies ließ sich nicht tun, da es ein Pseudonym ist, das andre Pseudonyme sich zurechtlegt, also ein Dritter, der nichts wissen konnte von der Absicht einer ihm fremden Schriftstellerei. Die „Abschließende Nachschrift" ist nicht ästhetische Schriftstellerei, aber auch nicht in strengstem Sinne religiös. Sie ist daher von einem Pseudonym, während ich doch meinen Namen darauf setzte als Herausgeber, was ich nicht getan habe mit irgendeiner bloß ästhetischen Hervorbringung* – ein Wink, ja für den, der sich um dergleichen kümmert und Sinn dafür hat. Alsdann vergingen die zwei Jahre, in denen lediglich religiöse Schriften unter meinem Namen herauskamen. Die Zeit der Pseudonyme war vorüber, der religiöse Schriftsteller hatte sich aus
XIII 524 der Verkleidung des Ästhetischen herausgewickelt – und dann, dann zum Zeugnis und der Vorsicht halben, der kleine ästhetische Artikel von einem Pseudonym: Inter et Inter. Er bringt gewissermaßen das gesamte schriftstellerische Werk auf einmal zum Bewußtsein, er erinnert, wie gesagt, in der Umkehrung an die „zwei erbaulichen Reden".

B.

Erklärung: daß der Verfasser religiöser Schriftsteller gewesen ist und ist.

Es könnte scheinen, als ob eine schlichte Versicherung seitens des Verfassers selber in dieser Hinsicht mehr als hinreichend wäre; er muß ja doch am besten wissen, wie es ist. Ich halte mittlerweile nicht viel von Versicherungen bezüglich literarischer Hervorbringungen, und bin gewohnt, mich ganz und gar objektiv zu meinen eignen zu verhalten. Vermag ich nicht in Eigenschaft eines Dritten, als Leser, aus den Schriften selber darzutun, daß es so ist wie ich sage, daß es anders nicht sein kann: so könnte es mir nie beikommen gewinnen zu wollen, was ich derart als verloren an-

* Die „literarische Anzeige"[48] der zwei Zeitalter ist kein Einwand dagegen; teils ist sie ja nicht ästhetisch im Sinne einer dichterischen Hervorbringung sondern kritisch, teils hat sie einen durchaus religiösen Hintergrund in ihrer Auffassung von der „Gegenwart".

sehe. Muß ich in Eigenschaft als Verfasser erst einmal ans Versichern, so verfälsche[49] ich leicht die ganze Schriftstellerei, die von Anfang bis zu Ende dialektisch ist.

Etwas versichern kann ich mithin nicht, zum mindesten nicht ehe ich auf andere Weise die Erklärung so einleuchtend[50] gemacht habe, daß eine Versicherung in diesem Sinne ganz und gar überflüssig ist; denn alsdann kann sie *gestattet* werden als eine lyrische Befriedigung, sofern ich Bedürfnis nach ihr fühle, und *gefordert* werden als eine religiöse Pflicht. In Eigenschaft als Mensch kann ich nämlich in meinem Recht sein mit dem Versichern, und es kann religiös meine Pflicht sein eine Versicherung zu geben. Indes das muß man nicht verwechseln mit dem schriftstellerischen Werk; in Eigenschaft als Schriftsteller ist mir nur wenig damit geholfen, daß ich in Eigenschaft als Mensch versichere, ich hätte dies und das gewollt. Doch das wird denn wohl jeder einräumen: wenn man in Beziehung auf eine Erscheinung zeigen kann, daß sie sich auf andere Weise nicht erklären lasse, daß sie sich dagegen auf diese Weise Punkt für Punkt erklären lasse, oder daß diese Erklärung Punkt für Punkt zutreffe, so ist die Richtigkeit dieser Erklärung so einleuchtend dargetan wie die Richtigkeit einer Erklärung sich überhaupt dartun läßt.

Indes ist hier nicht ein Widerspruch? Wenn es im Vorhergehen- XIII 525
den dargetan wurde, daß die Zweideutigkeit bis zu allerletzt da ist — im gleichen Maße in dem dies gelungen ist, im gleichen Maße ist es ja unmöglich gemacht darzutun, welches die Erklärung sei, so daß insofern eine Kundmachung, eine Versicherung hier das einzige Mittel scheint, die dialektische Spannung und Verknotung aufzulösen. Das sieht sehr scharfsinnig aus, und ist doch statt dessen eigentlich nur spitzfindig. Wofern jemand z. B. in einem gewissen Verhältnis eine Irreführung[51] für notwendig befände, so ist es allerdings die Folgerung der Spitzfindigkeit, er solle es so machen, daß das — Komische zum Vorschein komme, daß er selbst sich darin nicht mehr zurechtfinden könne. Aber das ist zugleich Mangel an Ernst: man verliebt sich damit in die Irreführung an und für sich, indessen diese doch ihre zielgerichtete[52] Wahrheit haben sollte. Wo daher eine Irreführung, eine dialektische Verdoppelung im Dienste des Ernstes angewandt wird, da wird sie so angewandt werden, daß sie lediglich Mißver-

ständnisse und vorläufige Verständnisse abwehrt, indessen die wahre Erklärung zu finden ist für den, welcher redlich sucht. Um das Höchste zu greifen: Christi ganzes Leben auf Erden wäre ja ein Mummenschanz geworden, wofern er in dem Maße inkognito gewesen wäre, daß er gänzlich unbemerkt durchs Leben ging — und dennoch ist er in Wahrheit inkognito gewesen.

Ebenso mit einer dialektischen Verdoppelung; und die dialektische Verdoppelung ist, daß die Zweideutigkeit gewahrt wird. Sobald der nötige Ernst zupackt, kann er sie auch erraten, jedoch allezeit nur so, daß der Ernst selber für die Richtigkeit einsteht; denn wie des Weibes Sprödigkeit in Beziehung steht zum wahren Liebhaber, und da, erst da sich ergibt, so steht eine dialektische Verdoppelung in Beziehung zum wahren Ernst. Einem minder Ernsten kann daher die Erklärung nicht mitgeteilt werden, denn die Springkraft[53] der dialektischen Doppeltheit ist zu groß als daß er sie meistern könnte; sie nimmt ihm die Erklärung wieder fort und macht es ihm zweifelhaft, ob es denn auch die Erklärung sei.

Man mache denn den Versuch; man versuche diese gesamte schriftstellerische Wirksamkeit mit der Annahme zu erklären, daß dies ein ästhetischer Schriftsteller sei. Man wird leicht sehen, daß gleich von Anbeginn an diese Erklärung nicht mit der Erscheinung übereinstimmt, sondern alsogleich an den „zwei erbaulichen Reden“ scheitert. Man mache dagegen den Versuch mit der Annahme, daß es ein religiöser Schriftsteller sei, und man wird sehen, daß dies Schritt für Schritt einem jeden Punkte genug tut. Nur das Unerklärliche bleibt im Rückstand, wie es einem religiösen Schriftsteller beigekommen sei, das Ästhetische auf die Art zu gebrauchen. Das heißt, wir stehen wieder bei der Zweideutigkeit oder der dialektischen Verdoppelung. Nur ist der Unterschied der, daß die Annahme, es sei ein religiöser Schrift-
XIII 526 steller, sich verfestigt hat, und es ist die Aufgabe, die Zweideutigkeit zu erklären. Wieweit ein andrer dies zu tun vermag, entscheide ich nicht; aber die Erklärung ist das, was den Inhalt des ganzen zweiten Abschnitts dieses kleinen Buches ausmacht.

Hier jedoch nur noch Eines, was wie gesagt mich in meiner Eigenschaft als Mensch lyrisch befriedigen kann, und zugleich in meiner Eigenschaft als Mensch meine religiöse Pflicht ist: eine unmittelbare Versicherung, daß der Verfasser religiöser Schriftsteller gewesen ist und ist.[54+] Als ich mit „Entweder – Oder“ begann (von dem nebenbei bemerkt buchstäblich nur erst eine Seite vorhanden war, nämlich ein paar Diapsalmata, indessen das ganze Buch in elf Monaten geschrieben ist und der zweite Teil zuerst) hatte ich in der Potenz die Wirkung des Religiösen so tief erfahren, wie ich es überhaupt getan habe. Ich war so tief erschüttert, daß ich von Grund auf verstand, es könne mir unmöglich gelingen, die beruhigte sichere Mitte zu treffen, in welcher die meisten Menschen ihr Leben haben: ich mußte mich entweder in Verzweiflung und Sinnlichkeit stürzen, oder schlechthin das Religiöse wählen als das Einzige – entweder die Welt nach einem Maßstabe, der grauenvoll sein würde, oder das Kloster. Daß das Letztere es war, das ich wählen wollte und mußte, war im Grunde entschieden; die Exzentrizität der ersten Bewegung war lediglich Ausdruck für die Intensität der zweiten, dafür daß ich mich selbst darin verstanden hatte, wie unmöglich es mir sein würde, religiös zu sein soso bis zu einem gewissen Grade. Hier liegt „Entweder – Oder“. Es war eine dichterische Ergießung,[55] welche jedoch nicht weiter als bis zum Ethischen geht. Persönlich war ich weit davon entfernt, das Dasein beruhigend zur Ehe zurückrufen zu wollen, ich, der ich religiös bereits im Kloster war, ein Gedanke, der versteckt ist in dem Pseudonym: Victor – Eremita.[55a]

So verhält es sich; „Entweder – Oder“ ist in strengstem Sinne in einem Kloster geschrieben, und ich kann versichern (eine Versicherung, die, falls diese kleine Schrift ihnen zu Gesicht kommen sollte, sich im Besonderen an solche wendet, die vielleicht weder Geschick noch Gelegenheit haben solch eine Schriftstellerei zu überschauen, und die doch vielleicht verwirrt worden sind durch die absonderliche Verschmelzung des Religiösen und des Ästhetischen in meinem schriftstellerischen Werk), ich kann versichern, daß der Verfasser von „Entweder – Oder“ einen jeglichen Tag regelmäßig und mit klösterlicher Peinlichkeit bestimmte Zeit damit verbrachte, um seiner selbst willen erbauliche Schriften zu lesen, daß er mit Furcht und viel Zittern seine Verantwortung bedachte. Er dachte dabei (o wie wunderlich!) insbesondere an das „Tagebuch des Verführers“. Und was geschah dann? Das Buch machte ungeheures Glück – insbesondere (o wie wunderlich!) das Tagebuch des Verführers. Die Welt öffnete

sich sogar nach einem außerordentlichen Maßstabe für den be-
XIII 527 wunderten Verfasser, den jedoch all dies weder „verführte" noch veränderte, dazu war er eine Ewigkeit zu alt.[56]

Dann folgten die „zwei erbaulichen Reden" – das Allerentscheidendste sieht oft gar unbedeutend aus. Das große Werk „Entweder – Oder", das „viel gelesen und noch mehr beredet" wurde – und dann „zwei erbauliche Reden", meinem verstorbenen Vater gewidmet, herausgegeben an meinem Geburtstage (dem 5. Mai), „eine kleine Blume im Versteck des großen Waldes, nicht begehrt wegen ihrer Pracht oder ihres Dufts oder ihrer Speise".* Keiner achtete in tieferem Sinne auf die „zwei erbaulichen Reden", keiner kümmerte sich um sie, ja ich erinnere mich sogar, daß einer meiner Bekannten zu mir kam und sich darüber beklagte, daß er guten Glaubens hingegangen sei und sie gekauft habe in dem Gedanken, sie müßten, da sie von mir seien, etwas Witziges und Geistreiches sein; ich erinnere mich auch, daß ich ihm versprach, er solle, wenn er es wünsche, sein Geld zurückerhalten. Mit der linken Hand reichte ich „Entweder – Oder" hinaus in die Welt, mit der Rechten „zwei erbauliche Reden"; aber sie griffen alle oder so gut wie alle mit ihrer Rechten nach der linken Hand.**

Ich war mit mir vor Gott darüber einig, was ich wollte, ich hatte es mit den „zwei erbaulichen Reden" zu tun, verstand aber sehr wohl, daß nur sehr wenige dies verstanden – und hier*** erscheint denn zum ersten Male die Kategorie: jener Einzelne, „jener Einzelne, den ich mit Freude und Dankbarkeit meinen

---

* Vgl. das Vorwort zu den „zwei erbaulichen Reden" 1843.[57]

** Vgl. das Vorwort zu „zwei erbauliche Reden" 1844: Es [das Buch] sucht meinen Leser, der mit der rechten Hand entgegennimmt was mit der Rechten geboten wird.[58]

*** Daher die Wehmut in jenem Vorwort, wenn es von dem kleinen Buche heißt: „Insofern es mit seinem Erscheinen in uneigentlichem Sinne eine Wanderung antritt, ließ ich eine kleine Weile mein Auge ihm folgen. Da sah ich, wie es seines Weges dahinging auf einsamen Straßen oder einsam auf den allbefahrenen. Nach dem einen und andern kleinen Mißverständnis, allwo es sich täuschen ließ von flüchtiger Ähnlichkeit, traf es endlich auf jenen Einzelnen, den ich mit Freude und Dankbarkeit meinen Leser nenne, jenen Einzelnen, den es sucht, nach dem es gleichsam seine Arme ausstreckt" usw.,[59] vgl. „zwei erbauliche Reden" 1843 Vorwort. Überhaupt hatte und hat dies erste Vorwort für mich eine ganz eigne sehr innerliche Bedeutung, welche sich freilich nicht so mitteilen läßt.

Leser nenne", was denn mit Geichmäßigkeit wiederholt worden
ist im Vorwort zu jeder Sammlung erbaulicher Reden. Man soll
mich nicht mit Wahrheit bezichtigen können, daß ich mich ver-
ändert habe, daß ich vielleicht in einem späteren Augenblick, wo
etwa ich nicht so gut mit dem Publikum stand, anders über es XIII 528
urteilte als zuvor. Nein, habe ich mich jemals gut mit dem Pu-
blikum gestanden, am höchsten ist oder auf seiner Höhe ist dies
Verhältnis gewesen im zweiten oder dritten Monat nach der
Herausgabe von „Entweder — Oder". Und eben diese Lage, die
für viele vielleicht doch etwas Versuchliches gehabt hätte, aber
in meinen Gedanken einzig günstig war, das was ich zu tun hatte,
sich heraussheben zu lassen, benutzte ich im Dienst der Wahrheit
meine Kategorie „jener Einzelne" anzubringen, eben in diesem
Augenblick war es, daß ich mit dem Publikum brach, weder aus
Stolz oder Hochmut usw. (und dann doch wohl auch nicht, weil
das Publikum in diesem Augenblick mir mißgünstig war, da es
ganz im Gegenteil mir unbedingt günstig war), sondern weil ich
mich selbst darin verstand, daß ich religiöser Schriftsteller sei, der
mit „dem Einzelnen" zu tun hat, ein Gedanke („der Einzelne" —
im Gegensatz zu „Publikum") in welchem eine ganze Lebens- und
Weltanschauung sich sammelt.

Von diesem Augenblick an, das heißt, schon mit „Furcht und
Zittern", mußte der ernsthafte Beobachter, der selbst über reli-
giöse Voraussetzungen verfügt, der ernsthafte Beobachter, dem
man auf Abstand sich verständlich machen kann und zu dem man
reden kann in Schweigsamkeit (das Pseudonym: Johannes — de
silentio), darauf aufmerksam werden, daß dies immerhin doch
eine ästhetische Hervorbringung eigner Art sei; und hier setzte
denn die hochehrwürdige Firma Kts.[60] den richtigen Akzent, wel-
ches mich höchlich erfreute.

XIII 529

ZWEITER ABSCHNITT

Die gesamte Wirksamkeit als Schriftsteller dahin verstanden und unter den Gesichtspunkt gestellt, daß der Verfasser religiöser Schriftsteller ist.

Kapitel I

A.

Die ästhetische Schriftstellerei.

Weshalb mit ästhetischer Schriftstellerei begonnen wurde oder was diese Schriftstellerei, in dem Ganzen verstanden,* zu bedeuten habe.

§ 1.

Daß die „Christenheit" ein ungeheuerlicher Sinnentrug ist.

Jedermann, welcher mit Ernst und dazu mit etlicher Fähigkeit zu sehen, sich das was man so Christenheit nennt, betrachtet, oder auch den Zustand in einem sogenannten christlichen Lande, muß doch unzweifelhaft alsbald recht bedenklich werden. Was mag es doch besagen, daß alle diese Tausende und aber Tausende sich Christen nennen! Diese vielen vielen Menschen, deren weit weit überwiegende Mehrzahl gemäß allem was man vermuten
XIII 530 kann, ihr Leben in ganz andern Kategorien haben, etwas, dessen man sich mit der simpelsten Beobachtung vergewissern kann! Menschen, die vielleicht nicht ein einziges Mal zur Kirche gehen,

* Ich muß den geneigten Leser ein für alle Mal aufs inständigste bitten, es beständig im Sinn zu behalten, daß der Gesamtgedanke der ganzen schriftstellerischen Wirksamkeit der ist: Christ werden.

niemals an Gott denken, niemals seinen Namen nennen außer wenn sie fluchen! Menschen, denen es niemals aufgegangen ist, daß ihr Leben irgendeine Verpflichtung Gott gegenüber haben möchte, Menschen, welche entweder auf eine gewisse bürgerliche Unsträflichkeit als das Höchste halten oder gar auch diese nicht so durchaus nötig befinden! Jedoch alle diese Menschen, sogar die welche behaupten, es gebe keinen Gott, sie sind allesamt Christen, nennen sich Christen, werden als Christen anerkannt vom Staate, als Christen begraben von der Kirche, als Christen verabschiedet in die Ewigkeit!

Daß hierin eine ungeheuerliche Verwirrung stecken muß, ein fürchterlicher Sinnentrug, darüber kann doch gewiß kein Zweifel sein. Aber daran rühren! Ja, ich kenne die Einwendung wohl. Denn da ist schon der und auch jener, der versteht was ich meine, der denn aber mit einer gewissen Gutmütigkeit mir auf die Schulter klopfen und sprechen würde: „Lieber Freund, Sie sind doch noch ziemlich jung; mit so einem Unternehmen anfangen wollen, einem Unternehmen, das, wo es nur einigermaßen gelingen soll, zum mindesten ein kleines Dutzend wohlabgerichteter Missionare verlangen würde, einem Unternehmen, das eigentlich auf nicht mehr oder weniger hinausläuft als das Christentum wieder einzuführen — in die Christenheit. Nein, lieber Freund, lassen Sie uns Menschen sein, ein solches Unternehmen geht sowohl über Ihre wie über meine Kraft. Dies Unternehmen ist ebenso unsinnig großartig wie wenn man die „Menge" reformieren wollte, und mit der läßt kein Verständiger sich ein, sondern läßt sie laufen als das was sie ist. Mit so etwas anfangen, das ist der sichere Untergang." Ja, vielleicht; aber ist oder wäre der Untergang auch sicher, sicher ist auch, daß man diese Einwendung nicht vom Christentum gelernt hat, denn als es in die Welt kam, war es mit noch ganz andrer Entschiedenheit der sichere Untergang damit anzufangen — jedoch man fing an; und sicher ist auch, daß man diese Einwendung auch nicht von Sokrates gelernt hat, denn er ließ sich doch mit der „Menge" ein und wollte sie reformieren.

Ungefähr so verhält sich die Sache. Zwischendurch einmal schlägt ein Pastor auf der Kanzel ein bißchen Lärm, daß es nicht mit rechten Dingen zugehe mit den vielen Christen — aber alle die, welche ihn hören und da zur Stelle sind, also alle die, zu

3*

denen er spricht, die sind Christen; und die, *von* denen er spricht, zu denen spricht er ja nicht. Das nennt man höchst angemessen eine vorgetäuschte Bewegung. – Zwischendurch einmal tritt ein erweckter Frommer auf; er stürmt auf die Christenheit ein, er macht Krach und Lärm, erklärt, daß nahezu alle keine
XIII 531 Christen seien – und er richtet nichts aus. Er nimmt sich davor nicht in acht, daß ein Sinnentrug nicht so leicht zu beheben ist. Wofern es so ist, daß die meisten in einer Einbildung befangen sind, wenn sie sich Christen nennen, was tun sie dann gegen solch einen Erweckten? Zuallererst denn, sie scheren sich überhaupt nicht um ihn, sie gucken nicht in sein Buch, sondern legen es augenblicklich ad acta; oder betätigt er sich mit der lebendigen Rede, so machen sie einen Umweg durch eine andre Straße und hören ihn überhaupt nicht. Sodann praktizieren sie ihn mit Hilfe einer Begriffsbestimmung hinweg, und richten sich ganz wohlbehaglich im Sinnentrug ein. Sie machen ihn zu einem Schwärmer, sein Christentum zu einer Übertriebenheit – zuguterletzt wird er der einzige, oder einer von den wenigen, die nicht im Ernste (denn Übertriebenheit ist ja auch Mangel an Ernst) Christen sind; die andern sind sämtlich ernsthafte Christen.

Nein, ein Sinnentrug wird niemals geradenwegs behoben, und mittelbar lediglich bei gründlichem Vorgehen. Ist es ein Sinnentrug damit, daß alle Christen sind – und soll da etwas getan werden, so muß es mittelbar geschehen, nicht von einem, der mit lauter Stimme verkündigt, er sei ein außerordentlicher Christ, sondern von einem, der besser Bescheid wissend erklärt, er selber sei auch kein Christ.* Das heißt, man muß von hinten her über den kommen, welcher im Sinnentrug befangen ist. Anstatt den Vorteil haben zu wollen, daß man selber der seltene Christ ist, muß man dem Verstrickten den Vorteil lassen, daß er Christ sei, und selber Selbstbescheidung genug haben um der zu sein, der weit hinter ihm zurücksteht – sonst bekommt man ihn denn gewiß nicht aus dem Sinnentrug heraus, auch so noch kann es schwierig genug sein.

Wenn denn nun, laut Annahme, die meisten in der Christenheit

---

* Man erinnere sich an die „Abschließende unwissenschaftliche Nachschrift", deren Verfasser Johannes Climacus geradezu erklärt, er selber sei kein Christ.[61]

nur eingebildetermaßen Christen sind, in welchen Kategorien leben sie dann? Sie leben in ästhetischen, oder zuhöchst in ästhetisch-ethischen Kategorien.

Angenommen denn, ein religiöser Schriftsteller sei recht von Grund aus aufmerksam geworden auf diesen Sinnentrug: die Christenheit, und wolle, soweit seine Kräfte, wohl zu merken mit Gottes Hilfe, reichen, ihm zuleibe: was hat er dann zu tun? Ja, zuallererst keine Ungeduld. Wird er ungeduldig, so stürmt er geradenwegs darauf los, und richtet — nichts aus. Mit unmittelbarem Angriff bestärkt man einen Menschen im Sinnentrug, und zugleich erbittert man ihn. Es gibt überhaupt nichts, was eine so behutsame Behandlung erheischt wie ein Sinnentrug, wenn er behoben werden soll. Veranlaßt man auf irgendeine Weise den XIII 532
Verstrickten seinen Willen dagegen zu setzen, so ist alles verloren. Und das tut man mit unmittelbarem Angriff, der überdies das Anmaßliche enthält, von einem andern Menschen zu verlangen, er solle einem eingestehen oder einem gegenüber das Eingeständnis machen, das eigentlich am dienlichsten ist, wenn der Betreffende es sich selber macht in der Stille. Dies wird erreicht durch das mittelbare Verfahren, das im Dienste der Wahrheitsliebe für den Verstrickten alles dialektisch zurechtrückt, und alsdann, schamhaft, wie die Liebe immer ist, sich dem entzieht, Zeuge bei dem Eingeständnis zu sein, welches er nun in der Einsamkeit vor Gott sich selber macht, daß er doch in einer Einbildung gelebt habe.

Der religiöse Schriftsteller muß denn also zuerst sehen, in Rapport mit den Menschen zu kommen. Das heißt, er muß mit einer ästhetischen Leistung anfangen. Das ist das Handgeld. Je glanzvoller die Leistung ist, umso besser für ihn. Sodann muß er denn seiner selbst sicher sein, oder richtiger (was das Sicherste ist und das einzig Sichere) in Furcht und Zittern sich zu Gott verhalten, damit nicht etwa das Umgekehrte geschehe, dergestalt, daß nicht er der wird, der andre in Fahrt bringt, sondern die andern die, welche Macht über ihn gewinnen, so daß er damit endet, selber im Ästhetischen stecken zu bleiben. Er muß mithin alles in Bereitschaft haben, um, freilich ohne Ungeduld, so behende wie möglich, eben wenn er sie dahin gebracht hat mitzugehn, das Religiöse an den Tag zu geben, sodaß die gleichen Menschen mit dem

Schwunge der Hingebung an das Ästhetische, hart auf das Religiöse auflaufen.

Es gilt, das Religiöse weder zu geschwinde anzubringen noch zu langsam. Vergeht unterdessen eine zu lange Zeit, so kommt alsbald der Sinnentrug auf, daß nunmehr der ästhetische Schriftsteller älter geworden sei und infolgedessen religiös. Kommt es zu geschwinde, so wird die Wirkung nicht stark genug.

Angenommen, es sei ein ungeheuerlicher Sinnentrug, daß alle diese vielen Menschen Christen sich nennen, für Christen angesehen werden: diese Art des Vorgehens schließt kein Urteilen in sich, kein Verurteilen. Sie ist eine wahre christliche Erfindung, kann nicht geübt werden ohne Furcht und Zittern, lediglich in wahrer Selbstverleugnung. Der Helfer ist gerade der, über welchen alle Verantwortung, auf den alle Anstrengung kommt. Aber darum hat diese Art des Vorgehens auch an und für sich Wert. Sonst gilt es, daß die Art eines Vorgehens lediglich Wert hat in Beziehung auf das was dadurch erreicht wird. Man urteilt und verurteilt, man macht Krach und Lärm: das hat keinen Wert an und für sich – man rechnet darauf, damit alsdann vieles auszurichten. Anders mit der hier beschriebenen Art des Vorgehens. Angenom-
XIII 533 men, ein Mensch habe sich ihrer Anwendung geweiht, angenommen, er habe sie ein ganzes Leben geübt – und angenommen, er habe nichts ausgerichtet: er hat gleichwohl keineswegs vergeblich gelebt; denn sein Leben ist wahre Selbstverleugnung gewesen.

§ 2.

Daß man, wenn es einem in Wahrheit gelingen soll, einen Menschen an einen bestimmten Ort zu führen, vor allen Dingen darauf achten muß, ihn dort zu finden, wo er ist und allda zu beginnen hat.

Dies ist das Geheimnis in aller Helfekunst. Jeder, der das nicht kann, er ist selber in einer Einbildung befangen, wenn er meint einem andern helfen zu können. Um in Wahrheit einem andern helfen zu können, muß ich mehr als er verstehen – zu allererst aber doch wohl das verstehen, was er versteht. Tu ich das nicht, so hilft mein größeres Verständnis ihm gar nichts. Will ich gleichwohl mein größeres Verständnis geltend machen, so ist es deshalb, weil ich eitel bin oder stolz, so daß ich im Grunde anstatt ihm zu nützen eigentlich von ihm bewundert werden will. Alles wahre Helfen jedoch beginnt mit einer Demütigung; der Helfer muß sich zuerst unter den demütigen, dem er helfen will und daran verstehen, daß helfen nicht herrschen heißt, sondern dienen, daß helfen nicht heißt der Herrschsüchtigste sein sondern der Geduldigste, daß helfen Willigkeit ist, bis auf weiteres sich darein zu finden daß man unrecht habe, darein, daß man nicht verstehe was der andre versteht.

Nimm einen Menschen in Leidenschaft, laß es so sein, daß er wirklich unrecht hat — wo du nicht so mit ihm beginnen kannst, daß es aussieht, als wäre es er, der dich belehren soll, und wo du das nicht so tun kannst, daß er, der ungeduldig nicht ein Wort von dir hören will, zu seiner Befriedigung in dir einen wohlgeneigten und aufmerksamen Zuhörer findet: kannst du das nicht, so kannst du ihm nicht helfen. Nimm einen Verliebten, der unglücklich wurde in seiner Liebe, nimm an, es sei wirklich unverantwortlich, unfromm, unchristlich, wie er sich seiner Leidenschaft hingibt — wo du nicht so mit ihm beginnen kannst, daß er eine wahre Linderung darin findet, mit dir von seinem Leiden zu reden, so, daß du, mit dem was du hinsichtlich seines Leidens hinzufügst, ihn beinahe reich machst durch dichterisches Erfassen, du, der du doch nicht in dieser Leidenschaft bist und ihn gerade von ihr losmachen willst: kannst du das nicht, so kannst du ihm auch nicht helfen; er verschließt sich vor dir, er schließt sich ein
in sein Innerstes — und dann predige du nur auf ihn ein. Du wirst XIII
vielleicht mit der Gewalt deiner Persönlichkeit ihn zwingen 534
können, dir zuzugestehen, daß er unrecht habe: o, mein Lieber, im nächsten Augenblick schleicht er von dannen auf anderm, auf heimlichem Wege zum Stelldichein mit der versteckten Leidenschaft, nach der er sich nun desto mehr sehnt, ja, es ist ihm beinahe angst geworden, ob sie etwa etwas von ihrer verführerischen Hitze verloren habe, denn nun hast du durch dein Gebaren ihm dazu geholfen noch einmal mehr verliebt zu sein, nämlich in seine unglückliche Leidenschaft — und dann predige du nur!

So auch in Beziehung auf das Christ Werden, angenommen, daß es eine Einbildung sei mit den vielen in der Christenheit, die sich

Christen nennen. Verurteile die Zaubermacht des Ästhetischen – nun, es hat Zeiten gegeben, wo es dir dadurch gelungen wäre die Menschen zu zwingen – ja, wozu? dazu, in ihrem stillen Sinn mit heimlicher Leidenschaft jene Zaubermacht nur desto schwärmerischer zu lieben. Nein, laß es nur an den Tag kommen – und du ernsthafter, strenger Mann – denk daran: wenn du dich nicht demütigen kannst, so bist du auch nicht der Ernsthafte – du sei der staunende Zuhörer, der dasitzt und vernimmt was jenen andern Menschen freut, und den freut es nur umso mehr, daß du auf die Art zuhörst; aber vergiß denn vor allem Eines nicht, den Gedanken, den du hast, daß es das Religiöse ist, das an den Tag soll. Oder vermagst du es, wohl, so stell du das Ästhetische dar mit allem seinem Zauber, fessele womöglich den anderen Menschen, stell es dar mit der Art Leidenschaftlichkeit, mit der es gerade ihn anspricht, ausgelassen für den Ausgelassenen, schwermütig für den Schwermütigen, witzig für den Witzigen usw. – aber vergiß vor allem Eines nicht, den Gedanken, den du hast, daß es das Religiöse ist, das an den Tag soll; tu es nur, fürchte dich nicht es zu tun, denn wahrlich es läßt sich nur tun mit viel Furcht und Zittern.

Vermagst du das zu tun, vermagst du haargenau den Ort zu finden, wo der andre ist, und dort zu beginnen, so magst du vielleicht das Glück haben, ihn zu dem Orte hinzuführen, an dem du bist.

Denn Lehrer sein, das heißt nicht sagen: so ist es, es heißt auch nicht, Lektionen aufgeben und dgl., nein, Lehrer sein heißt in Wahrheit der Lernende[62] sein. Die Unterweisung fängt damit an, daß du, der Lehrer, lernest vom Lernenden, dich hineinversetzest in das was er verstanden hat, und wie er es verstanden hat, falls du selbst es zuvor nicht verstanden hattest; oder, falls du es verstanden hattest, daß du dich gleichsam von ihm abhören lässest, damit er sicher ist daß du deine Lektion kannst: das ist die Einleitung, alsdann kann im andern Sinn angefangen werden.

Es ist daher eine Einwendung, die ich allezeit in meinem stillen Sinn wider eine gewisse Partei[63] von hiesigen Orthodoxen erhoben
XIII 535 habe, daß sie sich zu einem kleinen Kreise zusammenschließen, einander darin bestärken, daß sie die einzigen Christen sind – und dann mit der ganzen Christenheit nichts andres anzufangen wissen

als zu versichern, daß das keine Christen sind. Ist es wahr, daß es in der Christenheit wirklich nur so wenig wahre Christen gibt, so sind diese eben damit[64] verpflichtet, Missionare zu sein, wenn ein Missionar auch in der Christenheit allezeit anders aussehen wird als in der Heidenschaft. Man wird sehen, daß diese Einwendung allerdings von hinten her kommt; denn sie geht aus von dem Zugeständnis oder der Annahme, daß diese Orthodoxen wirklich wahre Christen sind, die einzigen wahren Christen in der Christenheit.

Also, der religiöse Schriftsteller, dessen ganzer Gedanke das Christ Werden ist, er beginnt in der Christenheit sinngemäß damit ästhetischer Schriftsteller zu sein. Laß es einen Augenblick lang unentschieden sein, ob die Christenheit ein ungeheuerlicher Sinnentrug ist, ob es eine Einbildung ist mit den vielen, die sich Christen nennen, laß das Gegenteil vorausgesetzt sein: nun wohl, so ist dies Beginnen etwas Überflüssiges, berechnet auf ein Ding das es nicht gibt — aber Schaden stiftet man dadurch nicht. Der Schade ist weit größer, oder richtiger es ist schade, wenn einer, der kein Christ ist, sich dafür ausgibt einer zu sein. Der Schade jedoch, daß einer, der Christ ist, sich das Aussehen gibt keiner zu sein, ist nicht groß — angenommen daß alle wahre Christen seien, das kann sie dann zuhöchst nur desto mehr darin bestärken es zu sein.

§ 3.

Der Sinnentrug, daß Religiosität und Christentum etwas ist, zu dem man erst seine Zuflucht nimmt, wenn man älter wird.

Das Ästhetische überschätzt immer das Jugendliche und jenen in sich ewigen Augenblick, kann sich nicht vertragen mit der Jahre und auch nicht der Ewigkeit Ernst. Das Ästhetische hat daher jederzeit Verdacht gegen den Religiösen, daß er entweder niemals Sinn für es gehabt habe, oder daß er doch im Grunde am liebsten dabei geblieben wäre ihm zuzugehören, aber die Zeit übte ihre verringernde Macht, er wurde älter, und da nahm er seine Zuflucht zum Religiösen. Man teilt das Leben in zwei Epochen: die Jugendzeit ist die des Ästhetischen, das fortgeschrittene Alter die der Religiosität – aber, aufrichtig gesprochen, wir wären doch alle am liebsten dabei geblieben jung zu sein.

Wie *kann* dieser Sinnentrug behoben werden – denn ob es gelingt ist ein ander Ding, aber er kann behoben werden durch die
XIII 536 gleichzeitige ästhetische und religiöse Leistung. Hier ist keine Mißlichkeit möglich; denn die ästhetische Schriftstellerei gibt Zeugnis, daß die Jugend da ist – so daß die *gleichzeitige* religiöse Leistung nicht aus irgendeinem zufälligen Grunde hergeleitet werden kann.

Angenommen, die Christenheit sei ein ungeheuerlicher Sinnentrug, es sei eine Einbildung mit den vielen, die sich Christen nennen: so ist alle Wahrscheinlichkeit dafür, daß der Sinnentrug, von dem wir hier sprechen, recht allgemein ist. Aber dieser Sinnentrug wird wiederum eben noch ärger durch die Einbildung, man sei ein Christ. Man lebt das Leben dahin in ästhetischen Bestimmungen; und kommt denn einmal der Gedanke an das Christentum an einen heran, so weist man die Sache ab bis man älter werde, und man beruhigt sich durchaus – denn, sagt man zu sich selber, im Grunde bin ich ja Christ. Es läßt sich somit gewiß nicht leugnen, daß in der Christenheit solche sind, die ebenso sinnlich leben als je irgendein Heide, ja noch sinnlicher, weil sie diese unglückselige Sicherheit haben, daß sie im Grunde Christen seien. Aber die Entscheidung Christ zu werden, schiebt man so lange als möglich von sich fort, ja man hat eine Abhaltung mehr bekommen; denn man setzt seine Ehre darein so lange als möglich jung zu sein – und erst wenn man alt wird, nimmt man seine Zuflucht zu Christentum und Religiosität; und man möchte so ungern eingestehen, daß man alt wird – aber erst wenn man alt wird, nimmt man seine Zuflucht zu Christentum und Religiosität.

Wofern man also beständig jung bleiben könnte, würde man Christentum oder Religiosität überhaupt nicht brauchen.

Das ist eine Irrung, die für alle wahre Religiosität äußerst verderblich ist; und sie hat ihren Grund darin, daß man das Älterwerden in zeitlichem Sinne verwechselt mit dem Älterwerden im Sinne der Ewigkeit. Es läßt sich freilich nicht leugnen, daß man sie des öfteren sieht, diese wenig erbauliche Erscheinung: eine Jugendlichkeit, die mit erglühender Leidenschaft Dolmetschung des Ästhetischen gewesen, nun da die Zeit der Jugend vorüber ist, umgewandelt zu einer in einem Sinne abgespannten, in anderm Sinne überspannten Religiosität, welche alle Fehler des Alters hat. Es läßt sich auch nicht leugnen, daß mancher, der das Religiöse darstellt, wie aus Furcht davor, daß es nicht ernst genug werden möge, es zu streng und auch zu mürrisch sein läßt. Solches und vieles andere kann dazu beitragen, daß jener Sinnentrug mehr allgemein wird und sich umso fester setzt – aber was hilft es? was helfen soll, ist ja eben das was dazu beitragen könnte den Sinnentrug zu beheben.

Will denn ein religiöser Schriftsteller an jenen Sinnentrug rühren, so muß er wie mit einem Schlage anfangen zugleich ästhetischer und religiöser Schriftsteller zu sein. Aber Eines darf er um alles nicht vergessen, den Gedanken, was eigentlich ist, – daß es
das Religiöse ist, das entscheidend an den Tag soll. Die ästhetische XIII 537
Hervorbringung wird ein Mittel der Verständigung,[65] und für den, der es vielleicht nötig haben mag (und angenommen, die Christenheit sei ein ungeheuerlicher Sinnentrug, sind dies viele), ein Beweis dafür, daß die religiöse Hervorbringung unmöglich sich daraus erklären läßt, daß der Verfasser älter geworden ist; denn sie ist ja gleichzeitig – und zu der gleichen Zeit ist man doch wohl nicht älter geworden.

Vielleicht gelingt es auf die Art nicht, vielleicht, der Schade kann nicht groß werden. Der Schade kann zuhöchst der werden, daß man an die Religiosität solch eines Mitteilenden nicht recht glaubt. Nun wohl! Einer der das Religiöse mitteilt, kann immerhin doch oft zu besorgt dafür sein, daß man ihn selber für religiös ansehe. Ist dem so, so zeigt das eben, daß er in Wahrheit nicht der Religiöse ist. Es ist hiermit ebenso wie wenn einer, der Lehrer sein will, sich zuviel mit dem Gedanken beschäftigt, was die, welche er lehren will, urteilen von ihm, seinem Unterricht, seinem Wissen usf. Solch ein Lehrer vermag sich in seinem Lehren eigentlich überhaupt nicht zu rühren. Gesetzt z. B. er sähe es für das Richtigste an, um des Lernenden willen, von etwas, das er schon versteht, zu sagen, er verstehe es nicht: ih, behüte, das dürfte er nicht wagen aus Furcht, der Lernende möchte wirklich glauben, daß er es nicht verstehe, d. h., er taugt eigentlich nicht dazu Lehrer zu sein; wiewohl er sich Lehrer nennt, ist er so weit davon es zu sein, daß er eigentlich darauf aus ist mit Auszeichnung aufgerufen zu werden – vom Schüler. Oder es ist so wie wenn ein Bußprediger, der die Laster der Zeit gestrengest strafen will – viel sich damit beschäftigt, was die Zeit, die er straft, von ihm urteilt: er ist so weit davon ein Bußprediger zu sein, daß er eher ein Neujahrsgratulant ist, der sich bloß ein bißchen interessant macht durch dies für einen Gratulanten sonderbare Habit. Und so auch mit *dem* Religiösen, der es, wenn es verkehrt gehen sollte, nicht aushalten könnte für den einzigen angesehen zu werden, der nicht religiös sei. Denn das aushalten können ist in der Reflexion gerade die genaueste Bestimmung wesentlicher Religiosität.

§ 4.

Daß man, selbst wenn ein Mensch nicht dahin mitgehen will, wohin man ihn zu führen strebt, doch eines für ihn tun kann: ihn zwingen, aufmerksam zu werden.

Ein Mensch kann das Glück haben, viel für den andern zu tun, kann das Glück haben ihn dahin zu führen, wohin er ihn zu führen
XIII 538 ren wünscht, kann, um bei dem zu bleiben, davon hier im Wesentlichen fort und fort die Rede ist, das Glück haben, daß er ihm behilflich wird Christ zu werden. Aber in meiner Macht steht das nicht; es hängt von gar vielem ab, und vor allem davon, ob er selber will. Einen Menschen zwingen zu einer Meinung, einer Überzeugung, einem Glauben, das kann ich in alle Ewigkeit nicht; aber eines kann ich, das Erste in dem einen Sinne (denn es ist die Bedingung für das Nächste, das heißt: für das Annehmen dieser Meinung, dieser Überzeugung, dieses Glaubens), in anderm Sinne freilich das Letzte, wofern er nämlich das Nächste nicht will: ich kann ihn zwingen aufmerksam zu werden.

Daß dies eine Wohltat ist, darüber ist kein Zweifel; aber es darf auch nicht vergessen werden, daß es ein Wagestück ist. Indem ich ihn zwinge aufmerksam zu werden, komme ich dazu ihn zum Urteilen zu zwingen. Nun urteilt er. Aber wie er urteilt, steht nicht in meiner Macht. Vielleicht urteilt er gerade umgekehrt als ich es wünsche. Und ferner, vielleicht wird er erbittert, daß er gezwungen wurde zu urteilen, erbittert bis zur Raserei, erbittert

auf die Sache, auf mich — und vielleicht werde ich das Opfer
meines Wagestücks.

Daß man die Menschen zwinge aufmerksam zu werden und zu
urteilen, ist nämlich das Gesetz für das wahre Martyrium. Ein
wahrer Märtyrer hat niemals Macht gebraucht, sondern mit Hilfe
der Ohnmacht gestritten. Er zwang die Menschen aufmerksam zu
werden. Ja, Gott weiß es, sie wurden aufmerksam — sie schlugen
ihn tot. Doch dazu war er bereit; er meinte nicht, daß sein Tod
ihn in seiner Wirksamkeit hemme, er verstand, daß sein Tod mit
zu ihr gehöre, ja, daß der Flug seiner Wirksamkeit eben mit
seinem Tode beginne. Denn wahrlich die, welche ihn totgeschla-
gen hatten, die wurden auch aufmerksam, die kamen noch einmal
mehr dazu über die Sache nachzudenken, und ganz anders; und
was der Lebende nicht vermocht hatte, das vermochte der Tote:
die, welche aufmerksam geworden waren, gewann er für seine
Sache.

Es ist eine Einwendung, die ich in meinem stillen Sinn wieder
und wieder gemacht habe gegen die, welche in der Christenheit
regelmäßig das Christentum verkündigen: daß sie, selber umgeben
von allzuviel Sinnentrug und gesichert durch ihn, nicht den Mut
haben die Menschen aufmerksam zu machen. Das will sagen, sie
haben im Verhältnis zu ihrer Sache nicht genug Selbstverleugnung.
Sie möchten gerne Anhänger gewinnen, aber sie möchten sie ge-
winnen — weil es die Verstärkung ihrer Sache ist, und deshalb
ohne allzu genau darauf zu sehen, ob sie in Wahrheit Anhänger
werden oder nicht. Das wiederum will sagen, daß sie in tieferem
Sinne keine Sache haben; zu der Sache, die sie haben, verhalten sie
sich selbstsüchtig. Darum wagen sie es eigentlich nicht, auszu-
gehen unter die Menschen; auch nicht allen Sinnentrug fahren zu
lassen um den reinen Eindruck der Idee zu geben, weil sie dunkel XIII 539
eine Vorstellung davon haben, daß es in Wahrheit eine gefähr-
liche Sache sei die Menschen aufmerksam zu machen. In Unwahr-
heit sie aufmerksam zu machen, das heißt, vor ihnen sich bücken
und scharren, ihnen schmeicheln, sich ihre Aufmerksamkeit und
ihr nachsichtiges Urteil erbitten, die Wahrheit — zur Abstimmung
stellen: ja, das ist mit keinerlei Gefahr verbunden, wenigstens
nicht in der Welt hier, allwo es vielmehr gerade mit allen Vor-
teilen verbunden ist, aber vielleicht doch auch verbunden ist mit

der Gefahr, daß man dermaleinst in der Ewigkeit verworfen werde.

Ebenso nun auch damit, daß es, gemäß Annahme, eine Einbildung ist mit den vielen, die sich Christen nennen. Wofern denn ein Mensch in dieser Einbildung lebt, mithin in ganz andern, in rein ästhetischen Kategorien lebt — falls dann einer mit ästhetischer Darstellung imstande ist ihn ganz zu gewinnen und zu fesseln, und nun das Religiöse so geschwinde anzubringen weiß, daß er mit dem Schwunge dieser Hingebung geradenwegs hineinläuft in die meist entscheidenden Bestimmungen des Religiösen: was dann? Ja, dann muß er aufmerksam werden. Indes was weiter daraus folgt, kann niemand vorraussagen; aber aufmerksam muß er werden. Möglich daß er wirklich zur Besinnung darüber kommt, was es doch habe besagen wollen, daß er sich Christ genannt hat. Möglich daß er wütend wird über den Menschen, der sich das wider ihn erlaubt hat; aber aufmerksam ist er geworden, er kommt dazu zu urteilen. Möglich daß er, um sich wieder in die Hand zu bekommen, von dem andern urteilt er sei ein Heuchler, ein Betrüger, ein Halbverrückter — hilft nichts, er muß urteilen, er ist aufmerksam geworden.

Gewöhnlich kehrt man das Verhältnis um; und tatsächlich war das Verhältnis das umgekehrte, als das Christentum im Verhältnis zum Heidentum stand. Aber man übersieht reinweg, wie verändert die Lage ist, daß die Bestimmung Christenheit alle Verhältnisse in die Reflexion hineinsetzt. Gewöhnlich tut auch in der Christenheit der, welcher die Menschen dahin zu führen strebt daß sie Christen werden, alles, um es sicher zu stellen, daß er Christ ist, er beteuert und beteuert. Er gibt nicht acht darauf, daß hier von Anfang an eine ungeheuerliche Verwirrung ist; denn es sind ja Christen, an die er sich wendet. Aber sind es Christen, an die er sich wendet, was will es dann sagen, sie dahin zu bringen daß sie Christen werden. Hingegen sind sie nach seiner Meinung keine Christen, indessen sie sich doch Christen nennen, so zeigt ja der Umstand, daß sie gleichwohl sich Christen nennen, daß hier eine Reflexions-Bestimmung ist. Wir sind vermöge der Lage also in der Reflexion, aber dann muß auch die ganze Taktik umgekehrt werden.

Ich kann es hier nun nicht weiter ausführen, inwiefern das was

die Christenheit zuerst und vor allem nötig hat, eine ganz neue Waffenlehre ist, das heißt eine Waffenlehre, die ganz und gar von XIII 540
der Reflexion durchdrungen ist. Ich habe in der Hinsicht in verschiedenen Schriften[66] die entscheidenden Momente beigebracht. Das Ganze läßt sich mit einem einzigen Worte sagen, das Ganze, dessen Ausführung freilich heischen mag daß man Jahr und Tag arbeite, dazu die schlafloseste Aufmerksamkeit jede Stunde am Tage, und eine ununterbrochene Tonleiter oder Fingerübung im Dialektischen, und ein nie schlummerndes Furcht und Zittern: das Verfahren muß mittelbar werden. Es gibt bei der Mitteilung des Christentums, wenn die Lage ist: die Christenheit, kein unmittelbares Verhältnis, es ist zuerst eine Einbildung zu beheben; die gesamte alte Waffenlehre, all das Apologetische samt allem was dazugehört, dient, frei herausgesagt, eher dazu, die Sache des Christentums zu verraten. Die Taktik ist in jedem Augenblick und an jedem Punkte darauf einzurichten, daß man mit einer Einbildung, einem Sinnentrug zu kämpfen hat.

Wenn denn in der Christenheit ein religiöser Schriftsteller, dessen ganzes Denken auf die Aufgabe geht Christ zu werden, es möglich machen will die Menschen aufmerksam zu machen, (denn ob es gelingt, ist ja ein ander Ding), so muß er als ästhetischer Schriftsteller beginnen und bis zu einem gewissen Punkte diese Möglichkeit aufrecht erhalten; aber es muß da eine Grenze kommen, denn es geschieht ja um aufmerksam zu machen. Und Eins darf denn der Verfasser nicht vergessen, den Gedanken, was beides eigentlich ist: das Religiöse nämlich das Entscheidende, das Ästhetische das Inkognito, auf daß das dialektische Kreuzen nicht ende mit bloßem Geklätsch.

§ 5.

Daß die gesamte ästhetische Schriftstellerei, im Ganzen der Schriftstellerei angesehen, eine Täuschung ist, jedoch in einem eigenen Sinne.

Wofern einer die ästhetische Schriftstellerei als das Ganze betrachten wollte, und von diesem Gesichtspunkt und unter dieser Annahme die religiöse betrachtete, müßte er diese als einen Abfall, ein Abfallen betrachten. Daß die Voraussetzung dieser Betrachtung unrichtig ist, hab ich im Vorhergehenden gezeigt, da wo es dargetan wird, daß von Anbeginn an unter meinem eigenen Namen Signale aufgezogen gewesen sind, die gleichzeitig mit der pseudonymen Schriftstellerei in Richtung auf das Religiöse telegraphierten.

Indes unter dem alles umfassenden Gesichtspunkt der gesamten Wirksamkeit als Schriftsteller ist die ästhetische Schriftstellerei eine Täuschung: dies die tiefere Bedeutung der „Pseudonymität".
XIII 541 Aber eine Täuschung, das ist ja ein häßlich Ding. Darauf würde ich antworten: man lasse sich von dem Wort „Täuschung" nicht täuschen. Man kann einen Menschen täuschen über das Wahre, und man kann, um an den alten Sokrates zu erinnern, einen Menschen hineintäuschen in das Wahre. Ja, eigentlich vermag man einzig und allein auf diese Weise einen Menschen, der in einer Einbildung befangen ist, in das Wahre hineinzubringen, dadurch nämlich daß man ihn täuscht. Wer andrer Meinung ist verrät damit, daß er nicht eben ein sonderlicher Dialektiker ist, und das wird doch gerade vonnöten sein um auf die Art vorzugehen. Es ist nämlich ein großer Unterschied, will sagen, der dialektische oder der des Dialektischen, zwischen diesen beiden Verhältnissen: Einer, der unwissend ist und dem ein Wissen beigebracht werden soll, so daß er also dem leeren Gefäß gleicht, das gefüllt, oder dem weißen Blatt, das beschrieben werden soll — und einer, der in einer Einbildung befangen ist, welche vorerst fortgenommen werden soll; so ist denn auch ein Unterschied zwischen dem Beschreiben eines Stücks weißen Papiers — und dem Ätzmittel brauchenden Hervorrufen einer Schrift, die unter einer andern Schrift sich versteckt. Angenommen nun, einer sei in einer Einbildung befangen, und mithin sei recht verstanden das Erste in der Mitteilung daß man die Einbildung fortnehme, — wenn ich da nicht damit beginne daß ich täusche, so beginne ich also mit unmittelbarer Mitteilung. Aber unmittelbare Mitteilung setzt voraus, daß beim Empfänger alles in Ordnung ist fürs Empfangenkönnen; aber hier ist das eben nicht der Fall, hier ist ja eine Einbildung im Wege. Das will sagen, hier muß vorerst ein Ätzmittel gebraucht werden; aber dies Ätzende ist das Negative, jedoch in Beziehung auf Mitteilen ist das Negative haargenau das Täuschen.

„Täuschen" – was will das denn also sagen? Es will sagen, daß man nicht *unmittelbar* mit dem beginnt das man mitteilen will, sondern damit beginnt die Einbildung des andern für bare Münze zu nehmen. Man beginnt also (um bei dem zu bleiben was wesentlich der Gegenstand dieser Schrift ist) nicht so: ich bin Christ, du bist kein Christ; sondern so: du bist Christ, ich bin kein Christ. Oder man beginnt nicht so: es ist Christentum, was ich verkündige, und du lebst in bloß ästhetischen Bestimmungen, nein, man beginnt so: laß uns vom Ästhetischen reden; die Täuschung liegt darin, daß man so redet, eben um zum Religiösen zu kommen. Aber laut Annahme ist der andere ja auch in der Einbildung befangen, daß das Ästhetische das Christliche sei, denn er meint, er sei Christ, und doch lebt er in ästhetischen Bestimmungen.

Ob auch noch so viele Pastoren es unverantwortlich finden werden, ob eben so viele es gar nicht begreifen können – wiewohl sie ansonst allesamt laut ihrer eignen Aussage die sokratische Methode[67] brauchen: ich halte mich in dieser Hinsicht getrost an Sokrates. Wohl wahr, er ist kein Christ gewesen, ich weiß es, indessen ich mich allerdings überzeugt halte, daß er es gewor- XIII 542
den ist. Aber er ist Dialektiker gewesen, er hat alles in Reflexion verstanden. Und diese Frage hier ist rein dialektisch, es ist die Frage nach dem Gebrauch der Reflexion in der Christenheit. Qualitativ sind es ganz andre Größen, mit denen gerechnet wird, jedoch formell kann ich Sokrates ganz gut meinen Lehrer nennen – indessen ich allein an Einen geglaubt habe und glaube, den Herrn Jesus Christus.

B.

„Abschließende Nachschrift".[68]

Sie bildet, um es noch einmal zu wiederholen, den Wendepunkt in der gesamten Wirksamkeit als Schriftsteller. Sie stellt das „Fragmal": das Christ Werden. Nachdem sie vorerst die gesamte pseudonyme ästhetische Schriftstellerei in Beschlag genommen hat als Beschreibung des einen Weges, den man gehen muß um Christ zu werden: den *zurück* vom Ästhetischen zum Christ Werden hin: beschreibt sie selber den andern Weg: *zurück* vom System, vom Spekulativen usw. zum Christ Werden hin.

C.

Die religiöse Schriftstellerei.

Bereits mit Beziehung auf die „Abschließende Nachschrift" konnte ich mich sehr kurz fassen, wenn der Gesichtspunkt für die gesamte Wirksamkeit als Schriftsteller ist, daß der Verfasser religiöser Schriftsteller ist; was Aufklärung heischte war, wie die ästhetische Schriftstellerei bei dieser Annahme aufzufassen ist. Und das was bei dieser Annahme keinerlei Aufklärung heischt, ist natürlich der letzte Abschnitt, die rein religiöse Schriftstellerei, welche ja eben den Gesichtspunkt abgibt.

XIII 543

Schluß

Und was will also das alles sagen, wenn nun der Leser die in verschiedenen Paragraphen ausgeführten Momente in eins faßt? Es will sagen: es ist eine schriftstellerische Wirksamkeit, deren ganzer Gedanke die Aufgabe des Christ Werdens ist. Jedoch eine schriftstellerische Wirksamkeit, die von Anbeginn an verstanden hat, dialektisch folgerichtig verfolgt hat, was darin liegt, daß die Lage die Christenheit ist, welches eine Bestimmung der Reflexion ist, und die daher alle die christlichen Verhältnisse in Reflexion hineingesetzt hat. In der Christenheit — Christ werden ist entweder werden was man ist[69] (die Innerlichkeit der Reflexion, oder die Reflexion der Verinnerlichung), oder es ist erst einmal aus einer Einbildung herausgerissen werden, was wiederum eine Bestimmung der Reflexion ist. Es ist hier kein Schwanken, keine Zweideutigkeit von der Art die sonst die gewöhnliche ist, daß man nicht weiß und nicht klug daraus werden kann, ob die Lage in der Heidenschaft ist, ob der Pastor in diesem Sinne ein Missionar ist, oder wo man ist; man vermißt hier nicht, woran es sonst fehlt, eine entscheidende kategorische Bestimmung und einen entscheidenden Ausdruck für die Lage: das Christentum verkündigen — in der Christenheit. Alles ist in Reflexion gesetzt. Die Mitteilung ist in Reflexion: daher mittelbare Mitteilung. Der Mitteilende ist in Reflexion bestimmt, daher negativ bestimmt, nicht einer, der von sich sagt, er sei in außerordentlichem Maße Christ oder wohl gar auf Offenbarungen sich beruft (das alles steht in Entsprechung zu Unmittelbarkeit und unmittelbarer Mitteilung), sondern umgekehrt einer, der sogar von sich selbst sagt, er sei nicht Christ, das heißt, der Mitteilende steht hinten, in negativer Hinsicht helfend — denn ob es ihm gelingt irgendwem zu helfen, ist ja ein ander Ding. Das Fragmal selber, eins der Reflexion: wenn man soso Christ ist, Christ werden.

Kapitel II

Die Verschiedenheit der Art meiner persönlichen Existenz in ihrer Entsprechung zu der Wesensverschiedenheit der Schriftstellerei.

Man hat in diesen Zeiten und zwar schon seit langen Zeiten die Vorstellung davon verloren, daß Schriftsteller sein ist und sein soll ein Handeln und darum ein persönliches Existieren. Daß über- XIII 544
haupt die Presse, die ja die abstrakte unpersönliche Mitteilung darstellt, insbesondre denn die Tagespresse, in rein formeller Hinsicht, ganz gleich ob das was sie sagt wahr ist oder nicht, gewaltig dazu beiträgt zu demoralisieren, weil all das Unpersönliche, das wiederum mehr oder minder das Unverantwortliche und Reuelose ist, demoralisierend ist; daß die Anonymität, als der höchste Ausdruck des Abstrakten, Unpersönlichen, Reuelosen, Unverantwortlichen, ein Hauptquell der modernen Demoralisation ist; und anderseits, daß man der Anonymität am allereinfachsten entgegenarbeiten, daß man der Abstraktheit der Pressemitteilung ein recht dienliches Korrektiv entgegenstellen würde, wenn man noch einmal mehr zum Altertum sich zurückwendete und es lernte, was es heiße ein einzelner Mensch sein, nicht mehr und nicht weniger, und auch ein Schriftsteller ist doch wohl so ein einzelner Mensch, nicht mehr und nicht weniger: das ist einleuchtend. Aber was ist

in unseren Zeiten, in denen es Weisheit geworden ist, wie es denn zugleich das Geheimnis des Bösen[70] ist, daß man nicht nach dem Mitteilenden fragen soll, sondern allein nach der Mitteilung, bloß nach dem Was, dem Objektiven – was ist in unsern Zeiten ein Schriftsteller? Es ist, oft sogar wenn er namentlich bekannt ist, ein X, ein unpersönliches Etwas, das vermittelst des Drucks sich abstrakt an Tausende und aber Tausende wendet, aber selber ungesehen ist, ungekannt, so versteckt, so anonym, so unpersönlich wie möglich lebend, vermutlich damit der Widerspruch nicht offenbar und auffallend werde zwischen dem ungeheuerlich großen Mitteilungsmittel und dem, daß er nur ein einzelner Mensch ist, vielleicht auch weil er jene Aufsicht fürchtet, die das Dasein doch eigentlich über jeden haben sollte, der andere lehren will, daß man ihn sieht, ihn, sein persönliches Existieren und dessen Verhältnis zur Mitteilung. Doch auf alles dies, darauf jemand, der die Demoralisation der modernen Staaten studieren möchte, in hohem Maße zu achten hätte – auf alles dies lasse ich mich hier nicht weiter ein.

A.

Die Art der persönlichen Existenz in Beziehung auf die ästhetische Schriftstellerei.

Also der erste Abschnitt meiner Wirksamkeit als Schriftsteller und meines persönlichen Existierens. Hier war ein religiöser Schriftsteller, der jedoch als ästhetischer Schriftsteller begann, und dies sein Erstes war das Inkognito, die Täuschung. Sehr früh recht gründlich in das Geheimnis eingeweiht, daß die Welt[71] betrogen werden will, war ich denn doch nicht in der Lage, daß ich
XIII 545 dieser Taktik hätte folgen mögen. Gerade umgekehrt, es galt nach dem größten möglichen Maßstabe in umgekehrter Richtung zu täuschen, jegliche Kenntnis der Menschen und ihrer Schwachheiten und ihrer Dummheiten zu nützen, nicht um Vorteil daraus zu ziehen, sondern um mich selbst zunichte zu machen, den Eindruck meiner selbst zu schwächen. Das Geheimnis der Täuschung, welche der Welt sich fügt, die betrogen werden will, liegt teils darin daß man eine Clique bildet und alles tut was dazu ge-

hört, daß man sich an die eine oder andre jener Gesellschaften für gegenseitige Bewunderung anschließt, deren Mitglieder weltlichen Gewinns halben mit Mund und Feder einander beistehen, teils darin daß man sich vor der Menge der Menschen verbirgt, niemals gesehen wird, um auf die Weise auf die Einbildungskraft zu wirken. Also mußte gerade das Gegenteil getan werden: ich mußte eine Existenz in unbedingter Vereinzelung führen und umschirmen, zugleich aber dafür sorgen, daß ich, als einer der sozusagen auf der Straße lebt, zu jeglicher Tageszeit zu sehen war, in Gesellschaft von Krethi und Plethi und in den allerzufälligsten Situationen. Das ist, wo man täuscht, der Wahrheit Weg, der ewig sichere Weg den Eindruck seiner selbst weltlich zu schwächen, dazu sicherlich auch der Selbstverleugnung Weg die Menschen aufmerksam zu machen, wie er von ganz andern Menschen als ich es bin eingeschlagen worden ist; jene Angesehenen, die „Täuschenden",[72] die da wollen daß die Mitteilung ihnen diene, nicht sie der Mitteilung, sehen lediglich darauf sich selber Ansehen zu verschaffen; die Verachteten, die „Wahrheitszeugen", die in umgekehrter Richtung täuschen, haben es stets für ziemlich gehalten, sich weltlich preiszugeben, wiewohl sie Tag und Nacht arbeiteten, ein Nichts zu sein, und so denn unter anderm auch nicht unterstützt zu sein durch den Sinnentrug, daß die Arbeit, die sie tun, ihr Amt oder Broterwerb ist.

Also, dies mußte getan werden, es wurde auch getan, nicht etwa ab und an, sondern jeden ewigen Tag. Ich bin davon überzeugt, daß ein Sechsteil von „Entweder – Oder", ein bißchen Cliquenwirtschaft, und dann ein Verfasser den man nie zu sehen bekam: daß dies besonders auf die Dauer ein Ding gewesen wäre, das ganz anders außerordentlich war. Nun hingegen hatte ich es mir gesichert, daß ich, so angestrengt wie ich Lust hatte und der Geist mich trieb, arbeiten konnte, ohne fürchten zu müssen daß ich zuviel Ansehen gewönne; denn in gewissem Sinne arbeitete ich ebenso angestrengt in entgegengesetzter Richtung – mir selbst entgegen. Nur ein Schriftsteller wird eigentlich verstehen können, was für eine Aufgabe das ist: als Schriftsteller, das heißt, mit Geist und Feder arbeiten, und dann so gut wie jedermann zu Diensten sein. Das ist (wenn es mich auch zugleich außerordentlich reich machte an Beobachtungen) ein Maßstab für Kritik, welcher die meisten

zur Verzweiflung bringen würde; denn es heißt schlechthin jeden Sinnentrug fortnehmen, auch den geringsten, und das reine Maß der Idee geben – und wahrlich es ist nicht die Wahrheit, welche die Welt beherrscht, sondern das Trugwerk der Sinne. Wäre eine
XIII 546 Leistung so hervorragend, wie sie noch niemals gesehen – wenn nur der Verfasser auf die Art lebt: so wird er schon binnen kurzem sich gesichert haben wider weltliches Ansehen und wider das viehisch-rohe[73] Schmeicheln der Menge. Denn die Menge hat keinerlei Idealität und darum keine Kraft einem Anschein zum Trotz eine Vorstellung festzuhalten, die Menge geht jederzeit dem Anschein ins Netz. Daß man fort und fort gesehen wird und gesehen ist und das in der zufälligsten Gesellschaft, das ist genug, daß die Menge jede Vorstellung verliere und eines bald leid und überdrüssig werde. Und um zu erreichen, daß man fortwährend gesehen werde, braucht man nicht einmal gar so viel Zeit, wenn man nur geschickt (d. h. menschlich gesprochen verrückt) die Zeit richtig nützt, das heißt dazu, hin und zurück zu gehen an einer und der gleichen, aber der meistbesuchten Stelle der Stadt. Jeder, der weltlich mit seinem Ansehen sparsam ist, und wäre es selbst sein Weg, desselben Wegs zurück zu gehn, den er gekommen ist, er tut es nicht – bloß deshalb nicht, damit er nicht zweimal in so kurzer Zeit gesehen werde: man könnte ja sonst glauben, er hätte nichts zu verrichten, was keinem widerfährt, wo er zwei Dritteile des Tags daheim auf seiner Stube säße und faullenzte. Dahingegen eine, fromm verstanden, recht angewendete Stunde, eine Stunde gelebt für die Ewigkeit,[74] die damit hingebracht wird hin- und zurückzugehen unter der Volksmenge: das ist schon nicht wenig. Und wahrlich, es gefällt Gott wohl, daß man der Wahrheit auf diese Weise dient, sein Geist gab kräftig Zeugnis meinem Geiste,[75] daß das vollkommen seine allerhöchste Billigung hatte; alle Wahrheitszeugen nicken einem Beifall, daß es die Wahrheit, die Idee ist, der man dienen will, nicht die Wahrheit die man verraten will und dabei Vorteil ziehen vom Trugwerk der Sinne. Es befriedigte mich rein christlich, des Montags doch ein klein bißchen von dem auszuführen zu wagen, darüber man des Sonntags, wenn der Pastor predigt und selber dabei schluchzt, freilich schluchzt – und des Montags allerdings lacht; es befriedigte mich rein christlich, daß wenn sonst niemand, so doch bestimmt einer in Kopen-

hagen war, den jeder Arme auf der Straße ansprechen und sich mit ihm einlassen konnte; daß, wenn sonst niemand, so doch einer war, der, in welcher Gesellschaft er auch im übrigen ging, nicht vornehm tat, sondern jedes Dienstmädchen, jeden Knecht und Tagelöhner kannte, den er sonst kannte; es befriedigte mich rein christlich, daß wenn sonst niemand, so doch einer war, der (etliche Jahre ehe das Dasein dem Geschlecht da wieder eine Lektion erteilte) sich mit der Tat[76] ein klein bißchen in der Lehre von der Nächstenliebe versuchte, ach einer, der eben damit zugleich einen schrecklichen Einblick darein empfing, was für ein Sinnentrug die Christenheit ist, und allerdings, insbesondere späterhin, auch darein, wie sehr die einfacheren Klassen sich von erbärmlichen Zeitungsschreibern verführen lassen, deren Streben und Kämpfen für Freiheit und Gleichheit, da es im Dienste der Lüge steht, wo- XIII 547
fern es zu etwas führen sollte, lediglich dazu führen kann, die Vornehmeren, aus Notwehr, in Fremdheit wider den einfachen Mann hochmütig zu machen, den einfachen Mann aber frech in Zudringlichkeit.

Diese Schilderung meines persönlichen Existierens hier näher auszuführen ist untunlich, ich bin jedoch davon überzeugt, daß selten ein Schriftsteller soviel List, Intrigue, Schlauheit gebraucht hat um Ehre und Ansehen in der Welt zu gewinnen, um die Welt zu täuschen, als ich umgekehrt – um sie im Sinne der Wahrheit zu täuschen. Nach welchem Maßstabe dies durchgeführt wurde, davon will ich eine Vorstellung zu geben suchen allein mit einem einzigen Zuge, bei dem ich meinen Freund I. F. Giødwad,[77] den Korrektor von „Entweder – Oder", zum Mitwisser habe. Als ich die Korrektur von „Entweder – Oder" las, hatte ich soviel zu tun, daß es mir unmöglich war, die gewohnte Zeit darauf zu wenden die Straße hin und zurück zu schlendern. Ich wurde erst ziemlich spät am Abend fertig – und eilte dann gegen den Abend ins Theater, in dem ich buchstäblich nur fünf bis zehn Minuten verweilte. Und warum tat ich das? Weil ich fürchtete, das große Buch könne mir zuviel Ansehen* schaffen. Und warum tat ich das?

* Aus dem gleichen Grunde rückte ich auch in dem Augenblick, da „Entweder – Oder" ganz zur Reinschrift fertig war, einen kleinen Artikel in Faedrelandet[78] ein, „Öffentliche Beichte" mit meiner Namensunterschrift, in dem ich ganz unveranlaßt mich lossagte von der Urheberschaft der vie-

Weil ich die Menschen kannte, besonders die in Kopenhagen; es war genug jeden Abend von einigen hundert Menschen gesehen zu werden, damit die Meinung im Schwange blieb: er bestellt auch nicht das Geringste, er ist ein reiner Tagedieb.

Dergestalt existierte ich indem ich die ästhetische Schriftstellerei unterstützte (überdies mit allem Cliquenwesen brach) und, im Ganzen, das polemische Besteck hatte: jede Lobrede als Angriff zu betrachten, jeden Angriff hingegen als etwas, darauf man keine Rücksicht nehme. Dergestalt existierte ich für die Öffentlichkeit. Besuch machte ich so gut wie nie, und daheim wurde schlechthin über einem gehalten, unbedingt niemand zu empfangen außer Armen, die um Unterstützung baten; denn für Hausbesuche war keine Zeit, und durch Hausbesuch hätte einer leicht eine Ahnung von dem bekommen können, von dem er keine Ahnung haben sollte. Dergestalt existierte ich. Ist Kopenhagen sich überhaupt
XIII 548 jemals über einen einig gewesen, so darf ich sagen, es war sich einig über mich: ich war ein Tagedieb, ein Müßiggänger, ein Pflastertreter, ein leichtsinniger Vogel, ein guter, vielleicht ein glänzender Kopf, witzig, usw. – aber des „Ernstes" ermangelte ich da unbedingt. Ich stellte dar der Weltlichkeit Ironie, Lebensgenuß, den raffiniertesten Lebensgenuß – aber von „Ernst und Verläßlichkeit"[79] war da keine Spur, hingegen war ich ungeheuer interessant und pikant.

Indem ich an diese Existenzweise zurückdenke, könnte ich wirklich mich entschließen den Vornehmen und Angesehenen in der Gesellschaft eine Art Abbitte zu tun. Denn wohl wahr, ich wußte in Wahrheit sehr gut was ich tat, aber von ihrem Gesichtspunkt aus hatten sie doch recht damit gehabt mich zu tadeln; weil ich, indem ich auf die Art mich selber schwächte, dazu beitrug Macht und Ansehen überhaupt zu schwächen, wie konservativ ich in dieser Hinsicht sonst auch jederzeit gewesen bin, und mit wieviel Ehrerbietung, Ehrfurcht, Bewunderung ich auch meine Freude daran gehabt habe, ihm, dem Ausgezeichneten und Angesehenen, zu geben was sein ist; aber mein konservativer Charakter hatte

---

len interessanten Zeitungsartikel in verschiedenen Blättern, meine Untätigkeit gestand und bekannte, und um das Eine bat: man möge in Zukunft mich nie für den Verfasser von etwas halten, darauf nicht mein Name stünde.

nicht zur Folge, daß ich für meine Person irgendwie auf Gleiches eingegangen wäre. Und eben weil die Angesehenen in der Gesellschaft auf so manche Weise mir nicht bloß Teilnahme erzeigt haben sondern sogar Vorliebe, auf so manche Weise versucht haben, und das ist von ihrer Seite ja sicherlich aufrichtig und wohlmeinend gewesen, mich in ihren Kreis zu ziehen: eben darum fühle ich ein Bedürfnis ihnen eine Abbitte zu tun, ob ich gleich natürlich nicht bereuen kann, was ich getan, denn ich diente meiner Idee. Doch haben die Angesehenen sich stets folgerichtig erwiesen im Vergleich mit der einfacheren Klasse, die nicht einmal von ihrem eignen Gesichtspunkt aus wider mich recht gehabt hat, sofern sie gemäß dem Vorhergehenden denn also mich angegriffen hat – weil ich nicht vornehm war, welches recht absonderlich und lächerlich ist von der einfacheren Klasse.

Dies ist der erste Abschnitt; ich strebte durch mein persönliches Existieren die Pseudonyme, die ganze ästhetische Schriftstellerei zu unterstützen. Schwermütig, unheilbar schwermütig wie ich gewesen bin, mit ungeheuerlichen Schmerzen in meinem Innersten, nachdem ich in Verzweiflung gebrochen hatte mit der Welt und was der Welt ist, von Kindheit auf streng in der Betrachtung erzogen, daß die Wahrheit leiden muß, verhöhnt, verspottet werden muß, jeden Tag eine gewisse Zeit hinbringend mit Gebet und erbaulicher Betrachtung, für mich selber persönlich ein Büßer. Da ich war der ich war: ja, so fand ich, ich leugne es nicht, in gewissem Sinne eine Befriedigung in diesem Leben, in dieser umgekehrten Täuschung, eine Befriedigung, daran zu denken, daß die Intrigue so außerordentlich gelang, daß das Publikum und ich, daß wir auf du und du waren, daß ich in der Mode war als Verkünder eines Evangeliums der Weltlichkeit, daß ich, wiewohl nicht im Besitz der Art von Ansehen, die nun einmal allein durch XIII 549
eine ganz andre Lebensweise erworben werden kann, dennoch insgeheim, und deshalb umso mehr geliebt, der Liebling des Publikums war, wohlangeschrieben bei jedermann als ungeheuer interessant und pikant, wobei er allerdings sich besser und ernsthafter und rechtschaffener und verläßlicher fühlte als ich. Diese Befriedigung, die mein Geheimnis war, eine Befriedigung, in welcher ich unterweilen gleichsam ausgelassen war, hätte im übrigen für mich eine gefährliche Versuchung werden können. Denn daß

die Welt, das Publikum und dergleichen, mit ihrer oder seiner Schmeichelei, Bewunderung usw. mich hätten versuchen sollen, nein, davor war ich sicher. Hätte ich kentern sollen, so hätte es sein müssen wegen dieser Reflexion in zweiter Potenz: eine beinahe besessene Ausgelassenheit beim Gedanken daran, wie die Täuschung gelang, was denn den inneren Harm so unbeschreiblich befriedigte, der von Kind auf in mir gewesen ist, weil längst ehe ich es je selbst gesehen, ich gelernt hatte, daß Lüge und Erbärmlichkeit und Ungerechtigkeit die Welt regieren;[80+] was mich denn oft dazu brachte an jene Worte in „Entweder – Oder" zu denken: „Wo ihr wüßtet, was es ist darüber ihr lacht", wo ihr wüßtet, wer es ist mit dem ihr zu tun habt, wer dieser Müßiggänger ist!

B.

Die Art der persönlichen Existenz in Beziehung auf die religiöse Schriftstellerei.

Im Dezember 1845[81] war ich ganz fertig mit der Niederschrift der „Abschließenden Nachschrift" und hatte sie, wie ich immer pflege, als ein Ganzes bei Luno eingeliefert, was denn also der Mißtrauische mir nicht auf mein bloßes Wort zu glauben braucht, da es aus Lunos Journal bewiesen werden kann. Diese Schrift bildet den Wendepunkt in meiner gesamten Wirksamkeit als Schriftsteller, indem sie das „Fragmal": Christ werden stellt; von da an geschieht der Übergang zum letzten Abschnitt, der Reihe rein religiöser Schriften.

Daß mein persönliches Existieren in Entsprechung hierzu umgebildet werden mußte, oder, daß ich streben mußte den Mitlebenden einen andern Eindruck von meinem persönlichen Existieren beizubringen, sah ich sofort ein. Ich hatte auch selbst ein Auge für das was getan werden mußte, als da auf eine höchst gelegene Weise ein geringfügiger Umstand, in dem ich einen Wink der Weltlenkung erkannte, mir zuhilfe kam, entscheidend in dieser Richtung zu handeln.

XIII 550 Doch dies kann ich nicht ausführen, ehedaß ich mit wenigen Strichen mich bemüht habe, dem Leser den damaligen Zustand in Kopenhagen in die Erinnerung zurückzurufen, eine Schilderung, die sich jetzt vielleicht auch besser ausnehmen wird durch den Gegensatz zum gegenwärtigen Kriegszustande. Es war nämlich klein bei klein die nicht zu verkennende Erscheinung eingetreten, daß die gesamte Bevölkerung Kopenhagens, und zwar in dem gleichen Maße in dem sie mehr unwissend und mehr ungebildet war, ironisch und witzig geworden war, es war Ironie und Ironie von vorn bis hinten. Wäre die Sache nicht so ernst, dürfte ich sie rein ästhetisch betrachten, so möchte ich nicht leugnen, daß es das Lächerlichste ist, was ich gesehen habe, und daß ich wirklich glaube, man muß eine lange Reise tun und noch dazu sehr viel Glück haben, um auf etwas derartig Grundkomisches zu stoßen. Eine ganze Bevölkerung in einer Stadt, allem andern voran alles, was auf Straßen und Gassen los und ledig ist, geradenwegs hinunter bis zu Schuljugend und Schusterjungen, alle die vielen Legionen dieser in unsern Zeiten einzig begünstigten und privilegierten Klasse, sie welche nichts sind, sie werden — in Masse ....; eine ganze Bevölkerung in einer Stadt, Gilden und Gewerke, Gewerbetreibende, Standespersonen, sie werden (ungefähr auf die gleiche Weise wie ein Spießbürger eine Landpartie zum Wildpark[82] macht) sie werden — samt Familie: diese Tausende und aber Tausende, sie werden — so ungefähr das Einzige, davon ich unbedingt behaupten möchte, daß sie es unmöglich werden können, besonders nicht in Masse und samt Familie — sie werden „ironisch“ mittelst eines Blattes, welches wiederum, ironisch genug, mittelst einer Strohmanns-Redaktion[83] ganz und gar tonangebend wird; und der Ton, den es angibt, ist — der ironische. Ich glaube es ist unmöglich sich etwas Lächerlicheres zu denken. Ironie setzt eine sehr eigengeartete intellektuelle Bildung voraus, die in jeder Generation überaus selten ist — und dies Chaos von Menschen war Ironiker. Ironie ist schlechthin nicht gesellig, eine Ironie, welche in der Majorität ist, eben damit[84] unbedingt keine Ironie. Nichts ist gewisser, da es im Begriffe selber liegt; Ironie zielt wesentlich darauf hin, daß es nur Einen gibt, welches so treffend enthalten ist in dem aristotelischen Satze, daß der Ironiker alles „um seiner selbst willen“[85] tue — und hier war ein ungeheures Publikum Arm in Arm, alles gut Freund,[86] hol mich der Teufel, ironisch geworden. Indes die Sache war nur allzu ernst. Natürlich war diese Ironie, oder wenn schon auch ihr eigentlicher Obmann[87] sogar ein

XIII 551 nicht unbedeutendes Talent war, so war natürlich diese Ironie, damit daß sie in diese Tausende und aber Tausende von Menschen überging, wesentlich nichts andres als Pöbelhaftigkeit, die leider immer populär ist. Es war eine Demoralisierung, welche nur allzu schrecklich an die Strafe erinnerte, die einer der alten Propheten[88] im Namen des Herrn den Juden als die fürchterlichste androht: Knaben sollen eure Richter sein; es war eine Demoralisierung, welche im Verhältnis zu den Maßen des kleinen Landes, förmlich mit einer vollständigen sittlichen Auflösung drohte. Um sich eine Vorstellung von der Gefahr zu machen, muß man sie nahebei sehen, wie selbst gutmütige und brave Menschen, sobald sie „Menge" werden, gleichsam zu ganz andern Wesen werden. Man muß sie nahebei sehen, die Charakterlosigkeit, mit der auch sonst durchaus rechtschaffene Menschen sagen: es ist eine Schande, es ist empörend so etwas zu tun oder zu sagen — und dann selber ihr kleines Teil beitragen um Stadt und Land gleichsam in ein Schneetreiben von Klatsch und Nachrede zu hüllen; die Herzenshärtigkeit, mit der sonst liebe Menschen in Eigenschaft als Publikum handeln, weil ihr Teilnehmen oder Nicht-Teilnehmen ihnen ein Unbedeutendes scheint — ein Unbedeutendes, das durch den Beitrag der vielen zum Ungeheuerlichen wird. Man muß sehen, wie kein Angriff so gefürchtet ist als der des Gelächters, wie selbst ein Mensch, der sich tapfer in Lebensgefahr stürzen würde für einen der ihn nichts angeht, nicht weit davon wäre Vater und Mutter zu verraten, wo die Gefahr das Gelächter wäre, weil dieser Angriff den Angegriffenen am meisten isoliert und an keinem Punkte die Hilfe des Pathos bietet, derweile Leichtsinn und Neugier und Sinnlichkeit grinsen, und die nervenschwache Feigheit, die selber vor solch einem Angriff zittert, in einem fort ruft: es ist nichts, und die Feigheit, die schäbig mit Bestechung oder guten Mienen bei den Betreffenden von einem Angriff sich loskauft, sagt: es ist nichts, und die Teilnahme sagt: es ist nichts. Schrecklich, wenn in einem kleinen Lande Klatsch und Grinsen die „öffentliche Meinung" zu werden drohen. Dänemark war dabei, in Kopenhagen aufzugehen, und Kopenhagen gerade drauf und dran eine Kleinstadt[89] zu werden. Das fertig zu bekommen, besonders vermittelst der Presse, ist leicht genug; und ist es dann geschehen, braucht es vielleicht eine Generation, sich davon zu erholen.

Doch genug hiervon. Für mich also war es das Wichtige, mein persönliches Existieren zu verändern in Beziehung darauf, daß ich den Übergang dazu machte, die religiösen Fragmale zu stellen. Ich mußte eine Gestalt der Existenz haben, welche dieser Art schriftstellerischer Wirksamkeit entsprach und sie unterstützte. Es war wie gesagt im Monat Dezember, und es war erwünscht alles in Ordnung zu haben bis zu der Zeit, da die „Abschließende Nachschrift" herauskommen sollte. So ward der Schritt denn auch noch im Monat Dezember getan. Mit der Kenntnis, die ich von solchen Verhältnissen hatte, sah ich leicht, daß zwei Worte an jenes Organ der Ironie, welches bis dahin in einem gewissen Sinne, nämlich wenn ich nicht der gewesen wäre der ich war, auch nicht unklug, mich verehrt und unsterblich gemacht hatte, hinreichend sein würden um schlechthin dialektisch meine gesamten Existenz-Verhältnisse umzukehren, um jenes ganze unübersichtliche Publikum von Ironikern dahin zu bringen, daß es von mir Kenntnis nähme, so daß ich Gegenstand würde für die Ironie aller, ach ja, ich der Magister der Ironie.[90] XIII 552

Die Order wurde denn also gegeben; damit es nicht vereinnahmt würde als eine neu erfundene äußerst pikante Form der Ironie, wurde eine recht bedeutende Dosis des Ethischen beigefügt, indem ich verlangte, in dem widerlichen Organ der widerlichen Ironie beschimpft zu werden. Jene unzähligen Untiere von Ironikern haben mich natürlich für verrückt gehalten; die Vereinzelten, welche tiefer in die Sache schauten, haben mich wohl nicht ohne einen gewissen Schauder diesen Sprung tun sehen, oder sie haben es (weil sie nur an das denken was weltlich unter Würde verstanden wird, und nicht bedenken was fromm darunter verstanden wird) unter meiner Würde gefunden von dergleichen Kenntnis zu nehmen, indessen ich es unter meiner Würde fände, gleichzeitig mit solch einer Demoralisierung gelebt zu haben, ohne daß ich entscheidend gehandelt hätte, indem ich mich zufriedengab mit der billigen Tugend, es so wie „die andern" zu machen, d. h.: so gut wie möglich mich davor zu drücken zu handeln, indessen eine so unverhältnismäßige Niedertracht der Presse immerhin Menschen ins Grab brachte, kränkte und erbitterte, wenn auch nicht immer die Angegriffenen, so doch ihre Frauen, Kinder, Verwandten und Nächsten, sich beschmutzend in alles eindrängte,

selbst in die innersten Verhältnisse des Privatlebens, selbst in die Abgeschlossenheit des Schullebens, selbst ins Heiligtum der Kirche, Lügen ausspie, Nachreden, Frechheiten, Bubenstreiche: alles im Dienste verderblicher Leidenschaften und erbärmlicher Geldgier, und für alles waren die „Strohmänner" – die Verantwortlichen! Daß es das Rechte war um meiner Idee zu dienen, das verstand ich, und ich wankte nicht; die Folgen davon, welche im
XIII 553 Augenblick mir gewiß keiner mißgönnt hat, nehme ich daher geschichtlich in Anspruch als mein rechtmäßiges Eigentum, dessen perspektivischen Wert mein Auge leicht entdeckt.

Als Ergebnis hatte ich nun, daß dialektisch das richtige Verhältnis herauskam, um wiederum mittelbare Mitteilung zu erreichen. Indessen ich mich einzig und allein mit religiösen Hervorbringungen beschäftigte, durfte ich als auf ein negativ Unterstützendes auf diese täglichen Überschüttungen seitens der Pöbelhaftigkeit rechnen, daß sie hinreichend abkühlen würden, so daß die religiöse Mitteilung nicht gar zu unmittelbar wurde oder gar zu unmittelbar mir Anhänger verschaffte. Der Leser konnte sich nicht unmittelbar zu mir verhalten; denn an die Stelle des Inkognitos des Ästhetischen hatte ich nun die Gefahr des Gelächters und Grinsens gesetzt bekommen, welche die meisten abschreckt. Und selbst die, welche das nicht abschrecken würde, die verstörte dann das Nächste, der Gedanke, daß ich selbst freiwillig mich dem allen ausgesetzt, mich darein gestürzt hatte, eine Art Tollheit, ah ja, so haben gewiß auch die Gleichzeitigen über jenen Römer[91] geurteilt, der seinen unsterblichen Sprung tat um seine Heimat zu retten; eine Art Tollheit, ah ja, und noch einmal ah ja, denn es war dialektisch genau christliche Selbstverleugnung – und ich, der arme Magister der Ironie, wurde der betrübliche Gegenstand für das Gelächter eines hochgeehrten gebildeten Publikums.

Das Kostüm war richtig. Jeder religiöse Schriftsteller ist eben damit[92] polemisch; denn so trefflich ist die Welt nicht, daß man annehmen könnte, das Religiöse habe gesiegt oder sei in der Majorität. Ein triumphierender religiöser Schriftsteller, der in der Mode ist, ist eben damit[92] nicht r e l i g i ö s e r Schriftsteller. Der wesentlich religiöse Schriftsteller ist jederzeit polemisch und dazu unter dem Widerstande leidend oder den Widerstand erleidend, der dem gemäß ist, was zu seiner Zeit dafür gelten muß das spezi-

fische Böse zu sein. Sind Könige und Kaiser, Päpste und Bischöfe — und die Macht das Böse, so muß er auch daran kenntlich sein, daß er Gegenstand ihrer Angriffe ist. Sind die Menge — und Klatsch, Publikum — und das viehisch-rohe Grinsen das Böse, so muß er auch daran kenntlich sein, daß er Gegenstand von Angriff und Verfolgung dieser Art ist. Auch hat der wesentliche religiöse Schriftsteller zum Hebel, den er braucht, nur einen einzigen, den wundergleichen Schluß: fragt man ihn, woher er beweise, daß er Recht habe, und daß es Wahrheit sei was er sagt, so antwortet er: das beweise ich daher, daß ich verfolgt werde; es ist das Wahre, das beweise ich daher, daß ich verlacht werde. Das heißt, er be- XIII 554
weist die Wahrheit oder die Gerechtigkeit seiner Sache nicht mit der Ehre, dem Ansehen usw., die er genießt, gerade umgekehrt; denn das wesentliche Religiöse ist jederzeit polemisch. Jeder religiöse Schriftsteller oder Redner oder Lehrer, der sich entzieht, der nicht da ist, wo die Gefahr ist, und wo das Böse seinen Rückhalt hat, er ist ein Betrüger, und das wird sich auch zeigen. Es gilt nämlich für jeden, wenn er zu des Todes Pforten gekommen ist, und diese im Tode sich für ihn öffnen, daß er alsdann ablegen muß Pracht und Herrlichkeit und Reichtum und weltlich Ansehen, und Sterne und Ehrenzeichen, — sie seien ihm nun verliehen worden von Königen und Kaisern, oder von der Menge und dem Publikum — ja all das ablegen als ein durchaus Unangebrachtes und Überflüssiges. Allein mit jedwedem, der bei Leibesleben religiöser Schriftsteller, Lehrer, Redner usw. gewesen ist, und es gewesen auf seine eigene Verantwortung, wird eine Ausnahme gemacht. Wird er im Besitz von dergleichen betroffen, so bekommt er keine Erlaubnis es abzulegen, nein, es wird in ein Bündel gepackt und ihm mitgegeben, man zwingt ihn es zu behalten und das Bündel zu tragen, so wie man den Dieb zwingt selbst das Diebesgut zu tragen. Und mit diesem Bündel muß er dann da eintreten, wo er gerichtet wird. Er war ja religiöser Lehrer, somit ist er zu richten von den wahren religiösen Lehrern,[93] die sämtlich, solange sie lebten, verhöhnt waren, verfolgt, verlacht, bespottet, bespien. O, ist es für den sinnlichen Menschen schrecklich hier in der Welt verlacht, verspottet, verhöhnt dazustehn: noch schrecklicher, in der Ewigkeit zu stehen mit diesem Bündel unterm Arm, oder angetan mit dem — Putz.

Das Kostüm war richtig. In einer grinsenden Mitwelt (wie die es gewesen ist, von der ich spreche, und in dieser Rücksicht ist es zum mindesten meine Meinung, daß der „Krieg“[94] für Dänemark ein Glück gewesen ist) muß denn also der religiöse Schriftsteller um Gottes im Himmel willen darauf acht haben, daß er mehr als jeder andre verlacht wird. Geht das Böse von der Menge aus, so muß der gleichzeitige religiöse Schriftsteller denn also um Gottes im Himmel willen darauf achthaben, daß er Gegenstand ihrer Verfolgung wird, und in dieser Rücksicht Vorzugsbehandlung genießt. Und meine ganze Ansicht von der Menge, welche zu ihrer Zeit selbst die Einsichtsvolleren doch vielleicht ein wenig übertrieben fanden: jetzt, 1848, jetzt, dank den Gebärden des Daseins (und diese sind kräftiger, sind wie ein Toben des Elements im Vergleich mit der zarten Stimme des Einzelnen), jetzt wird der Einwand wohl eher sein, daß ich nicht genug übertrieben habe. Und jene Kategorie „der Einzelne“, die für sonderlich und eines Sonderlings Erfindung angesehen wurde, welches sie denn auch ist, denn ist nicht der, welcher in gewissem Sinne ihr Erfinder ist,
XIII 555 Sokrates, zu seiner Zeit ἀτοπωτατος[95] (d. h. der Sonderlichste) genannt worden: ich geb es nicht her, daß ich sie seinerzeit entscheidend an den Tag gestellt habe, ich geb es nicht her für ein Königreich. Ist die Menge das Böse, ist es das Chaos, das droht: so ist Rettung nur in Einem: der Einzelne werden, und ist der rettende Gedanke: jener Einzelne. E i n e n Triumph hab ich erlebt, einen einzigen, aber der labt mich so schlechthin, daß es mich als Denker unbedingt nach nichts anderm verlangt in der Welt. Die allumwälzenden weltgeschichtlichen Begebenheiten der letzten Monate brachten die wirren Wortwalter neugeborener, abenteuerlicher, selbstverständlich wirrer Gedanken zur Welt, brachten hingegen alles, was bis dahin auf verschiedene Weise des Wortes gewaltet hatte, entweder zum Schweigen oder in die Verlegenheit, in größester Hast sich eine funkelnagelneue Gewandung anschaffen zu müssen, jedes System wurde gesprengt; so als ob es sich um den Abstand einer Generation handelte, mit solcher Leidenschaft wurde im Lauf von ein paar Monaten das Vergangene losgesprengt vom Gegenwärtigen. Mitten in dieser Katastrophe saß ich und las die Korrektur eines Buches,[96] das mithin zuvor geschrieben worden war. Es wurde nicht ein einziges Wort

hinzugetan, nicht ein einziges abgetan, es war die Anschauung, die ich, „der quere Denker“, bereits seit mehreren Jahren vorgetragen hatte: liest man es, so wird man den Eindruck empfangen, daß das Buch nach der Katastrophe geschrieben sei. Eine solche weltgeschichtliche Katastrophe, die von einem derartigen Range ist, daß noch nicht einmal die Auflösung des Altertums so großartig war, ist für jeden, der Schriftsteller schon war, das tentamen rigorosum schlechthin. Ich erlebte den Triumph, daß ich nicht einen Tüttel abzuwandeln oder abzuändern brauchte, ja, daß mein vorher Geschriebenes, wenn es jetzt gelesen wurde, weit, weit besser verstanden werden würde, als wie es geschrieben worden war.

Und nun bloß noch Eines. Wenn dereinst mein Liebhaber kommen wird, so wird er leicht sehen, daß dazumal, als ich dafür gehalten wurde der Ironiker zu sein, die Ironie doch keinerwege da lag, wo ein hochgeehrtes gebildetes Publikum meinte daß sie läge — und versteht sich, so töricht kann denn ein Liebhaber von mir unmöglich sein, daß er annähme, ein Publikum verstehe sich auf Ironie, was gerade so unmöglich ist wie in Masse der Einzelne sein. Er wird sehen, daß die Ironie eben darin lag, daß in diesem ästhetischen Schriftsteller und unter dieser Erscheinung[97] der Weltlichkeit sich der religiöse Schriftsteller versteckte, ein religiöser Schriftsteller, der eben zu dieser Zeit zu seiner Erbauung vielleicht ebensoviel Religiosität verbrauchte wie sonst ein ganzer XIII 556
Haushalt. Vor allen Dingen wird mein Liebhaber sehen, daß im Verhältnis zum Nächstfolgenden die Ironie wiederkehrt, und zwar eben in dem, was das hochgeehrte gebildete Publikum für Tollheit hielt. In einer ironischen Mitwelt (diesem großen Inbegriff von Narren) läßt sich für den wesentlichen Ironiker nichts andres machen als das ganze Verhältnis auf den Kopf zu stellen, und selber Gegenstand für jedermanns Ironie zu werden. Mein Liebhaber wird sehen, wie das einschlug, den Nagel auf den Kopf traf, wie das Verhältnis meiner Existenz sich umkehrte, haargenauest entsprechend der Veränderung in der Schriftstellerei. Hätte ich nicht das Auge dafür gehabt, oder den Mut dazu, hätte ich zwar die Schriftstellerei aber nicht das Verhältnis meiner Existenz verändert, so wäre das Verhältnis undialektisch und unklar geworden.

Kapitel III

Der Anteil der Weltlenkung an meinem schriftstellerischen Werk.

Was[98]+ ich bis hieher geschrieben, ist mir in gewissem Sinne weder lieb noch lustvoll zu schreiben gewesen; es hat etwas Peinliches an sich so viel von sich selber sprechen zu müssen, wollte Gott, ich hätte noch länger schweigen dürfen, ja sterben dürfen – stumm über das was mich in Stummheit Tag und Nacht als meine Arbeit und mein Werk beschäftigt hat. Aber Gott sei gelobt, jetzt atme ich auf, jetzt fühle ich recht eigentlich ein Bedürfnis zu sprechen, jetzt bin ich an dem, das zu bedenken, davon zu sprechen mir unbeschreibliche Seligkeit ist. Dies mein Gottesverhältnis ist die glückliche Liebe meines in mancherlei Weise unglücklichen und beschwerlichen Lebens. Und ob diese Liebesgeschichte[99], wenn ich sie so nennen darf, gleich das wesentliche Kennzeichen einer wahren Liebesgeschichte hat, daß nur Einer sie ganz verstehen kann, und nur bei Einem es unbedingt Freude macht sie ihm zu erzählen, das ist der Geliebte,[100] hier also der, von dem man geliebt* wird: so hat es doch auch seine Freude zu andern davon zu sprechen.

---

* Der Leser wird jetzt vielleicht darauf aufmerksam werden, in wiefern das, was menschlich gesprochen das Unglück der gesamten Schriftstellerei gewesen ist, was bewirkt hat, daß sie mehr dazu gekommen ist wie zum Überflusse da zu stehen denn wirksam einzugreifen, dies ist, daß sie menschlich gesprochen zu religiös ist, oder daß die Existenz des Verfassers zu religiös ist, daß der Verfasser als Verfasser[101]+ schlechthin schwach und daher schlechthin Gottes bedürftig ist. Wäre der Verfasser weniger schwach, also menschlich stärker gewesen (also minder religiös), so hätte
XIII 557 er ohne weiteres das schriftstellerische Werk als sein eigenes übernommen, er hätte sich dann vermutlich einige Vertraute und Freunde verschafft, andre im voraus bekannt gemacht mit dem was er wollte, mit ihnen sich beratschlagt, sie zuhilfe gerufen; und diese, die man mit Gevattern vergleichen könnte, hätten dann wieder andre herbeigerufen, und das schriftstellerische Werk wäre in den Augenblick hinein verwoben worden, wirksam geworden im Augenblick – statt eine Überflüssigkeit zu sein, was denn im endlichen Sinne mehr als alles und mehr als alle auch Gott selber ist. – Der Leser wird jetzt vielleicht darauf aufmerksam werden, warum ich mit so vieler Anstrengung und Aufopferung tagaus tagein daran gearbeitet habe zu verhindern, daß das Unwahre zum Vorschein komme,

Denn daß ich Gottes Beistand nötig gehabt und wie ich ihn be- XIII 557
ständig, Tag um Tag, Jahr für Jahr nötig gehabt – um darauf mich zu besinnen, um das pünktlich angeben zu können, hab ich nicht nötig Erinnerung und Gedächtnis zuhilfe zu nehmen oder Journale und Tagebücher, oder auch beide gegeneinander zu halten: ich durchlebe es wieder so lebendig, so gegenwärtig in diesem Augenblick. Was hat doch diese Feder nicht darzustellen vermocht,
wenn es ging um Mutwille, Begeisterung, Schwärmerei beinahe XIII 558
bis an die Grenze des Wahnwitzes! Und jetzt da ich von meinem Gottesverhältnis reden soll; von dem das jeden Tag wiederkehrt in meinem Gebet, welches für das Unbeschreibliche dankt das er für mich getan, so unendlich viel mehr als jemals ich erwartet;

---

das Unwahre, welches doch, wie es das immer tut, mir auch Geld verschafft hätte, Ehre, Ansehen, Beifall usw., das Unwahre, daß das was ich vorzutragen hatte, die „Forderung der Zeit" sei, daß es der nachsichtigen Beurteilung eines hochgeehrten Publikums anheimgestellt sei, item daß es seinen Fortgang ganz allein schulde genanntem hochgeehrten Publikum, der Beistimmung, der Unterstützung, dem Beifallsklatschen der Mitwelt. Gerade umgekehrt mußte ich, Gott fürchtend und liebend, sonder Schlaf darüber wachen, daß das Wahre ausgedrückt werde, daß es einzig und allein Gottes Beistand gewesen ist, und daß ich weder dem Publikum noch der Mitwelt irgendetwas schulde außer dem, was es mir an Unbill getan hat; das Wahre, der erweckliche Sinnspruch[102], daß zu einer Zeit, wo alles Generalversammlung und Verein und An-, Ein- und Niedersetzung von Ausschüssen war, indessen doch nichts geschah, daß zu dieser Zeit einem einsamen schwächlichen Menschen Fähigkeit und Kraft vergönnt ward nach einem Maßstabe zu arbeiten, der vermuten lassen müßte, daß es mehr sei als die Arbeit bloß e i n e s Ausschusses; kurz, es war religiös meine Pflicht, mit meinem Existieren und meinem Existieren als Schriftsteller das Wahre auszudrücken, des ich jeden Tag gewahr und gewiß worden war, daß ein Gott da ist. – Der Leser wird jetzt vielleicht darauf aufmerksam werden, warum ich es sogar für nötig befunden, meinem Streben in endlichem Sinne entgegenzuarbeiten. Eben,[103]+ damit die Verantwortung mich treffen möge, unbedingt mich. Ganz einsam, schlechthin einsam mußte ich jeden Augenblick sein, ja ich mußte Beistand fernhalten, damit meine Verantwortung nicht zu leicht werden möge. Auch nur ein Freund und Mitarbeiter, so wird die Verantwortung ein Bruch,[104] geschweige, wenn man eine ganze Mitwelt zuhilfe bekommt. Aber mir ging es in der Wahrheit Dienst gerade darum, daß die Weltlenkung, wo ich irre ginge, wo ich mich vermäße, wo es unwahr wäre, alsdann schlechthin mich rammen möge, und daß ich mittelst der Möglichkeit dieses Geprüftwerdens, die jeden Augenblick über mir schwebte, wach gehalten werden möge, hörsam, gehorsam.

von dem das mich gelehrt hat mich zu verwundern, mich zu verwundern über Gott, seine Liebe, über das was eines Menschen Ohnmacht mit seinem Beistand vermag; von dem das mich gelehrt hat dorthin mich zu sehnen, und nicht zu fürchten, die Ewigkeit könne langweilig sein, da sie eben die Lage ist die ich nötig habe, um nichts andres bestellen zu müssen als danken: indem ich davon jetzt reden soll, da wacht in meiner Seele auf des Dichters Ungeduld. Entschlossener als jener König, der da rief „mein Königreich für ein Pferd,"[105] und selig entschlossen wie er es nicht war, würde ich alles geben, mein Leben mit, um zu finden, was dem Gedanken seliger zu finden ist als dem Liebenden die Geliebte, den „Ausdruck",[106] und dann zu sterben, diesen Ausdruck auf meinen Lippen. Und siehe sie bieten sich dar, die Gedanken, bezaubernd wie jene Früchte im Märchengarten,[107] reich und warm und innerlich, die Ausdrücke, so lindernd für der Dankbarkeit Drängen in mir, so kühlend hingehend über das heiße Sehnen — mir ist als ob, hätt' ich gleich eine Feder mit Flügeln, ja hätt ich zehn, als ob ich doch nicht imstande wär' behend genug dahinzustürmen im Vergleich mit dem Reichtum der da sich bietet. Jedoch indem ich die Feder nun in die Hand nehme, vermag ich, so wie man wohl spricht man könne den Fuß nicht rühren, gleichen Augenblicks nicht sie zu rühren; in diesem Zustande kommt über das was jenes Verhältnis betrifft nicht eine Zeile zu Papier. Mir ist als hörte ich eine Stimme, die zu mir sagt: dummer Mensch, was bildet er sich ein, weiß er nicht, daß Gott an Gehorsam mehr Lust hat denn am Fett von Widdern;[108] tue er das Ganze als eine Pflichtarbeit. Da werd ich ganz ruhig, da ist auf einmal Zeit jeden Buchstaben mit meiner langsameren Feder zu schreiben, nahezu sorgsam. Und wacht jene Leidenschaft des Dichters einen Augenblick neu in mir auf, so ist mir, als hört' ich eine Stimme zu mir sagen, so wie ein Lehrer zu einem Schuljungen spricht, wenn er sagt: halt die Feder nur recht ordentlich und schreib jeden Buchstaben gleich genau. Und da kann ich es tun, da trau ich mich nicht anders, da schreib ich jedes Wort, jede Zeile so gut wie ohne vom nächsten Wort, von der nächsten Zeile zu wissen. Und wenn ich es dann hinterdrein überlese, so befriedigt es mich dennoch ganz anders. Denn selbst wenn es so wäre, daß vielleicht
XIII 559 der eine oder andre glühende Ausdruck mir entwischte, die Her-

vorbringung ist eine andre, ist nicht aus der Leidenschaft des Dichters oder Denkers, sondern aus der Gottesfurcht, und für mich ein Dienst Gottes.

Aber was ich jetzt in diesem Augenblicke durchlebe oder durchlebt habe, das hab ich fort und fort erfahren bei meiner gesamten schriftstellerischen Tätigkeit. Es heißt vom „Dichter", er rufe die Muse an um die Gedanken zu empfangen. Das ist bei mir eigentlich nie so gewesen, meine Individualität verwehrt es mir sogar es zu verstehen; dahingegen hab ich Gott jeden Tag nötig gehabt um mich zu wehren wider den Reichtum der Gedanken. Wahrlich, gib einem Menschen eine solche Schaffenskraft, und dann eine so schwächliche Gesundheit, er soll es wohl lernen zu beten. Ich habe jedweden Augenblick das Kunststück machen können, und ich kann es noch jetzt machen: ich könnte mich hinsetzen und daran bleiben ununterbrochen Tag und Nacht zu schreiben und aber einen Tag und eine Nacht, denn Reichtum ist da genug. Täte ich es, so bin ich gesprengt. O, bloß die geringste diätetische Unvorsichtigkeit, und ich bin in Lebensgefahr. Wenn ich so Gehorsam lerne, die Arbeit tue als eine strenge Pflichtarbeit, die Feder recht ordentlich halte, jeglichen Buchstaben sorgsam schreibe, so kann ich. Und so hab ich viele, viele Male mehr Freude denn an dem Gedanken, den ich erzeugte, an dem Gehorsamsverhältnis zu Gott gehabt. — Das ist, wie man leicht sieht, der Ausdruck dafür, daß ich nicht ein unmittelbares Verhältnis zu Gott habe, mich darauf zu berufen, nicht sagen kann oder darf, er sei es, der mir die Gedanken unmittelbar eingebe, sondern daß mein Verhältnis zu Gott ein Reflexionsverhältnis ist, Innerlichkeit in Reflexion ist, wie denn überhaupt Reflexion die Bestimmung meiner Individualität ist, weshalb ich denn auch beim Beten meine Stärke im Danken habe.

So hab ich bei der gesamten schriftstellerischen Tätigkeit ununterbrochen Gottes Beistand nötig gehabt, um sie tun zu können als eine schlichte Pflichtarbeit, zu der jeden Tag bestimmte Stunden angesetzt wurden, außerhalb derer nicht gearbeitet werden durfte; und geschah es ein einziges Mal, so mußte ich teuer genug dafür büßen. Nichts gleicht meinem Gebaren weniger als jenes genialische Drauflosstürmen, und dann ein tumultuarisches Abbrechen; ich habe im Grunde gelebt wie ein Schreiber auf

seinem Kontor. Vom ersten Anfang an bin ich gleichsam unter Beschlag gewesen, und es jeden Augenblick gewahr worden, daß nicht ich es war, der den Herrn spielte, daß es einen andern gab, welcher der Herr war, bin es gewahr worden mit Furcht und Zittern, wenn er mich seine Allmacht spüren ließ und meine Nichtigkeit, es gewahr worden in unbeschreiblicher Seligkeit, wenn ich mich zu ihm und der Arbeit in unbedingtem Gehorsam verhielt. Das Dialektische liegt darin, daß das was mir an Außerordentlichem anvertraut war, der Vorsicht halben mir anvertraut war mit einer solchen federnden Kraft,[109] daß es, hätte ich ungehorsam
XIII 560 sein wollen, mich entzwei geschlagen hätte. Es ist wie wenn der Vater zum Kinde sagt: es steht dir frei das alles zu haben, es ist dein, gehorchst du aber nicht und brauchst es so wie ich will, nun wohl, ich werde dich nicht damit strafen daß ich es dir fortnehme, nein, nimm's nur – es macht dich entzwei. Ohne Gott bin ich mir selbst allzu stark, und gesprengt auf eine Weise die vielleicht von allen die qualvollste ist. Ich habe, seitdem ich Schriftsteller bin, eigentlich nie einen Tag erlebt, an dem ich erfahren, worüber ich andre klagen höre, Dürre, oder daß die Gedanken sich nicht zeigen wollten; widerführe es mir, so würde es mir wohl eher so gehen daß ich beinahe froh werde, daß ich da endlich einen Tag richtig frei bekomme. Indes so manches Mal hab ich sie erlebt, und bin einen jeglichen Augenblick mit Grauen ihrer bewußt gewesen, jene fürchterliche Qual, die gleich dem Hungern im Überflusse ist, das Überladenwerden mit Reichtum – wenn ich nicht augenblicklich Gehorsam lerne, von Gott mir helfen lasse, auf die gleiche Art hervorbringe, ebenso ruhig und gelassen wie man eine Pflichtarbeit tut.

Jedoch auch in einem andern Sinne hab ich während der gesamten Wirksamkeit als Schriftsteller fort und fort, Tag um Tag in der Jahre Lauf Gottes Beistand nötig gehabt; denn er ist mein einziger Mitwisser gewesen, und nur im Vertrauen auf sein Mitwissen hab ich wagen dürfen, was ich gewagt, und aushalten können, was ich ausgehalten, und Seligkeit darin finden können: ganz buchstäblich allein zu sein in der ungeheuren Welt, ja allein, denn überall wo ich war, unter den Augen aller oder unter vier Augen mit dem Vertrautesten, ich ging jederzeit im Gewande des Trugs, war mithin allein, blieb mehr allein nicht in der Einsamkeit der

Nacht; war allein, nicht etwa in den amerikanischen Urwäldern, in deren Schrecknissen oder Gefahren, sondern allein in dem, was selbst die entsetzlichste *Wirklichkeit* wandelt zu Labung und Linderung, allein in der Gesellschaft der graunvollsten *Möglichkeiten*; allein, beinahe mit der menschlichen Sprache als mir feind; allein in Qualen, die mich mehr als bloß eine neue Note gelehrt haben auf jenen Text vom Pfahl im Fleisch;[110] allein in Entscheidungen, da man Freunde nötig gehabt hätte, womöglich das ganze Geschlecht, sich daran zu halten; allein in dialektischen Spannungen, welche jeden Menschen mit meiner Einbildungskraft – ohne Gott – in den Wahnsinn treiben würden; allein in Todesängsten; allein in einer Sinnlosigkeit des Daseins, ohne da mich, ob ich es gleich wollte, für einen Einzigen verständlich machen zu können – was sag ich da, mich verständlich machen für einen Einzigen, nein es gab Zeiten, da fehlte es *daran* nicht, so daß man nicht sagen konnte „*daran* bloß fehlte es", Zeiten, da ich mich nicht einmal verständlich machen konnte für mich selbst. Bedenke ich nun, daß Jahre dahingegangen sind in dieser Weise, so schaudert es mich; wofern ich einen einzigen Augenblick fehl sehe, versink ich. Sehe ich jedoch richtig, XIII 561
alsodaß ich gläubig die Rast finde im Trauen auf Gottes Mitwissen, so ist die Seligkeit wiederum da.

Und nun hinein ins Stück-um-Stück; es würde vergeblich sein, wenn ich zu erzählen versuchte, wie ich des Beistands Gottes darin gewahr worden bin. Unerklärlich ist mir dergestalt was so oft mir widerfahren: ich tat, davon es mir unmöglich war zu sagen warum, oder dem gegenüber es mir nicht beikam zu fragen warum, ich folgte als durchaus einzelner Mensch den Antrieben meiner Naturbestimmtheit, und eben dies, das für mich denn also eine rein persönliche Bedeutung hatte bis an die Grenze des Zufälligen hin, eben dies erwies sich als etwas das eine ganz andre, eine rein ideelle Bedeutung hatte, wenn es hinterdrein innerhalb der schriftstellerischen Wirksamkeit begriffen wurde;[111] vieles, das ich rein persönlich getan, eben dies, o wunderlich, war das, was ich in Eigenschaft als Schriftsteller tun sollte. Unerklärlich ist es mir gewesen, wie gar oft das, was da durchaus zufällige Kleinumstände in meinem Leben zu sein schien, die denn freilich wiederum vermöge meiner Einbildungskraft etwas gar Großes wurden, mich in einen bestimmten Zustand gebracht hat; und ich verstand mich selber nicht, ward schwermütig — und siehe, dann entwickelte sich daraus eine Stimmung, und zwar gerade die, welche ich in Beziehung auf die Arbeit, mit der ich mich zu der Zeit beschäftigte, brauchen sollte, und eben an der Stelle. Denn es hat in der Schriftstellerei auch nicht die geringste Zögerei gegeben; das was gebraucht werden sollte, ist jederzeit bei der Hand gewesen, eben in dem Augenblick, da es gebraucht werden sollte. Die gesamte Schriftstellerei hat in gewissem Sinne eine ununterbrochene Gleichmäßigheit gehabt, so als ob ich nichts anderes bestellt hätte denn jeden Tag ein bestimmtes Stück aus einem gedruckten Buche abzuschreiben.

Indes in einer noch genaueren Bedeutung muß ich in dieser Rechenschaft den Anteil der Weltlenkung an meinem schriftstellerischen Werk aufführen. Wofern ich nämlich hingehen und sagen wollte, ich hätte vom ersten Augenblicke an eine Überschau gehabt über den gesamten dialektischen Bau der gesamten schriftstellerischen Wirksamkeit, oder ich hätte jeden Augenblick Zug für Zug in der Reflexion die Möglichkeiten dermaßen im Voraus erschöpft, daß die Reflexion hinterdrein mich nichts mehr gelehrt, nicht bisweilen etwas andres mir gezeigt habe, daß nämlich das was ich getan zwar das Richtige sei, daß ich es aber doch erst jetzt richtig verstehe: wollte ich etwa dergleichen tun, so wäre dies eine Verleugnung, eine Unredlichkeit wider Gott. Nein, ich muß bei Wahrhaftigkeit sagen: ich kann das Ganze nicht verstehen, eben weil ich das Ganze zu verstehen vermag bis in die unbedeutendste
XIII 562 Geringfügigkeit hinein; das aber was ich nicht verstehen kann ist, daß ich es jetzt verstehen kann, und doch keineswegs sagen darf, daß ich es im Augenblick des Beginnens so genau verstanden hätte — und doch bin ich es ja, der es ausgeführt hat und der jeglichen Schritt getan hat mit Reflexion. In geschwätziger Rede könnte man dies leicht erklären indem man sagt, was man da auch über mich gesagt hat, ohne irgendeine Vorstellung von dem Ganzen meiner schriftstellerischen Wirksamkeit zu haben, daß ich ein Genie der Reflexion sei. Jedoch eben dieweil ich es als richtig anerkenne, daß man mir Reflexion zuschreibt — wahrlich ich bin allzu reflektiert um nicht zu sehen, daß diese Zusammensetzung von

Reflexion und Genie nichts erklärt; denn soweit einer Genialität hat, hat er keine Reflexion, und umgekehrt, denn Reflexion ist eben die Verneinung der Unmittelbarkeit.

Sollte ich nun kategorisch[112] so bestimmt wie möglich den Anteil der Weltlenkung an meiner Wirksamkeit als Schriftsteller ausdrücken, so weiß ich keinen bezeichnenderen und entscheidenderen Ausdruck als diesen: es ist die Weltlenkung, die mich erzogen hat, und die Erziehung ist reflektiert im Vorgang der Schriftstellerei. Insofern erweist es sich als nicht völlig wahr, was da im Vorhergehenden entwickelt worden ist, daß nämlich die gesamte ästhetische Schriftstellerei eine Täuschung sei; denn dieser Ausdruck gesteht ein bißchen zuviel zu in Richtung auf Bewußtheit. Mittlerweile ist er jedoch auch nicht völlig unwahr, denn ich bin mir meiner bewußt gewesen bei der Erziehung und das von Anbeginn an. Der Vorgang ist: eine dichterische und philosophische Natur wird beiseite geschafft des Christ Werdens wegen. Das Ungewöhnliche aber ist, daß die Bewegung gleichzeitig beginnt, und daher ist es ein bewußter Vorgang; man bekommt zu sehen, wie es dabei hergeht; das zweite tritt nicht erst so ein, daß es durch eine Reihe von Jahren vom Ersten geschieden ist. Auf die Art ist freilich die ästhetische Schriftstellerei eine Täuschung, jedoch in einem andern Sinne eine notwendige Ergießung.[113] Das Religiöse ist bereits gleich vom ersten Augenblicke an entscheidend zur Stelle, hat entschieden die Übermacht, wartet aber geduldig ein bißchen zu, auf daß der Dichter Freiheit bekomme sich auszusprechen, jedoch dabei mit Argusaugen darüber wachend, daß der Dichter es nicht zum Narren halte, und das Ganze ein Dichter werde.*

Von diesem Gesichtspunkte her, meine ich, zeigt sich am besten XIII 563
die Bedeutung, welche die Wirksamkeit als Schriftsteller für die Zeit hat. Soll ich mein Urteil über die Zeit mit Einem Worte

---

* Dieser Gedanke, daß es der Dichter sei, von dem man fort müsse, hat auch schon in „Entweder – Oder" seinen Ausdruck gefunden, wenn es gleich, im Ganzen der gesamten Wirksamkeit als Schriftsteller verstanden, natürlich gilt, daß man in weit einem tieferen Sinne vom „Dichter" fort XIII 563
oder zurück muß, als der zweite Teil von „Entweder – Oder" es zu erklären vermag. Daß dies so mit „Entweder – Oder" steht, ist bereits in der „Abschließenden Nachschrift" bemerkt. p. 188, Lin. 21 ff[114]; ja eigentlich ist doch der Übergang, der in „Entweder – Oder" geschieht, der von einer Dichter-Existenz zu einem ethischen Existieren.

sagen, so würde ich sagen: es fehlt ihr an religiöser Erziehung. Christ werden und sein ist eine Trivialität geworden; das Ästhetische hat geradezu die Oberhand; man ist, indem man „weiter gegangen" ist als das Christ Sein (was nachgerade jedermann ist), zurückgekommen auf, hineingekommen in ein durch Beisatz des Christlichen verfeinertes ästhetisches und intellektuelles Heidentum; die Aufgabe, die den meisten in der Christenheit zu setzen ist, lautet: fort vom „Dichter", oder von einem sich Umtreiben, einem Leben und Weben in dem was der Dichter vorträgt, fort von der Spekulation, von (etwas, das es denn unmöglich gibt) einem Leben, das phantastisch im Spekulieren lebt (statt im Existieren), von dem allen fort Christ zu werden. Die erste Bewegung ist die Ganzheitsbedeutung, welche die ästhetische Schriftstellerei im Ganzen der schriftstellerischen Wirksamkeit hat; die zweite Bewegung ist die der „Abschließenden Nachschrift", welche[115] die gesamte ästhetische Schriftstellerei in das ihr Dienliche hineinzieht oder -redigiert, um ihr Fragmal zu beleuchten, das Fragmal „Christ Werden", und, indem sie dies tut, die gleiche Bewegung in einer andern Sphäre vollzieht: fort von der Spekulation, dem System usw. hin zum Christ Werden. Die Bewegung lautet: zurück!, und wiewohl das Ganze ohne „Vollmacht" getan ist, ist da doch in der Tonart etwas, das an eine Amtsperson erinnert, wenn sie „zurück!" ruft bei einem Auflauf, und darum braucht auch mehr als eins der Pseudonyme[116] von sich selber den Ausdruck, es sei ein Polizist, eine Aufsichtsperson.

Und nun ich, der Verfasser, welches Verhältnis hab ich also, nach meinem Urteil, zum Zeitalter? Bin ich vielleicht der „Apostel"? Abscheulich, zu Derartigem hab ich nie Anlaß gegeben, ich bin ein armer geringer Mensch. Bin ich also der Lehrer, der Erzieher? Nein, auch das nicht, ich bin einer, der selbst erzogen worden
XIII 564 ist, oder, dessen schriftstellerisches Werk ein Ausdruck ist des Erzogenwerdens zum Christ Werden: indem die Erziehung und je nachdem daß die Erziehung auf mich drückt, drücke ich wiederum auf die Zeit, jedoch Lehrer bin ich nicht, bloß Mitschüler.

Um des weiteren den Anteil der Weltlenkung an meinem schriftstellerischen Werk zu beleuchten, wird zu erklären nötig, soweit ich über eine Erklärung verfüge, wie es damit zuging, daß ich Schriftsteller wurde.

Über meine vita ante acta (d. h. mein Leben von der Kindheit an bis zu der Zeit da ich Schriftsteller wurde) kann ich hier nicht ausführlicher mich ergehen, wie merkwürdig es für mich auch ist, wie ich von meiner frühesten Kindheit an und Schritt für Schritt in meiner ganzen Entwicklung im Voraus bereitet worden bin, eben die Art Schriftsteller zu werden die ich wurde. Um des Folgenden willen muß ich jedoch ein paar Striche dazu geben, welches ich tue mit Scham,[117] wie es eine Persönlichkeit wohl allezeit tut, wenn sie rein persönlich über sich selbst sprechen soll.

Von Kindheit an war ich in der Gewalt einer ungeheuerlichen Schwermut, deren Tiefe ihren einzigen wahren Ausdruck findet in der mir vergönnten gleich ungeheuerlichen Fähigkeit, sie unter scheinbarer Heiterkeit und Lebenslust zu verstecken – meine einzige Freude, solange ich zurückdenken kann, daß keiner entdekken konnte, wie unglücklich ich mich fühlte; und dies Verhältnis (die gleich große Größe[118] der Schwermut und der Verstellungskunst) bedeutet ja, daß ich auf mich selbst und das Gottesverhältnis gewiesen war. – Als Kind ward ich strenge und mit Ernst im Christentum erzogen, menschlich gesprochen, auf wahnsinnige Weise[119] erzogen: bereits in der frühesten Kindheit hatte ich mich verhoben an den Eindrücken, unter denen der schwermütige alte Mann, der sie auf mich gelegt hatte, selber zusammensank – ein Kind, auf wahnsinnige Weise dazu verkleidet ein schwermütiger alter Mann zu sein. Fürchterlich! Was Wunder denn, daß Zeiten kamen, da mir das Christentum vorkam als die unmenschlichste Grausamkeit, ob ich gleich niemals, selbst damals nicht als ich am weitesten von ihm fort war, die Ehrerbietung für es fahren ließ, fest entschlossen, zumal wenn ich es nicht selber wählen würde Christ zu werden, nie jemand in die Schwierigkeiten einzuweihen, die ich erkannte, und von denen ich niemals ein Wort hörte oder las. Indes mit dem Christentum gebrochen oder es aufgegeben hab ich nie; es bloßzustellen ist nie mein Gedanke gewesen – nein, ich hatte, von der Zeit an wo von Verwendung meiner Kräfte die Rede sein konnte, mich fest entschlossen alles darauf zu verwen- XIII 565
den das Christentum zu verteidigen, oder jedenfalls doch in seiner wahren Gestalt es darzustellen; denn bereits sehr früh war ich,

vermöge meiner Erziehung, in den Stand gesetzt mich dessen zu vergewissern, wie selten das Christentum in seiner wahren Gestalt dargestellt wird, wie die, welche es verteidigen, es am öftesten verraten, und wie selten die Angreifer es eigentlich zu treffen wissen, indessen sie, was noch jetzt meine Ansicht ist, oft vortrefflich die bestehende Christenheit zu treffen wissen, welche wohl am ehesten die Karikatur des wahren Christentums heißen sollte, oder doch eine ungeheure Menge von Mißverständnis, Sinnentrug u. dgl., versetzt mit einer spärlichen kleinen Dosis wahren Christentums. — So liebte ich das Christentum in gewisser Weise: es war für mich ein Ehrwürdiges — mich hatte es allerdings, menschlich gesprochen, höchst unglücklich gemacht. Das hing zusammen mit dem Verhältnis zu meinem Vater, dem Menschen, den ich am höchsten geliebt — und was will dies sagen? Dazu gehört gerade daß er der ist, der einen unglücklich gemacht hat — aber aus Liebe. Sein Fehler lag nicht in Mangel an Liebe, sondern darin einen alten Mann und ein Kind zu verwechseln. Den lieben, der einen glücklich macht, ist eine in Richtung auf Reflexion mangelhafte Bestimmung der Liebe; den lieben, der einen in Bosheit unglücklich gemacht hat, ist Tugend; aber den lieben, der aus Liebe, also dank einem Mißverständnis, jedoch aus Liebe einen unglücklich gemacht: das ist die, allerdings soweit ich weiß bisher noch nie beschriebene, jedoch normale Reflexionsformel für das Lieben.

So ging ich hinaus in das Leben, auf jegliche Weise begünstigt in Hinsicht auf Geistesgaben und äußere Verhältnisse; es war und es ward alles getan, meinen Geist so reich wie möglich zu entwickeln. Freien Sinns — doch mit einer entschiedenen Vorliebe und Sympathie für Leiden, und für alles was auf die eine oder andre Weise gedrückt und leidend ist — so, kann ich in gewissem Sinne sagen, ging ich hinaus ins Leben, mit einer nahezu tollkühnstolzen Erhebung; ich bin nie auch nur einen Augenblick in meinem Leben von dem Glauben verlassen gewesen: man kann was man will, nur Eines nicht, alles andre sonst unbedingt, Eines aber nicht, nicht die Schwermut beheben, in deren Gewalt ich war; nie ist mir (ja, andern wird es wohl eine Einbildung scheinen, für mich ist es jedoch in Wahrheit so gewesen, ebenso wahr wie das Nächste, und das wird andern wohl abermals eine Einbildung

scheinen), nie ist es mir eingefallen, es könne ein Mensch leben, oder auch es könne gleichzeitig ein Mensch geboren werden, der mir überlegen wäre oder würde – in meinem Innersten war ich mir selbst der Elendeste unter allen; nie ist es mir eingefallen, ich könne jemals, und hätte ich mich auch an dem Tollkühnsten versucht, nicht siegen – nur in Einem nicht, in allem andern sonst unbedingt, in Einem aber nicht, darin, diese Schwermut zu beheben, von deren Leiden ich kaum einen einzigen Tag frei gewesen XIII 566
bin. Mittlerweile muß dies doch so verstanden werden, daß ich sehr früh in den Gedanken eingeweiht war, siegen heiße siegen in unendlichem Sinne, und in endlichem Sinne heiße das: leiden; so daß es denn wiederum in Übereinstimmung war mit dem, was meine Schwermut im Innersten verstand, daß ich (in endlichem Sinne) eigentlich zu nichts taugte. – Was mich mit meinem Geschick und meinem Leiden aussöhnte war, daß mir, ach mir, dem so unglücklich und qualvoll Gefangenen, jene unbegrenzte Freiheit verliehen war, täuschen zu können, daß ich Macht hatte und bekam, unbedingt einsam zu sein mit dem Schmerz – versteht sich, es war gleichwohl genug, um mir bei mir selbst alles was ich sonst vermochte wenig erfreuend sein zu lassen. – Ist dies gegeben (ein solcher Schmerz und eine solche Verstecktheit), so hängt es von Unterschieden der Individualität ab, wie man abbiegt, ob diese einsame innere Qual dämonisch ihren Ausdruck und ihre Befriedigung darin findet die Menschen zu hassen und Gott zu verfluchen, oder gerade umgekehrt. Dies Letzte geschah bei mir. So lange ich zurückdenken kann, bin ich über Eines mit mir selbst einig gewesen, daß für mich keinerlei Trost oder Hilfe bei andern zu suchen war; satt von dem Vielen, das mir sonst vergönnt war, als Mensch nach dem Tode mich sehnend, als Geist das längste mögliche Leben mir wünschend, war ich des Gedankens, ich der ich die Menschen schwermütig liebte, ihnen behilflich zu sein, Trost für sie zu finden, vor allem Klarheit des Gedankens, in Sonderheit[120] über das Christentum. Weit zurück, in meiner Erinnerung, geht der Gedanke, daß da in jeder Generation zwei oder drei sind, die für die andern geopfert werden, dazu gebraucht, in entsetzlichen Leiden zu entdecken, was den andern zugute kommt; auf die Art verstand ich schwermütig mich selbst, daß ich dazu ersehen sei.

So trieb ich mich um im Leben – eingeweiht in allen möglichen

Lebensgenuß, eigentlich aber niemals genießend, eher, und das war
gemäß dem Schmerz der Schwermut meine Lust, daran arbeitend
den Schein zu erzeugen, daß ich genieße — im Umgang mit allen
möglichen Menschen, aber daß ich an einem von ihnen meinen
Vertrauten hätte, ist mir nie beigekommen, und gewiß auch kei-
nem beigekommen, daß er mein Vertrauter sei, d. h.: ich mußte
werden und ward Beobachter, ward als solcher und als Geist durch
dies Leben außerordentlich reich gemacht an Erfahrungen, bekam
jenen Inbegriff von Lüsten, Leidenschaften, Stimmungen, Gefüh-
len usw. ganz nahebei zu sehen, Übung darin, in einen Menschen
hinein und wieder aus ihm heraus zu gehen, dazu denn ihn nach-
zumachen; meine Einbildungskraft und meine Dialektik hatten
fortwährend Stoff genug zu bearbeiten, und Zeit genug, frei von
aller Geschäftigkeit, müßig zu sein; durch lange Zeiten hab ich
XIII 567 nichts andres bestellt als dialektische Übungen zu machen unter
Zusatz von Einbildungskraft, mich an meinem Geist versuchend,
so wie man ein Instrument stimmt: aber *ich* lebte eigentlich
nicht. Ich tummelte mich um im Leben, in gar vielem erfahren[121]
und beinahe in dem am meisten Unterschiedlichen, leider auch in
Irrungen, ach und auch auf dem Weg der Verdammnis:[122] so daß ich
in meinem fünfundzwanzigsten Lebensjahr, mir selbst eine rätsel-
voll entwickelte außerordentliche Möglichkeit, deren Bedeutung
und Bestimmung ich, trotz der außergewöhnlichsten Reflexion, die
womöglich alles verstand, keineswegs verstand, — Eines verstand,
daß nämlich mein Leben am richtigsten angewandt würde um
Buße[123] zu tun; aber gelebt hatte ich eigentlich nicht, ausgenom-
men im Bereich der Bestimmung Geist; Mensch war ich nicht ge-
wesen, Kind und Jüngling denn am allerwenigsten.

Da starb mein Vater.[124] Die mächtigen religiösen Eindrücke der Kindheit erhielten in der Milderung der Idealität eine erneute Macht über mich; ich war ja nun auch so viel älter geworden, daß ich besser zu meiner Erziehung paßte, deren Unglück eben war, daß sie mir so recht erst zugute kommen wird, wenn ich vierzig Jahre alt sein werde. Denn mein Unglück ist so ziemlich von der Geburt an, und vollendet durch die Erziehung, das gewesen: nicht Mensch zu sein. Aber wenn man Kind ist — und die andern Kinder spielen, scherzen oder was sie sonst tun; o, und wenn man Jüngling ist — und die andern Jünglinge lieben, tanzen oder was

sie sonst tun: dann, wiewohl man Kind und Jüngling ist, Geist sein, entsetzliche Pein, und noch entsetzlicher, wenn man vermittelst der Einbildungskraft das Kunststück zu machen versteht, daß es aussieht, als wäre man der Jugendlichste von allen. Aber dies Unglück ist schon geringer wenn man vierzig Jahre alt ist, und in der Ewigkeit ist es nicht mehr. Ich habe keine Unmittelbarkeit gehabt, habe daher, schlecht und recht menschlich verstanden, nicht gelebt; ich habe alsogleich mit Reflexion begonnen, habe nicht erst in späteren Jahren ein bißchen Reflexion gesammelt, sondern ich bin eigentlich Reflexion von Anfang bis zu Ende. In den zwei Lebensaltern der Unmittelbarkeit (Kindheit und Jugend)[125] hab ich, behende, wie Reflexion allezeit ist, mir geholfen, helfen müssen, mit einem nachgemachten Ding, und, selber noch nicht klar, was das mir Vergönnte eigentlich sei, den Schmerz durchlitten nicht so wie die andern zu sein, und das auch nur kurze Zeit sein zu können, dafür hätte ich damals natürlich alles gegeben. Ein Geist vermag sich vortrefflich darein zu finden nicht wie die andern zu sein, ja, dies ist gerade die negative Bestimmung von Geist; aber Kindheit und Jugend verhalten sich zu der Bestimmung: Art, Geschlecht, eben darum ist es die größte Pein in jener Zeit nicht wie die andern zu sein, oder, so wie ich, absonderlich rückwärts gekehrt dahin zu kommen, daß man dort beginnt, allwo in jeder Generation ein paar enden, die meisten, welche lediglich die Momente der leib-seelischen Synthesis ausleben, niemals hingelangen, nämlich bei der Bestimmung: Geist. Aber dergestalt hab
ich jetzt auch in einem ganz andern Sinne das Leben vor mir. XIII 568
Nichts ist mir mehr unbekannt und fremd als jene wehmütige Sehnsucht nach Kindheit und Jugend; ich danke meinem Gott dafür, daß es überstanden ist, und fühle mich jetzt, mit jedem Tag den ich älter werde, glücklicher, jedoch selig allein vermöge des Gedankens an die Ewigkeit, denn die Zeitlichkeit ist und wird nie des Geistes Element, jedoch in gewissem Sinne sein Leiden.

Ein Beobachter wird sehen, wie alles, und zwar dialektisch, in Bewegung gesetzt war: einen Pfahl im Fleisch hatte ich, geistige Begabung (besonders Einbildungskraft und Dialektik) und Bildung im Überfluß, eine gewaltige Entwicklung als Beobachter, eine in Wahrheit seltene christliche Erziehung, ein ganz eigenes dialektisches Verhältnis zum Christentum; aufgezogen war ich von Kind an in Gehorsam, unbedingtem Gehorsam, ausgerüstet mit einem nahezu tollkühnen Glauben alles zu vermögen, nur Eines nicht, ein freier Vogel zu werden, und wäre es auch nur einen einzigen lieben Tag lang, oder den Banden der Schwermut zu entschlüpfen, in denen eine andre Macht mich hielt; endlich war ich mir selbst ein Büßer. Auf mich macht das jetzt einen Eindruck, als wäre da eine andre Macht, die vom ersten Augenblick an dies angesehen hätte, und das so, wie der Fischer vom Fische sagt: laß den nur gehn, es ist noch zu früh hochzuziehn. Und wunderlich genug, was denn auch sehr weit zurückgeht in meiner Erinnerung, ohne daß ich irgendwie sagen könnte, wann ich anfing, oder wie mir Derartiges beigekommen: ich habe ständig, d. h.: jeglichen Tag zu Gott gebetet: er möge mir Eifer und Geduld geben zu dem Werk, das er selber mir anweisen würde.

So wurde ich Schriftsteller.

Dem Anfange meiner eigentlichen Wirksamkeit als Schriftsteller voraus liegt eine Begebenheit, oder richtiger ein Faktum;[126] eine Begebenheit wäre vermutlich nicht hinlänglich gewesen, es war ein Faktum, ich mußte selber ein Handelnder sein. Irgendeine nähere Aufklärung über jenes Faktum, worin es bestanden, wie entsetzlich dialektisch zusammengesetzt es gewesen, ob auch in einem andern Sinne durchaus einfältig, wo der Zusammenstoß eigentlich gelegen, kann ich nicht geben, sondern lediglich den Leser bitten, nicht an Offenbarungen und dergleichen zu denken, denn für mich ist alles dialektisch. Hingegen die Folge des Faktums muß ich darstellen, soweit es dazu dienlich ist, das schriftstellerische Werk zu beleuchten. Es war ein Doppel-Faktum. Ich hatte eigentlich, wie sehr ich auch in einem andern Sinne gelebt habe, menschlich gesprochen Kindheit und Jugend übersprungen, das
XIII 569 sollte vermutlich (so war es wohl die Meinung der Weltlenkung) nachgeholt werden: statt daß ich jung gewesen war, wurde ich Dichter, welches Jugend zum andern Male ist.[127] Ich wurde Dichter; jedoch mit meinen Voraussetzungen in Richtung auf das Religiöse, ja, mit meiner entschiedenen Religiosität, wurde das gleiche Faktum mir zu gleicher Zeit eine religiöse Erweckung, so daß ich im allerentscheidendsten Sinne dahin kam mich selbst zu verstehen im Religiösen, in der Religiosität, zu welcher ich doch

ein Verhältnis gehabt hatte als zu einer Möglichkeit. Das Faktum machte mich zum Dichter; wäre ich nicht gewesen der ich war, die Begebenheit hingegen gewesen die sie war und meine Handlung so gewesen wie ich sie tat: so wäre ein Weiteres daraus nicht entstanden: ich wäre Dichter geworden, und dann vielleicht nach vieler Jahre Ablauf in ein Verhältnis zum Religiösen gekommen. Jedoch eben weil ich religiös so entwickelt war wie ich war, griff das Faktum weit tiefer und machte in gewissem Sinne in religiöser Ungeduld das zunichte was ich geworden: das Dichter Sein, machte es zunichte, oder jedenfalls ich kam durchaus gleichzeitig, in einem einzigen Nu dahin, an zwei Stellen zu beginnen, indes so, daß das Dichter Sein eigentlich etwas war das mir nicht zukam, das ich geworden war durch etwas andres, — die religiöse Erwekkung dagegen freilich nicht etwas war das ich durch mich selbst geworden wäre, jedoch gemäß meinem Selbst geworden war, das heißt, im Dichter Sein erkannte ich im tieferen Sinne mich selbst nicht wieder, aber sehr wohl in der religiösen Erweckung.

Hier sieht der Leser leicht die Erklärung für die Zwiefältigkeit des gesamten schriftstellerischen Werks, nur daß diese zugleich in das Bewußtsein des Verfassers aufgenommen wurde. Was war da zu tun? Ja, das Dichterische mußte ergossen[128] werden, anders war es für mich eine Unmöglichkeit. Aber die ästhetische Hervorbringung war unter den Beschlag des Religiösen gelegt; das Religiöse fand sich in diese Ergießung, trieb aber in einem fort an, als wollte es sagen: bist du nun nicht bald damit fertig.* Indessen

---

* Man wird nun vielleicht auf das aufmerksam werden, was ich sehr früh verstanden habe als das, menschlich gesprochen, Unglück der gesamten schriftstellerischen Wirksamkeit: sie ist zu großartig, sie paßt nicht hinein in irgendeinen Augenblick der Wirklichkeit, teils wegen der ungeheuerlichen Hast mit der gearbeitet worden ist, teils weil eine so entscheidende Entwicklung zurückgelegt wird wie die vom Ästhetischen zum Religiösen, zum Christlichen. In Beziehung auf „Entweder — Oder“ als die erste Arbeit war das verhüllt, es war noch kein Maßstab gegeben, auch die Zwiefältigkeit noch nicht gesetzt. Man hielt „Entweder — Oder“ für die Frucht vieljähriger Arbeit. Er half, dieser Sinnentrug, und noch andre neben ihm halfen „Entweder — Oder“. Daher, nämlich vermöge des Sinnentrugs, konnte das Publikum des großen Fleißes gewahr werden, der in stilistischer Hinsicht angewandt war — und doch ist „Entweder — Oder“ buchstäblich in kürzester Frist geschrieben und bei ihm vielleicht am wenigsten Fleiß an den Stil gewandt. Aber versteht sich, das Publikum konnte

XIII 570 dichterische Hervorbringungen erzeugt wurden, lebte der Verfasser in entscheidenden religiösen Bestimmungen.*

In gewissem Sinne ist es gar nicht mein Gedanke gewesen, religiöser Schriftsteller zu werden. Mein Gedanke war, so schnell wie möglich das Dichterische zu ergießen – und dann hinaus auf eine Dorfpfarre.[130]+ Mit diesem Besteck steuerte ich. Ich fühlte mich fremde bei der gesamten dichterischen Hervorbringung, aber ich konnte nicht anders. Wie gesagt, mein Gedanke ist es ursprünglich nicht gewesen, religiöser *Schriftsteller* zu werden. Was ich mir als den energischen Ausdruck dafür gedacht hatte, daß ich der Religiöse war und der Pseudonymus ein mir Fremder, war der schroffe Übergang: unmittelbar mich aufs Land hinaus zu bewerben als Dorfpastor.

Mittlerweile war der Drang zur Schriftstellerei so groß in mir, daß ich nicht anders vermochte, ich ließ die „zwei erbaulichen Reden" erscheinen, und ich verstand mich darin mit der Weltlenkung. Es wurde abermals eine Frist für dichterische Hervorbrin-

---

XIII 570 auch sehen, daß der erste Teil von „Entweder – Oder" vielleicht mehrere Jahre vor dem zweiten Teil geschrieben war; und es verhält sich gerade umgekehrt, der zweite Teil ist zuerst geschrieben. So mit „Entweder – Oder". Aber als dann der Sinnentrug unmöglich gemacht und der Maßstab gegeben war, konnte man nichts andres verstehen als daß es Schluderwerk sei, und daß es der Mühe nicht wert sei mitzugehen – natürlich, eine Schriftstellerei, zu der ich fünf Jahre gebraucht habe, zu der hätten ordentlicherweise fünfzehn gebraucht werden sollen. Man wird jetzt vielleicht auch verstehen und mir Recht darin geben, daß ich keinerlei Besprechung wünschte,[129] weil ich keine wesentliche Besprechung erwarten durfte; wie durfte ich in einem so kleinen Lande auf einen Gleichzeitigen rechnen, welcher die Voraussetzungen und zugleich die Zeit hätte, eine so hinterlistig-bewußte Schriftstellerei zu überschauen – und unmittelbare Mitteilung durfte ich keinem geben, da ich Schweigen religiös als meine Pflicht verstanden hatte. Oder mag wirklich jemand, als er „Entweder – Oder" sah, einen einzigen Augenblick darauf verfallen sein, daß sein Verfasser ein Religiöser sei, oder daß er, der Leser, sofern er mit meiner schriftstellerischen Wirksamkeit mitginge, bei dieser Fahrt sich im Lauf von zwei bis drei Jahren mitten in der allerentscheidendsten christlichen Schriftstellerei befinden würde.

* Man wird hier die Bedeutung der „Pseudonyme" sehen, warum ich pseudonym sein mußte im Verhältnis zu aller ästhetischen Hervorbringung, denn ich hatte mein eignes Leben in ganz andern Kategorien und verstand diese Art Schriftstellerei von Anbeginn an als ein Zwischenspiel, eine Täuschung, eine notwendige Ergießung.

gung zugestanden, aber ständig unter dem Beschlag des Religiösen, das darauf acht gab, als ob es spräche: bist du nicht bald damit fertig; und ich verstand mich selbst darin, das Religiöse zu XIII 571
befriedigen indem ich religiöser Schriftsteller wurde.

Mich hatte nun einmal die Weltlenkung gebunden; ich bin, vielleicht als eine verdächtige Person, auf sehr knappe Kost gesetzt. Ich bin gewohnt so zu leben, daß das Höchstmaß an Zeit das ich übrig zu haben meine ein Jahr ist, mitunter, nicht selten, wenn da richtig gespannt werden muß, lebe ich auf acht, ja auf einen einzigen Tag Sicht. Und Bande hatte die Weltlenkung in mehr als einer Hinsicht um mich gelegt. In der Richtung ästhetischer Hervorbringung konnte ich ihr nicht entlaufen, wenn man es so versteht, daß es damit enden würde, daß ich selbst mein Leben im Ästhetischen hatte. Denn selbst wenn das Religiöse nicht hinterwärts dabei gewesen wäre, jener „Pfahl im Fleisch" würde mich dennoch daran gehindert haben. Und in Richtung religiösen schriftstellerischen Werks hatte die Weltlenkung ein Band um mich gelegt, daß ich mir nichts anmaßte, da ich mich dahin verstand in einer großen Schuld zu sein.

Und nun komme ich zu einem Ausdruck über mich, den Verfasser, einem Ausdruck, den ich von mir selbst zu brauchen pflege, wenn ich mit mir selber rede, der in Beziehung steht zu dem rückgerichteten[181] Gang der gesamten Schriftstellerei (daß ich nicht damit angefangen habe zu sagen, wo ich hin will), und in Beziehung steht zu meiner Eigenschaft als Beobachter, mitsamt meinem Bewußtsein einer zu sein, der selbst der Erziehung bedarf: daß ich, im Verhältnis zu den Gebieten der Geistigkeit und der Religiosität, mit Sicht auf den Begriff des „Existierens" und dann auf den Begriff „Christenheit", bin *gleich* einem Spion in höherem, in der Idee, Dienst – ich habe nichts Neues zu verkündigen, ich bin ohne Vollmacht, selber in Trug verhüllt gehe ich nicht geradenwegs zu Werk, sondern mittelbar und mit Hinterlist, bin kein heiliger Mann, kurz bin gleich einem Spion, welcher bei seinem Spionieren, bei seinem Bescheidwissen von Mißlichkeiten, Sinnentrug und dem was verdächtig ist, bei seinem Aufsichthalten selber unter der strengsten Aufsicht ist. Sieh, die Polizei braucht ja auch dergleichen; sie wählt dazu nicht eben Leute aus, deren Leben immer das rechtschaffenste gewesen, sie sieht allein darauf,

daß es beschlagene, listige, intrigante, pfiffige Leute sind, welche es verstehen, jedes Ding auszuschnüffeln, überall Spuren zu entdecken und alles ans Licht zu bringen. So hat die Polizei auch nichts darwider, daß sie dank der vita ante acta so eines Manns ihn hübsch an der Hand hat, daß sie eben damit ihn zwingen kann sich unbedingt in alles zu finden, zu gehorchen, und von seiner Person nicht Aufhebens zu machen. So auch mit der Weltlenkung, nur ist da jener unendliche Unterschied zwischen dieser und der bürgerlichen Polizei, daß die Weltlenkung, welche die erbarmende Liebe ist, so einen Menschen gerade aus Liebe gebraucht, ihn erlöst und erzieht, derweilen sie alle seine Klugheit braucht, die auf
XIII 572 die Weise geheiligt und geweiht wird. Jedoch als selber der Erziehung bedürfend versteht er, daß er zum allerunbedingtesten Gehorsam verpflichtet ist. Es ist durchaus gewiß, daß Gott von einem jeden Menschen unbedingt alles fordern kann, und er sich in unbedingt alles zu finden hat, aber es ist auch durchaus gewiß, daß ein Bewußtsein von früheren Irrungen in der Hinsicht bedeutend zu Geschwindheit und Sauberkeit hilft.*

---

* Wollte jemand (was ich eine scharfsinnige Bemerkung nennen würde) sagen: ‚ist dem so, ist die Auffassung, du seiest ein Spion, richtig, so ist ja die gesamte schriftstellerische Wirksamkeit eine Art menschenfeindlicher Verräterei, ein Verbrechen gegen das Mensch Sein': so würde ich antworten: ah, ja, das Verbrechen ist nämlich, daß ich *christlich* Gott geliebt habe. Ich habe auch nicht mit dem geringsten Bruchteil der mir vergönnten Gaben auszudrücken gestrebt (was vielleicht heißt die Menschen lieben): daß die Welt gut ist, das Wahre liebt, das Gute will, daß die Forderung der Zeit Wahrheit ist, daß das Geschlecht das Wahre ist oder wohl gar Gott, und die Aufgabe daher ist (goethisch-hegelisch) die Mitwelt zu befriedigen. Im Gegenteil, ich habe auszudrücken gestrebt, daß die Welt, wo sie nicht etwa böse ist, mittelmäßig ist; daß die „Forderung der Zeit" jederzeit Torheit und Albernheiten ist; daß die Wahrheit in der Welt Augen eine lächerliche Übertreibung ist oder eine querköpfige Überflüssigkeit; daß das Gute leiden muß. Ich habe auszudrücken gestrebt, daß die Kategorie „das Geschlecht" auf das Mensch Sein anwenden, besonders wenn es Ausdruck für das Höchste sein soll, Mißverständnis und Heidentum ist, weil das Geschlecht des Menschen nicht bloß durch die Vorzüge des Geschlechts von einem Tier-Geschlecht sich unterscheidet, sondern durch dies *Menschliche*, daß im Geschlecht jeder Einzelne (nicht ein einzelner Ausgezeichneter sondern jeder Einzelne) mehr als das Geschlecht ist, was im Gottesverhältnis seinen Grund hat (und was denn Christentum ist, dessen Kategorie eben die von einer hochgeehrten christlichen Mitwelt als so querköpfig verlachte: der Einzelne ist), da sich zu Gott verhalten

Aber das ist doch wohl offenbar, daß die Christenheit irre gegangen ist in Reflexion und Gescheitheit. Unmittelbares Pathos, und wenn einer gleich in unmittelbarem Pathos sein Leben opferte: hilft zu nichts; man verfügt über allzu viel Reflexion und Klugheit um nicht seine Bedeutung zunichte zu machen. Selbst ein Märtyrer muß, damit er in diesen Zeiten Nutzen stifte, Reflexion haben, um die Zeit dermaßen zu verstricken, daß sie wirklich hängen bleibt, indem sie ihn zu Tode schlägt – und daß dann die Erweckung folgen kann. XIII 573

Auf die Art verstehe ich mich in meiner schriftstellerischen Wirksamkeit: sie macht der Christenheit Sinnentrug offenbar,

---

weit höher ist als sich zum Geschlecht oder zu Gott durch das Geschlecht verhalten. Dies hab ich auszudrücken gestrebt; ich hab nicht deklamiert oder gedonnert, nicht doziert, sondern offenbar gemacht, daß es auch in unsrer Zeit so ist, traurig und verwirrt bestellt ist mit dem Guten und Wahren, mit der Zeit und der Gegenwart; ich habe es offenbar zu machen gestrebt mit aller der List und Verschlagenheit, die mir zu Gebote stand. Ich habe in Gegensatz zu der Betrachtung und dem Leben, die bloß menschlich und menschlich-selbstgefällig das Mensch Sein lieben und Gott verraten, in Gegensatz hierzu hab ich das Verbrechen begangen Gott zu lieben und mich bemüht auf jegliche Weise, aber mittelbar, als Spion, die Verräterei offenbar zu machen. Angenommen, ich hätte schlechthin frei über meine Gaben verfügt (und es wäre nicht so gewesen, daß eine andre Macht mich jeden Augenblick zwingen konnte, wenn ich nicht im Guten wollte), so hätte ich gleich vom ersten Augenblick an meine ganze Schriftstellerei in das Interesse der Zeit umwechseln können; ich hab es in meiner Macht gehabt (wofern diese Verräterei übrigens nicht so gestraft worden XIII 573 wäre daß ich zunichte gemacht wurde) zur Forderung der Zeit zu werden, und wäre so, goethisch-hegelisch, ein Beweis mehr geworden, daß die Welt gut ist, daß das Geschlecht das Wahre ist und die Mitwelt der zuständige Richter, das Publikum Erfinder und Beurteiler der Wahrheit usw., denn mit dieser Verräterei hätte ich es erreicht, außerordentliches Glück in der Welt zu machen usw. Statt dessen wurde ich (auch gezwungen) Spion. Etwas Verdienstliches ist nicht daran; meiner Seligkeit halben vertröste ich mich dessen wahrlich nicht. Aber dennoch, es freut mich kindlich, daß ich solchermaßen gedient habe, indessen ich im Verhältnis zu Gott diese meine gesamte Wirksamkeit mit größerer Scham und Scheu darbringe als ein Kind, das seinen Eltern zum Geschenk macht, was die Eltern ihm geschenkt. O, aber sind wohl Eltern so grausam, daß sie, statt das Kind ein bißchen freundlich anzusehen und auf seine Idee, dies sei ein Geschenk, einzugehen, das ihnen Verehrte dem Kinde abnehmen und sagen „das gehört uns ja“: so auch mit Gott, so grausam ist er nicht, wenn man ihm als Gabe bringt – was ihm gehört.

und schafft freie Sicht für das Christ Werden. Ob es ein so hohes Maß von Religiosität geben möge, daß für sie die gesamte ästhetische Schriftstellerei nicht zu betrachten ist als eine notwendige Ergießung, ein heiliger Trug, sondern als etwas, das bereut werden muß: das weiß ich nicht; ich habe es nie auf die Art verstanden, und schwerlich wird wohl einer darauf verfallen, bevor ich es jetzt sage. Aber da bei mir alles Reflexion ist, ist mir selbstverständlich auch dieser Gedanke nicht entgangen. Ich kann mir die Einwendung gemacht denken von einer skrupelhaften und beklommenen Vorstellung über die Pflicht, die Wahrheit zu reden, einer Vorstellung, welche, folgerichtig, dazu führt, gänzlich zu verstummen aus Furcht etwas Unwahres zu sagen, und da doch auch Schweigen eine Unwahrheit sein kann, folgerichtig, dazu führt: tu es oder tu es nicht, schweig oder sprich, es ist gleich verkehrt. Aber Beängstigung bis zum Wahnsinn läßt sich nicht ansprechen
XIII 574 als eine höhere Form der Religiosität. Die teleologische Suspension im Verhältnis zur Mitteilung der Wahrheit (etwas bis auf weiteres verschweigen, eben damit das Wahre desto wahrer werde) ist geradezu Pflicht gegen die Wahrheit, und in der Verantwortlichkeit enthalten, die ein Mensch hinsichtlich der ihm vergönnten Reflexion vor Gott hat.

Bekannt wie ich war mit dem Leiden der Innerlichkeit, das auf das Christ Werden geht, und streng erzogen in diesem Leiden, wäre ich beinahe blind geblieben für die andre Seite der Sache.[132] Hier half die Weltlenkung und half so, daß der Erfolg meines Tuns mir und meiner Sache in Wahrheit zum Guten diente, daß ich, wofern man geistige Begabung mit einem Saitenspiel vergleichen will, nicht allein nicht verstimmt wurde, sondern eine Saite mehr auf meinem Instrument erhielt – die Frucht vollständigerer Erziehung im Christ Sein. Denn als ich im entscheidenden Augenblick anläßlich der „Abschließenden Nachschrift" mein Existenzverhältnis umwechselte, hab ich Gelegenheit bekommen zu erleben, daran man doch nie so recht glaubt, man hätte es denn erlebt, dies Christliche: daß das Liebreiche gehaßt wird. Wahrlich, nichts bin ich je minder gewesen als vornehm, und habe, selbst von geringer Herkunft.[133] den gemeinen Mann geliebt, das, was man so die einfache Klasse nennt; das hab ich, weiß ich, getan; denn schwermütig fand ich meine Freude daran –

und doch ist es eben er, den man auf mich gehetzt hat, dem man eingebildet hat, ich sei vornehm. Wäre ich wirklich vornehm gewesen, so wäre mir das nie widerfahren. Sieh, das sind gerade die christlichen Maßstäbe und reicht hin, mich instand zu setzen das Christliche von dieser Seite her zu beleuchten. Die Beschwerde, die wider meine Art zu leben geführt werden könnte, wo das bloß Menschliche, nicht das Christentum der Richter sein soll, kann einzig dahin ausgedrückt werden, daß ich nicht genug auf mich selbst gehalten habe, nicht vornehm gewesen bin, daß ich menschlich gesprochen leichtsinnig (christlich verstanden gottesfürchtig) mit weltlicher Ehre und Ansehen gescherzt, daß ich, indem ich womöglich all mein weltliches Ansehen schwächte, zugleich dazu beigetragen habe, weltliches Ansehen überhaupt zu schwächen. Ich würde, wie vorhin gesagt, es in der Ordnung finden, wenn in Anbetracht dessen die Vornehmen und Angesehenen gegen mich ein bißchen mißgünstig gewesen wären, und ich erkenne umso mehr an, daß gerade das Gegenteil der Fall ist und gewesen ist. Aber daß ich deshalb, weil ich gelebt wie ich gelebt, dem Haß des gemeinen Manns ausgesetzt worden bin, daß ich mithin, weil ich nicht vornehm genug gewesen, daß ich darum angegriffen werde — nicht von den Vornehmen, sondern vom gemeinen Mann: das ist Wahnsinn — und den christlichen Maßstäben gemäß.

* *
*

Mithin, die ganze Wirksamkeit als Schriftsteller dreht sich um XIII 575
dies: Christ werden in der Christenheit; und der Ausdruck für den Anteil der Weltlenkung am schriftstellerischen Werke ist, daß der Verfasser der ist, der selbst in dieser Weise erzogen worden ist, jedoch so, daß er ein Bewußtsein davon hatte von Anbeginn an.[134+]

Epilog XIII 576

„Aber was hast du hier nun getan“, höre ich da einen sagen, „siehst du denn nicht, was dir mit dieser Aufklärung und Verlautbarung in der Welt Augen verloren geht?“ Ei freilich, das seh ich sehr wohl; mir geht damit verloren, was christlich für Verlust zu achten[135] ist, wenn man es besitzt, jede der Weltlichkeit gemäße Gestalt des Interessanten. Mir geht verloren das Interessante, daß ich die verführerische Arglist der Lust verkündige und den Lebensgenuß, des allerverfeinertsten Lebensgenusses Frohbotschaft, und des Spottes Übermut. Mir geht verloren das Interessante, daß ich eine interessante Möglichkeit bin: ob es doch nicht möglich, daß der, welcher mit eben solcher Begeisterung und Wärme auch das Ethische darstellte, ob es doch nicht möglich, daß er eben das Gegenteil wäre *entweder* auf die eine Art *oder* auf die andre Art, da es, ach wie interessant, unmöglich ist mit Bestimmtheit zu sagen, was bei ihm zutrifft. Mir geht verloren das Interessante, daß ich ein Rätsel bin, ob diese bis zum Äußersten getriebene Verteidigung des Christentums nicht die mit größter Arglist ersonnene Gestalt eines Angriffs sei. Dies Interessante geht mir verloren, und an seine Stelle tritt das was am allerwenigsten interessant ist, die *unmittelbare Mitteilung*, daß das Fragmal ist und gewesen ist: Christ werden.[136] Dies Interessante ist mir verloren in den Augen der Menge, in den Augen der Welt – wenn anders ich damit durchschlüpfe, wenn sie nicht in Wut gerät, daß ein Mensch sich erkühnt hat derartig hinterlistig zu sein.

Wahr genug, es geht (christlich verstanden voran) in gewissem Sinne zurück mit mir. Ich begann als Schriftsteller mit einer ungeheuren Wucht: daß ich heimlich so beinahe für einen Schurken angesehen wurde – natürlich jedoch für eben darum liebenswürdig, besonders der Interessantheit und Pikantheit wegen. Das ist
XIII 577 nötig gewesen um die „Menge" von Christen ein wenig mitzubekommen. Und wäre selbst einer ein Heiliger, mit dem Heiligsein anfangen heißt von selbst:[137] die ganze Sache aufgeben; denn im Zeitalter der Reflexion, in dem wir leben, pariert man sofort, und nicht einmal sein Tod ist etwas nütze. Nein, in der Reflexion muß alles umgekehrt herum getan werden. Auf die Art begann ich. Dazumal war ich auf meinem Gipfel im Verhältnis zur Menge der Menschen, und – da wir in der Christenheit leben, wo sie alle Christen sind – mithin im Verhältnis zur Menge der Christen, zur ungeheuren Menge der Christen, zu allen Romanlesern und -leserinnen, den ästhetisch Gebildeten, den schönen Geistern, die zugleich allesamt Christen sind.

Dies war der Anfang. Nach und nach, als ich so etwas mehr ans Licht kam, und jenes Publikum von Christen darauf aufmerksam wurde, oder einen Verdacht schöpfte — ja es kehrt sich zur Genüge um — einen Verdacht schöpfte, daß es vielleicht doch nicht gar so arg sei mit meiner Argheit: da fiel das Publikum mehr und mehr ab; und ich fing so sachte an, unter die langweiligen Bestimmungen des Guten einzugehen — indessen ich, der ich nebenher ging in den erbaulichen Reden, mit Freude sah, daß „jener Einzelne, den ich mit Freude und Dankbarkeit *meinen* Leser nenne“, mehr als bloß Einer wurde, eine ein bißchen zahlreichere Bestimmung, jedoch freilich keinerlei Publikum. Und als ich dann ein klein bißchen christlich entscheidend handelte, das tat, davon ich mir bewußt bin, es zugleich als wahre Wohltat an dem kleinen Dänemark getan zu haben, was da mich unbedingt freuen wird in der Stunde meines Todes, als ich dem Aufstand der Pöbelei mich als Opfer entgegen warf: da wurde ich vom Publikum für verrückt und querköpfig angesehen, beinahe als Verbrecher beurteilt — nun versteht sich, es war ja auch nicht das mindeste Schurken- oder Lümmelhafte in dem, das ich tat. — Wie das doch trifft; ich glaube, mehr kann man nicht verlangen von einem Spion.

Und jetzt, jetzt bin ich überhaupt nicht mehr interessant. Daß dies Christ Werden, daß es *wirklich* der Grundgedanke in der gesamten Wirksamkeit als Schriftsteller sein sollte: wie langweilig! Und all das über das Tagebuch des Verführers,* diese ungeheuerliche Pikantheit! Nun, ja auch das gehörte mit dazu. XIII 578
Würde mich jemand rein ästhetisch fragen, wie ich über die ästhetische Schriftstellerei urteile, so werde ich keinen Hehl daraus

* Es ist psychologisch merkwürdig genug, und verdient vielleicht auch aufbewahrt zu werden, daß eine Person, deren Namen ich, um ihn mit mir weiterleben zu lassen,[138] hier einen Platz einräumen will, daß Herr P. L. Møller ganz recht „Das Tagebuch des Verführers“ für das Zentrale im gesamten schriftstellerischen Werk ansah. Das erinnert mich so lebhaft an das Motto der „Stadien auf dem Lebensweg“ — eben des Werkes, das er, mit dem „Tagebuch des Verführers“ als leitendem Gesichtspunkt, überfiel, oder über das er fiel — das Motto, das ich daher auch in Erinnerung brachte bei einer kleinen Abfertigung von ihm, das aber vielleicht passend XIII 578
hier wiederholt wird, da es sich dazu eignet, epigrammatisch die Erinnerung an des Herrn P. L. Møller ästhetisches und kritisches Verdienst um mein schriftstellerisches Werk aufzubewahren: ‚Solche Werke sind Spiegel; wenn ein Affe hineinguckt, kann kein Apostel heraussehen.‘

machen, daß ich sehr gut weiß, was da geleistet ist, jedoch hinzufügen, daß eben der ästhetische Wert der Leistung für mich im tieferen Sinne bedeutet, wie unendlich wichtig die Entscheidung ist, Christ zu werden. Unmittelbar ist es etwas ganz Schlichtes Christ zu werden; aber für die Wahrheit und Innerlichkeit des Reflexionsausdrucks in Beziehung auf das Christ Werden ist der Maßstab eben, wie wertvoll das ist, von dem die Reflexion sich dabei abwendet. Denn man wird nicht Christ durch Reflexion, aber in Reflexion Christ werden bedeutet, daß da ein andres ist, davon man sich abwendet; man reflektiert sich nicht in das Christ Sein hinein, sondern aus Anderem heraus um Christ zu werden, sonderlich denn, wenn die Lage die Christenheit ist, in der man sich herausreflektieren muß aus dem Scheine Christ zu sein. Die Beschaffenheit dieses Andern entscheidet, wie tief, wie bedeutungsvoll die Reflexionsbewegung ist. Die Reflexionsbestimmung ist eben: daß man von weither und von wie weither man dahin kommt Christ zu werden. Die Reflexionsbestimmung geht auf die Schwierigkeit, die ja größer ist entsprechend dem Wert und der Bedeutung dessen, das man hinter sich läßt.

Solchermaßen meine ich der Sache des Christentums gedient zu haben, mittlerweile ich selbst unter ihm erzogen wurde.[139] Er, auf den man staunend sah als so ungefähr etwa den Klügsten (und das ward mit „Entweder – Oder" erreicht); er, dem man willig den Platz zugestand den der „Interessante" einnimmt (und das ward mit „Entweder – Oder" erreicht): eben er stand in Pflicht
XIII 579 und Dienst des Christentums, hatte ihm sich geweiht* seit dem

* Insofern die Weihe zeitlich sogar noch weiter zurückreicht,[140] ist sie gewesen: auch wenn ich es nie so weit bringen würde Christ zu werden, vor Gott alle meine Zeit und all meinen Fleiß darauf zu wenden, um zum mindesten eine Klarstellung zu erreichen, was Christentum sei, und wo die Verwirrung in der Christenheit stecke, eine Arbeit, auf die ich mich im Grunde vorbereitet habe von frühester Jugend an. Menschlich gesprochen ist dies nun gewiß ein hochherziger Entschluß gewesen. Aber das Christentum ist eine zu erhabene Macht, als daß es ohne weiteres den hochherzigen Entschluß eines Menschen ausnutzen wollte (welcher doch freilich zunächst der Ausdruck für das Verhältnis zu meinem Vater war), es oder die Weltlenkung nahm sich daher die Freiheit, mir mein späteres Leben so anzulegen, daß (wie es dergleichen doch freilich auch zu Anfang nicht gegeben hat) kein Mißverständnis entstehen konnte, ob ich es war, der des Christentums bedurfte, oder das Christentum, das meiner bedurfte.

ersten Augenblicke, da er jene pseudonyme schriftstellerische Wirksamkeit begann, eben er kämpfte in sich selber und als Schriftsteller darum, es an den Tag zu bringen, dies Einfältige: Christ zu werden. Die Bewegung geht nicht vom Einfältigen zum Interessanten, sondern vom Interessanten zum Einfältigen, zum Christ Werden, allwo denn „der Wendepunkt" in der ganzen Wirksamkeit als Schriftsteller, die „Abschließende Nachschrift" liegt, die das „Fragmal" stellt, und selbst wiederum mit verkehrtem Fechten und sokratischer Dialektik das „System" tödlich verwundet — von hinten her, gegen das System und die Spekulation dafür kämpfend, daß „der Weg" nicht vom Einfältigen zu System und Spekulation geht, sondern von System und Spekulation zurück zu dem Einfältigen, dem Christ Werden, dafür kämpfend und sich durchhauend, um des Weges zurück zu finden. Es ist somit hier nicht ein ehemaliger Ästhetiker, der späterhin sich von der Welt abwendet, es ist einer, der sich entschieden von der Welt und von der Welt Weisheit abgewandt hatte. Man muß allerdings sagen, er habe von der frühesten Zeit an ganz außerordentliche Voraussetzungen gehabt um Christ zu werden; indes diese waren doch alle dialektisch. Auch in diesem Augenblick fühlt er kein Bedürfnis weiter zu gehen als bis zum Christ Werden; mit seiner Vorstellung von der Aufgabe und mit seinem Bewußtsein, noch weitab vom Vollkommenen zu sein, fühlt er bloß das Bedürfnis weiter zu gehen im Christ Werden.

Wofern nun der geneigte Leser diese kleine Schrift mit Aufmerksamkeit gelesen hat,[141+] so weiß er was ich als Schriftsteller bin.* Dergestalt stelle ich mich selbst dar; sollte es so sein, daß meine Zeit mich nicht versteht, nun wohl, dergestalt gehöre ich der Geschichte an: daß ich in dieser meinen Platz finden werde, und auch welchen, das weiß ich. Demütig vor Gott weiß ich auch — und ich weiß zugleich, daß gerade hier es meine Pflicht ist, das nicht zu verschweigen, sondern es auszusprechen; denn sind Stolz und Hochmut, die sich etwas anmaßen, Gott widerwärtig, so doch ebensosehr feige Menschenfurcht, die in lügenhafter Bescheidenheit sich selber herabsetzt — ich weiß auch, wer ich, menschlich gesprochen (historice — denn es steht ja jeden Tag in Gottes

---

* Denn daß mir selber eine rein persönliche genauere Dolmetschung meines Persönlichen zu eigen ist, das ist ja durchaus in der Ordnung.

Macht, dies noch heute zu ändern) gewesen, daß mir (in Richtung auf Genialität) das Außerordentliche vergönnt gewesen.

Mit gegenwärtiger kleiner Schrift, die insofern auch einer vergangenen Zeit angehört, schließe ich die gesamte bisherige Wirksamkeit als Schriftsteller ab, und gehe insofern als ihr Schriftstel-
XIII 580 ler (nicht als Schriftsteller, sondern als ihr Schriftsteller)[142+] der Zukunft entgegen: die nächstliegende werde wie sie werde, ich weiß darüber nichts; wie die darauf folgende, die historische, werden wird, das weiß ich. Aber was ich in der Hinsicht auch weiß, es würde mich nicht trösten, wofern ich nicht, wenn gleich demütig, auch reuevoll, so doch gläubig und vertrauend *der* Zukunft entgegenginge, die am allernächsten liegt und in jedem Augenblick gleich nahe ist: der Ewigkeit. Laß, falls ich länger leben soll, die Mitwelt alles mir rauben, laß die Nachwelt mir völlige Erstattung gewähren: was schadet, was nützt dies doch eigentlich mir; jene schadet mir nicht, wo ich bloß darauf achte ein Abwesender zu sein, und diese nützt mir nicht, da ich dann ja ein Abwesender geworden bin.

Schluß[143+]

Mehr habe ich nicht zu sagen, nur daß ich zum Schluß einen andern reden lassen will, meinen Dichter, der, wenn er kommt, mir den Platz anweisen wird unter denen, die gelitten für eine Idee. Er wird sagen:

„Das Martyrium, das dieser Schriftsteller erlitt, läßt sich ganz kurz so beschreiben: er erlitt es, Genie in einer Kleinstadt zu sein. Der Maßstab, den er hinsichtlich Gaben, Fleiß, Uneigennützigkeit, Aufopferung, Unbedingtheit der gedanklichen Bestimmungen usf. anlegte, war dem Durchschnitt der Gleichzeitigen viel zu hoch, schraubte den Preis gar zu sinnlos empor, und drückte ihren eignen Preis gar zu sinnlos herunter, er tat beinahe so, als ob die Kleinstadt und die Majorität in ihr nicht die absolute Herrschaft[144] hätten, sondern als ob da ein Gott da wäre. So unterredete man sich denn erst eine Weile mit einander, man räsonnierte und räsonnierte darüber, warum er doch wohl diese außerordentlichen Gaben empfangen haben möge, warum doch er unabhängig sein

dürfe und mithin so fleißig sein könne, und warum er das dann auch sei – man räsonnierte so lange darüber (indem man zugleich Ärgernis nahm an der einen oder andern Sonderlichkeit in seiner Lebensführung, welche eigentlich doch nicht sonderlich war, wohl aber ganz besonders darauf berechnet dem Zweck seines Lebens zu dienen), und das Ende vom Liede[145] war: es ist sein Stolz, alles läßt sich erklären aus seinem Stolz. Darauf ‚ging man weiter', von Räsonnement zur Handlung. Da es sein Stolz ist, sagte man, so ist jeder versteckte Widerstand, jede Frechheit wider ihn und jede Mißhandlung von ihm nicht allein erlaubt, nein, sie ist Pflicht XIII 581
gegen Gott – es muß ja Strafe sein für seinen Stolz. O, du unschätzbare Kaufstadt,[146] wie unbezahlbar bist du, wenn du dir ein Schleppkleid[147] antust, heilig wirst, wenn die Hingabe an jede widerliche Lust des Neides, der Roheit und der Pöbelei dir zugleich der Ausdruck dafür wird, daß du Gott einen Dienst tust. Aber nun, wie ist das mit ‚seinem Stolz'? War es denn Stolz, daß er hohe Gaben hatte? Das wäre ja wie wenn man der Goldammer vorwürfe, es sei stolz von ihr oder es sei aus reinem Stolz, daß sie sich all den goldenen Staat antue. Oder daß er fleißig war usw.? Wo ein Kind, das sehr streng erzogen wird, in der Klasse mit andern zusammen arbeitete: wäre es dann nicht wunderlich zu sagen, daß sein Fleiß usw. Stolz sei, und wäre es gleich so, daß die andern mit ihm nicht mit können? Doch dergleichen kommt selten vor, denn dann vorversetzt man das Kind in eine höhere Klasse. Leider jedoch, wenn einer vielfältig entwickelt ist vorversetzt zu werden in die Klasse der Ewigkeit – es gibt nur eine einzige Klasse für ihn, die der Zeitlichkeit, und er muß vielleicht lange darin bleiben."

„Dies war das Martyrium. Aber darum sehe ich, sein Dichter, auch das Epigramm, die Satire, nicht diese oder jene, die er geschrieben, sondern die welche sein Leben als Ganzes gewesen, daß jetzt, da alle die vielen ‚wirklichen' Menschen, mit denen, sonderlich wenn die ‚Beine' den Maßstab abgeben – nicht bloß für das liebe Vieh (animal), sondern auch für den Menschen, er auf keinerlei Weise den Vergleich aushalten konnte, daß jetzt, da deren Beine ebenso wie seine im Grabe vermodert sind, und er in der Ewigkeit angekommen ist, allwo, nebenbei bemerkt, die Beine nicht den Ausschlag geben, weder ihre Dünne noch ihre Dicke, all-

wo er, nebenbei bemerkt, Gott sei Dank, ewig freigestellt ist von der Gesellschaft mit den viehischen Rohlingen: daß jetzt ich sehe, wie alle diese wirklichen Menschen ein wesentlich Mitdazugehöriges, den Chor, abgeben, einen unbezahlbaren Kleinstadt-Chor, der sich an das hielt, darauf er sich verstand, an seine Hosen, die zur ‚Forderung der Zeit' wurden, oder noch köstlicher, einen Chor, der sich in Ironie gefiel – wider den Ironiker; wenn ich bloß daran denke, so kann ich lauthals lachen. Aber ihn getröstet es in der Ewigkeit, dies erlitten zu haben, freiwillig sich dem ausgesetzt, seine Sache nicht mit irgendwelchem Sinnentrug unterstützt, sich nicht hinter einem Sinnentrug versteckt, sondern, indem er litt, gottesfürchtig – klug sich Sparpfennige für die Ewigkeit gesammelt zu haben: eine Erinnerung an überwundene Leiden, daß er sich und seiner ersten Liebe[148] treu geblieben, mit der er nur das geliebt, was gelitten hat in der Welt. Wohl demütig,
XIII 582 doch nicht schleichend wird er sich jenen Herrlichen nahen, nicht schleichend, so als ob sein irdisches Leben ausgedrückt hätte, daß ihr Leben entweder ein Zufall oder eine Unwahrheit oder eine Unbesonnenheit gewesen sein müsse, denn er, er hatte der Wahrheit gedient und dabei doch große Ehre und Ansehen gewonnen, hatte überall Geist und Verständnis gefunden, nicht wie jene, die beinahe überall viehische Roheit und Mißverständnis fanden."

„Doch hat er auch hier in der Welt gefunden was er suchte: ist kein andrer es gewesen, so war er selbst ‚jener Einzelne', und wurde es mehr und mehr. Es war die Sache des Christentums der er diente, sein Leben von Kind auf war wunderbar darauf angelegt. So vollbrachte er das Werk der Reflexion, das Christentum, das Christ Werden, ganz und gar hineinzusetzen in Reflexion. Seines Herzens Reinheit war: nur Eines zu wollen;[149] was da bei Leibesleben die Anklage der Gleichzeitigen wider ihn war, daß er nicht abschlagen[150] wollte, nichts erlassen, eben dies ist die Lobrede der Nachwelt auf ihn, daß er nicht abschlug, nichts erließ. Aber das großgeartete Unternehmen betörte ihn nicht; während er dialektisch in Eigenschaft als Schriftsteller Überschau hielt über das Ganze, verstand er christlich, für ihn bedeute das Ganze Erziehung im Christentum. Das dialektische Gebäude, das er aufführte, dessen einzelne Teile schon Werke sind, konnte er keinem Menschen zueignen, noch weniger wollte er es sich selbst zueignen; hätte er es jemand zueignen müssen, so wäre dies die Weltlenkung gewesen, der es doch immerhin Tag um Tag, Jahr auf Jahr vom Verfasser zugeeignet gewesen ist, der, historisch, an einer tödlichen Krankheit starb, aber dichterisch starb aus Sehnsucht nach der Ewigkeit, um ohn' Unterbrechen nichts andres mehr zu tun als Gott zu danken."

XIII 583

BEILAGE

XIII 585

„Der Einzelne“

Zwei „Noten“ betreffs meiner Wirksamkeit als Schriftsteller

von

S. Kierkegaard

XIII 589

Vorwort[151+]

In diesen Zeiten ist alles Politik. Die Anschauung des Religiösen ist himmelweit (toto coelo) davon verschieden, so wie auch der Ausgangspunkt und das Endziel himmelweit (toto coelo) verschieden sind, sofern das Politische auf Erden beginnt um auf Erden zu bleiben, indessen das Religiöse, seinen Ursprung von oben herleitend, das Irdische verklären und darnach himmelwärts heben will.

Ein ungeduldiger Politiker, der allzu hastig ein bißchen in diese Blätter guckt, wird gewiß nur wenig finden, was ihn erbaut: das soll wohl sein. Sofern er hingegen sich freundwillig ein bißchen Geduld geben will: ich bin überzeugt, auch er wird, sogar aus den kurzen Andeutungen, die in diesen Blättern mitgeteilt werden, darauf aufmerksam werden, daß das Religiöse eine verklärte Wiedergabe dessen ist, was ein Politiker, insoweit er das Mensch Sein wirklich liebt und die Menschen liebt, in seinem glücklichsten Augenblick gedacht hat, wenngleich er das Religiöse unpraktisch finden wird, weil es zu hoch sei und zu ideal.

Das kann den Religiösen nicht stören, der wohl weiß, daß das Christentum ist und genannt wird die praktische Religion, zugleich aber weiß, daß „das Vorbild" und die hiernach regelmäßig gebildeten bedingten Vorbilder, ein jedes im besonderen, mit ihrer vieljährigen Anstrengung, Arbeit, Uneigennützigkeit es erreichten zunichte zu werden in der Welt, verlacht, verhöhnt usw., welches denn einem Politiker als das höchste Maß des Unpraktischen vorkommen muß, wohingegen sogar ein Heide und gerade der „praktische Philosoph"[152] des Altertums mit Leib und Seele ein erklärter Liebhaber *dieses* Unpraktischen gewesen ist.

Indes wiewohl „unpraktisch", dennoch, das Religiöse ist der Ewigkeit verklärte Wiedergabe des schönsten Traumes der Politik. Keine Politik hat es vermocht, keine Politik vermag, keine Weltlichkeit hat vermocht, keine Weltlichkeit vermag, bis in die letzte Folge hinein diesen Gedanken durchzudenken oder zu verwirklichen: daß Menschlichkeit Menschgleichheit ist.[153] Vollkommene Gleichheit verwirklichen im Medium der Weltlichkeit, Weltgleichheit, d. h. in dem Medium, dessen Wesen Unterschiedlichkeit ist, und sie weltlich, weltgleich, d. h.: Unterschied schaffend verwirklichen, das ist ewig unmöglich, das kann man aus den XIII 590
Kategorien ersehen. Denn wollte man vollkommene Gleichheit erreichen, so müßte „Weltlichkeit" rein fort, und wenn vollkommene Gleichheit erreicht ist, so hat „Weltlichkeit" aufgehört; aber ist es dann nicht doch eine Art Besessenheit, daß „Weltlichkeit" auf die Idee verfallen ist vollkommene Gleichheit erzwingen zu wollen, und weltlich, weltgleich sie erzwingen zu wollen — in Weltlichkeit, Weltgleichheit! Nur das Religiöse kann vermöge der Hilfe des Ewigen bis ins Letzte Menschgleichheit, Menschlichkeit durchführen, die gottgemäße, die wesentliche, die nicht-weltliche, die wahre, die einzig mögliche Menschgleichheit, Menschlichkeit; und darum ist auch — es sei gesagt zu seiner Verherrlichung — das Religiöse die wahre Menschlichkeit.

Nur ein Wort noch; man möge es mir gestatten. Was die Zeit *fordert* — ja, wer möchte wohl damit fertig werden es aufzuzählen, jetzt, da vermöge einer Selbstentzündung, deren Ursache und Anlaß der Weltlichkeit weltliches sich Reiben an Weltlichkeit gewesen, die Weltlichkeit Feuer gefangen hat. Hingegen was die Zeit in tiefstem Sinne *nötig hat* — das läßt sich erschöpfend sagen mit einem einzigen Wort, sie hat nötig: Ewigkeit. Das Unglück unsrer Zeit ist gerade, daß sie rein zu nichts als „der Zeit“ geworden ist, zur Zeitlichkeit, die ungeduldig nichts von der Ewigkeit hören, dazu sogar wohlmeinend oder tobsüchtig, mit einer erkünstelten Nachahmung das Ewige ganz und gar überflüssig machen möchte, was doch nicht gelingen wird in alle Ewigkeit; denn je mehr man vermeint des Ewigen entraten zu können, je mehr man sich darin verhärtet daß man seiner entraten könne, desto mehr bloß bedarf man seiner im Grunde.

S. K.

XIII 591

Nr. 1.

Zu der Widmung an „jenen Einzelnen“*

1846

Lieber! Nimm diese Zueignung entgegen; sie wird gleichsam blindlings gegeben, darum aber auch von jedem Zwecke ungestört, mit Aufrichtigkeit! Wer du bist, weiß ich nicht; wo du bist, weiß ich nicht; welches dein Name ist, weiß ich nicht. Dennoch bist du meine Hoffnung, meine Freude, mein Stolz, bei aller Ungekanntheit meine Ehre.

Es ist mir tröstlich, daß jetzt für dich die gelegene Zeit kommt; ich habe während meiner Arbeit und in meiner Arbeit redlich darauf Bedacht genommen. Denn wofern es, gesetzt daß dies möglich wäre, wofern es weltlich Schick und Brauch würde zu lesen was ich schreibe, oder doch so zu tun als ob man es gelesen hätte, weil man hofft damit in der Welt etwas zu gewinnen, so wäre die gelegene Zeit nicht, im Gegenteil, so hätte das Mißverstehen gesiegt, und es hätte zugleich mich betört, wenn ich mich nicht bemüht hätte zu verhindern, daß dergleichen geschehe.[155+]

Dies ist bei mir zum Teil eine Stimmung in Seele und Sinn, die wie ich selbst wünsche, möglicher Veränderung unterworfen ist,
XIII 592 und beansprucht nicht mehr zu sein, macht mithin nichts weniger

* Das Folgende, das indes überarbeitet und bedeutend vermehrt worden ist, wurde dazu geschrieben und war dazu bestimmt, der Widmung an „jenen Einzelnen“ das Geleit zu geben, welche man in den „Erbaulichen Reden in verschiedenem Geist“, Kopenhagen 1847 Frühjahr, findet.[154+]

als Ansprüche, weit eher Zugeständnisse, zum Teil ist es eine durchdachte und wohlbedachte Anschauung vom „Leben“, von „der Wahrheit“, vom „Wege“.

Es gibt eine Anschauung vom Leben, welche meint, daß da, wo Menge[156+] ist, auch die Wahrheit ist, daß es der Wahrheit selber ein Bedürfnis ist, Menge für sich zu haben.* Es gibt eine andre Anschauung vom Leben; sie meint, daß überall da wo Menge ist, die Unwahrheit ist, so daß, ob etwa, um die Sache einen Augenblick auf die äußerste Spitze zu treiben, gleich alle Einzelnen, jeder für sich, in der Stille die Wahrheit hätten, dennoch alsogleich, da wo sie in Menge zusammen kämen (dergestalt, daß die „Menge“ irgendeine *entscheidende*, abstimmende, lärmende, laute Bedeutung bekäme), die Unwahrheit zur Stelle wäre.**

Denn „Menge“ ist die Unwahrheit. Ewig, fromm, christlich gilt nämlich das, was Paulus sagt: „Nur Einer gelangt zum Ziel“,[157] nicht etwa vergleichsweise, denn im Vergleiche sind ja doch „die andern“ mit dabei. Das will besagen, ein jeder kann dieser Eine sein, dazu wird Gott ihm helfen — aber nur Einer gelangt zum Ziel; und das wieder will besagen, ein jeder soll mit „den andern“ XIII 593
nur vorsichtig sich einlassen, wesentlich allein mit Gott und mit sich selber reden — denn nur Einer gelangt zum Ziel; und das wieder will besagen, der Mensch ist verwandt mit oder Mensch

* Vielleicht ist es doch am richtigsten ein für alle Mal zu bemerken, was sich von selbst versteht, und was ich freilich niemals geleugnet habe, daß in Beziehung auf alle zeitlichen, weltlichen, irdischen Zwecke Menge ihre Giltigkeit haben kann, sogar ihre Giltigkeit als das was entscheidet, das heißt als Instanz. Doch von derlei rede ich ja nicht, so wenig wie ich mich damit befasse. Ich spreche von dem Ethischen, dem Ethisch-Religiösen, von „der Wahrheit“, und davon daß ethisch-religiös betrachtet die Menge die Unwahrheit ist, wenn sie gelten soll als die Instanz für das was „Wahrheit“ ist.

** Vielleicht ist es doch am richtigsten, wenn es mir auch nahezu überflüssig erscheint, zu bemerken, daß es mir natürlich nicht einfallen könnte, etwas dagegen einzuwenden, daß z. B. gepredigt werde, oder die „Wahrheit“ verkündet werde, wenn es sich so träfe, vor einer Versammlung von Hunderttausend. Nein, jedoch falls es bloß eine Versammlung von Zehn wäre — und falls darin abgestimmt werden sollte, das heißt, wenn die Versammlung die Instanz sein, die Menge den Ausschlag geben sollte: so ist die Unwahrheit da.

sein heißt verwandt sein mit der Gottheit. — Weltlich, zeitlich, geschäftig, gesellig-freundschaftlich heißt es: „Welch eine Ungereimtheit, daß nur Einer zum Ziele gelangt, es ist ja doch weit wahrscheinlicher, daß viele vereint zum Ziel gelangen; und wenn wir unser viel werden, so wird es sicherer und zugleich leichter für jeden einzelnen." Ganz gewiß, es ist weit wahrscheinlicher; und es ist auch wahr für alle irdischen und sinnenfälligen Ziele; und es wird das einzig Wahre, wenn es frei walten und schalten darf, denn dann schafft diese Betrachtung Gott ab und die Ewigkeit und die Verwandtschaft des „Menschen" mit der Gottheit, schafft das ab oder verwandelt es in eine Fabel, und setzt an die Stelle das Moderne (was im übrigen das alte Heidnische ist), Mensch sein heiße als Exemplar einem verstandesbegabten Geschlechte zugehören, so daß das Geschlecht, die Art, höher ist als das Individuum, oder so daß es bloß Exemplare, keine Individuen gibt. — Aber die Ewigkeit, die sich hoch über der Zeitlichkeit wölbt, stille wie der Himmel der Nacht, und Gott im Himmel, der von der Seligkeit dieser erhabenen Stille her, ohnedaß es ihm auch nur im Mindesten schwindelt, Überschau hält über diese unzähligen Millionen und jeden Einzelnen kennt, er, der große Prüfer, er sagt: nur Einer gelangt zum Ziel; das will besagen, ein jeder vermag es, und ein jeder sollte dieser Eine werden, aber nur Einer gelangt zum Ziel. — Wo daher Menge ist, oder wo dem, daß Menge da ist, entscheidende Bedeutung beigelegt wird, da ist das, dafür man arbeitet und lebt und strebt nicht das höchste Ziel, sondern lediglich das eine oder andre irdische Ziel; denn für das Ewige kann, entscheidend, nur gearbeitet werden wo da Einer ist; und dieser Eine sein, zu dem alle werden können, heißt sich von Gott helfen lassen wollen — „die Menge" ist die Unwahrheit.

Menge — nicht diese oder jene, die jetzt lebende oder eine dahingegangene, eine Menge von Geringen oder von Vornehmen usf., sondern begrifflich genommen* — ist die Unwahrheit, so-

* Der Leser wird somit in Erinnerung behalten, daß hier unter „Menge", „die Menge" rein formell die Begriffsbestimmung verstanden wird, nicht das was man sonst unter „der Menge" versteht, wenn dies vermeintlich zugleich eine Abschätzung[158] sein soll, indem menschliche Selbstsucht die Menschen irreligiös einteilt in „die Menge" — die Vornehmen und dgl.

fern Menge entweder völlige Reuelosigkeit und Unverantwortlichkeit gewährt, oder doch die Verantwortung für den Einzelnen schwächt dadurch, daß sie diese zur Größe eines Bruchs herabsetzt. Sieh, da war kein einzelner Soldat, der es sich getraute Hand an Caius Marius zu legen; das war die Wahrheit. Indes bloß drei oder vier Frauenzimmer mit dem Bewußtsein oder der Vorstellung, daß sie Menge seien, mit so einer Art Hoffnung oder Möglichkeit, daß niemand mit Bestimmtheit sagen könne, wer es gewesen oder wer angefangen: die hätten Mut dazu gehabt; welch eine Unwahrheit! Die Unwahrheit ist erstlich, daß da „die Menge" tue, was entweder nur d e r E i n z e l n e in der Menge tut, oder jedenfalls j e d e r E i n z e l n e tut. Denn eine Menge ist ein Abstraktum, das keine Hände hat; jeder Einzelne hingegen hat regelmäßig zwei Hände, und wenn dann er, der Einzelne, seine zwei Hände an Caius Marius legt, so sind es dieses Einzelnen zwei Hände, jedoch wohl nicht die seines Nachbars, noch weniger die — der Menge, welche keine Hände hat. Sodann ist es die Unwahrheit, daß die Menge den „Mut" dazu hätte, da nie jemals sogar der Feigeste unter allen Einzelnen so feig gewesen ist, wie die Menge jederzeit ist. Denn jeder Einzelne, welcher hinein in Menge sich flüchtet, und somit feig davor flieht der Einzelne zu sein (der da entweder Mut hat Hand an Caius Marius zu legen, oder doch Mut zu gestehen, er habe den Mut nicht), er trägt sein Teil Feigheit bei zu der Feigheit schlechthin, die da heißt: Menge. — Nimm das Höchste, denk an Christus und — das ganze Menschengeschlecht, alle die Menschen, die geboren sind und je geboren werden sollen; aber die Lage ist die der Einzelnheit, daß man als Einzelner, in einsamer Umgebung mit ihm allein, als Einzelner zu ihm hintreten soll und auf ihn speien: der Mensch ist nie geboren und wird nie geboren werden, der dazu Mut oder Frechheit hätte; das ist die Wahrheit. Aber als sie Menge wurden, da hatten sie dazu Mut — furchtbare Unwahrheit! XIII 594

Menge ist die Unwahrheit. Niemand hat darum im Grunde

Gott im Himmel, wie sollte das Religiöse verfallen auf solch eine unmenschliche Ungleichheit! Nein, „Menge" ist die Zahl, das Numerische; eine Zahl von Adeligen, Millionären, Großwürdenträgern usw. — sobald das Numerische die Wirkung macht, handelt es sich um „Menge", „die Menge".

mehr Verachtung für das Mensch Sein als diejenigen, die es sich zum Beruf machen an der Spitze von Menge zu stehen. Laß zu so einem jemand kommen, einen einzelnen Menschen — ei ja, was schiert ihn das; das ist viel zu wenig; stolz weist er ihn ab; es müssen zum mindesten hundert sein. Und wenn es tausend sind, so neigt er sich und macht seinen Kratzfuß; welch eine Unwahrheit! Nein, wenn es ein einzelner Mensch ist, so soll man die
XIII 595 Wahrheit ausdrücken indem man das Mensch Sein achtet; und sei es vielleicht, wie man grausam sagt, ein armer Tropf, so ist das was man tun sollte dies, man sollte ihn in seine beste Stube bitten, und falls man mehrere Stimmen hat, die gütigste und freundlichste brauchen, das ist die Wahrheit. Dahingegen, wäre es eine Versammlung von Tausend oder mehr, und die „Wahrheit" wäre ein Gegenstand der Abstimmung, so wäre das was man sollte dies, man sollte gottesfürchtig — falls man es nicht vorzieht, in aller Stille die Bitte aus dem Vaterunser zu beten: erlöse uns von dem Übel — man sollte gottesfürchtig dem Ausdruck geben, daß die Menge als Instanz, ethisch und religiös, die Unwahrheit ist, indessen es ewig wahr ist, daß ein jeder der Eine zu sein vermag. Das ist die Wahrheit.[159+]

Menge ist die Unwahrheit. Darum wurde Christus gekreuzigt, weil er, ob er sich gleich an alle wandte, nicht mit Menge zu schaffen haben wollte, weil er auf keinerlei Weise eine Menge zur Hilfe haben wollte, weil er in dieser Hinsicht unbedingt der Abstoßende war, Parteiung nicht stiften, Abstimmung nicht zulassen wollte, sondern das sein was er war, die Wahrheit, die zum Einzelnen sich verhält. — Und darum ist ein jeder, der in Wahrheit der Wahrheit dienen will, eben damit[160] auf die eine oder andere Weise Märtyrer; wäre es möglich, daß ein Mensch in seiner Mutter Leib den Entschluß faßte, in Wahrheit „der Wahrheit" zu dienen, so ist er eben damit[160] auch, was im übrigen auch sein Martyrium werden möge, noch im Mutterleibe Märtyrer. Denn eine Menge gewinnen ist noch nicht einmal eine gar so große Kunst; dazu gehört nichts als etwas Talent, eine gewisse Dosis Unwahrheit und ein bißchen Kenntnis der menschlichen Leidenschaften. Aber kein Wahrheitszeuge — ach, und das sollte ja ein jeder Mensch sein, auch du und ich — darf sich mit Menge einlassen. Der Wahrheitszeuge — der natürlich mit Politik nichts zu

schaffen hat, und um alles mit äußerster Kraft darüber wachen muß, daß er nicht mit einem Politiker verwechselt werde – der Wahrheitszeuge hat daran sein gottesfürchtiges Werk, sich womöglich mit allen einzulassen, aber stets einzeln, mit einem jeden im besonderen zu sprechen, auf Straßen und Gassen – um zu zerscheiden; oder zur Menge zu sprechen, nicht um Menge zu bilden, sondern auf daß doch der eine oder andre Einzelne heimgehen möge aus der Versammlung und der Einzelne werden. Wenn sie dagegen als Instanz im Verhältnis zur „Wahrheit" behandelt wird, ihr Spruch als *der* Spruch, so verabscheut er, der Wahrheitszeuge, die „Menge" mehr als das züchtige junge Mädchen den Tanzboden. Und die, welche zu „Menge" als zu einer Instanz sprechen, sieht er für Werkzeuge der Unwahrheit an. Denn um es abermals zu wiederholen: was in der Politik und auf ähnlichen Gebieten mitunter ganz, mitunter zum Teil seine Giltigkeit hat, das wird Unwahrheit, wenn es übertragen wird auf die Gebiete des Intellektuellen, des Geistes und der Religion. Und um einer vielleicht übertriebenen Vorsicht willen nur dies XIII 596
noch: unter „Wahrheit" verstehe ich überall „ewige Wahrheit". Aber Politik und dgl. hat mit „ewiger Wahrheit" nichts zu schaffen. Eine Politik, die im Sinne „ewiger Wahrheit" Ernst damit machte „ewige Wahrheit" in die Wirklichkeit hineinzubringen, würde im gleichen Nu sich in allerhöchstem Maße als das „Unpolitischste" erweisen, das sich denken läßt.

Menge ist die Unwahrheit. Und ich könnte weinen, jedenfalls kann ich lernen mich nach der Ewigkeit zu sehnen, wenn ich an den Jammer unsrer Zeit denke, sogar wenn man ihn lediglich mit dem schlimmsten des Altertums vergleicht, daß Tagespresse und Anonymität die Sache noch unsinniger machen mit Hilfe eines „Publikums", welches eigentlich ein Abstraktum ist, das die Forderung tut, im Verhältnis zur „Wahrheit" die Instanz zu sein; denn Versammlungen, welche diese Forderung tun, finden wohl nicht statt. Daß ein Anonymus, mit Hilfe der Presse, tagaus, tagein (auch hinsichtlich des Intellektuellen, des Ethischen und des Religiösen) gesagt bekommen kann, was er will, wovon er vielleicht in Person in der Lage der Einzelnheit nicht den entferntesten Mut hätte auch nur das Geringste zu sagen; daß er jedes Mal wenn er seinen – ja Mund kann man das nicht nennen –

seinen Rachen aufreißt, sich *mit einem Male* an tausend mal zehntausend wenden kann; daß er zehntausend mal tausend dahin bringen kann, das Gesagte nachzureden — und keiner hat die Verantwortung; daß noch nicht einmal wie im Altertum die bedingt reuelose Menge das Allmächtige ist, sondern das schlechthin Reuelose: ein Niemand, ein Anonymus: der Autor, ein Anonymus: das Publikum, zuweilen sogar anonyme Subskribenten, also: ein Niemand. Niemand! Gott im Himmel, und dabei nennen sich die Staaten gar christliche Staaten.[161+] Man sage nicht, daß so ja wiederum „die Wahrheit" mit Hilfe der Presse die Lüge und den Irrtum einholen könne. O, du, der du so redest, frag dich selbst: getraust du dich zu behaupten, daß die Menschen, in Menge genommen, ebenso geschwinde dabei sind nach Wahrheit zu greifen, die nicht allezeit wohlschmeckend ist, wie nach Unwahrheit, die immer lecker bereitet ist, geschweige dann, wenn es obendrein sich verbinden muß mit dem Eingeständnis, daß man sich habe betrügen lassen! Oder getraust du dich auch nur zu behaupten, daß „die Wahrheit" sich ebenso geschwinde verstehen läßt wie Unwahrheit, welche keine Vorkenntnisse fordert, keine Schule, keine Zucht, keine Enthaltsamkeit, keine Selbstverleugnung, keine redliche Selbstbetrübnis, kein bedächtiges Arbeiten! Nein, „die Wahrheit", die auch die Unwahrheit verabscheut, daß man der Ausbreitung als einzigem Ziele nachtrachtet, ist nicht so geschwinde zuwege. Fürs Erste kann sie nicht mit dem Phantastischen wirken, welches das Unwahre ist; der sie Mitteilende ist nur ein Einzelner; sodann, ihre Mitteilung verhält sich zum Einzelnen; denn diese Lebensbetrachtung, der
XIII 597 Einzelne, ist eben die Wahrheit. Die Wahrheit kann weder mitgeteilt noch empfangen werden außer gleichsam vor Gottes Augen, außer mit Gottes Hilfe, außer so daß Gott mit dabei ist, die Zwischenbestimmung ist, wie er denn die Wahrheit ist. Sie kann daher weder mitgeteilt noch empfangen werden außer vom „Einzelnen", der, um des willen, jeder einzige Mensch sein könnte, der lebt; die Bestimmung ist lediglich die der Wahrheit im Gegensatz zu dem Abstrakten, Phantastischen, Unpersönlichen, „Menge" — „Publikum", welches Gott als Zwischenbestimmung ausschließt (denn der *persönliche* Gott kann nicht die Zwischenbestimmung sein in einem *unpersönlichen* Verhält-

nis), und dadurch auch die Wahrheit ausschließt, denn Gott ist die Wahrheit und ihre Zwischenbestimmung.

Und jeden einzelnen Menschen ehren, unbedingt jeden Menschen, das ist die Wahrheit und ist Gottesfurcht und „Nächstenliebe“; aber „Menge“ ethisch-religiös als Instanz in Beziehung auf „Wahrheit“ anerkennen, heißt Gott leugnen und kann darum auch unmöglich „Nächstenliebe“ sein. Und der „Nächste“, das ist der schlechthin wahre Ausdruck für echt menschliche Gleichheit; wofern ein jeder seinen Nächsten liebte als sich selbst, so wäre vollkommene menschliche Gleichheit schlechthin erreicht; jeder, der in Wahrheit seinen Nächsten liebt, drückt unbedingt menschliche Gleichheit aus; und ob er auch, gleich mir, gestehe, daß sein Streben schwach und unvollkommen sei, jeder, der darauf aufmerksam ist, daß es die Aufgabe ist den Nächsten zu lieben, der ist auch darauf aufmerksam, was menschliche Gleichheit ist. Jedoch niemals hab ich in der heiligen Schrift das Gebot gelesen: du sollst die Menge lieben, erst recht nicht: du sollst in der Menge, ethisch-religiös, die Instanz in Beziehung auf Wahrheit anerkennen. Doch es versteht sich, seinen Nächsten lieben ist Selbstverleugnung, die Menge lieben oder so tun als ob man sie liebte, sie zur Instanz für „die Wahrheit“ machen, es ist der Weg im Sinnenfälligen zur Macht zu kommen, der Weg zu allerlei zeitlichem und weltlichem Vorteil — zugleich ist es die Unwahrheit; denn Menge ist die Unwahrheit.[162]+

Wer sich aber zu dieser Anschauung bekennt, die selten zum Vortrag kommt (denn das kommt öfter vor, daß ein Mann glaubt, die Menge sei in der Unwahrheit, aber wenn die Menge nur en masse seine Ansicht annehmen will, so ist alles in der Reihe), der
gesteht es ja selber ein, daß er der Schwache und Ohnmächtige XIII
ist; wie vermöchte auch ein Einzelner zu stehen wider die vielen, 598
welche die Macht haben! Und das könnte er denn wohl nicht wünschen, die Menge auf seine Seite zu bekommen um die Anschauung durchzusetzen, daß die Menge, ethisch-religiös, als Instanz, die Unwahrheit ist; das hieße ja seiner selbst spotten. Ist aber dergestalt diese Anschauung von Anfang an das Eingeständnis der Schwäche und Ohnmacht, und erscheint sie deshalb vielleicht so wenig einladend, und hört man vielleicht deshalb so sel-

ten von ihr: so hat sie das Gute, daß sie gleiches Maß hat, daß sie niemand kränkt, auch nicht einen einzigen, daß sie keinen Unterschied macht, nicht mit einem einzigen. Menge wird ja aus Einzelnen gebildet; es muß also in jedermanns Macht stehen zu bleiben was er ist, ein Einzelner; davon, ein Einzelner zu sein, ist niemand, niemand ausgeschlossen, außer dem, der sich selbst ausschließt indem er viele wird. Menge werden, Menge um sich sammeln ist hingegen die Lebensverschiedenheit; selbst der Allerwohlmeinendste, der davon spricht, kann leicht einen Einzelnen kränken. Aber dann wieder hat die Menge Macht, Einfluß, Ansehen und Herrschaft – auch das ist die Lebensverschiedenheit, die herrisch über den Einzelnen hinwegsieht als über den Schwachen und Ohnmächtigen, zeitlich-weltlich über die ewige Wahrheit hinwegsieht: den Einzelnen.

Anmerkung. Der Leser wird sich erinnern, daß dies (das in seinem Anfang denn auch geprägt ist von einer Stimmung aus jenem Augenblick, da ich mich freiwillig der Roheit der literarischen Pöbelhaftigkeit aussetzte) ursprünglich 1846 geschrieben ist, wenn auch später überarbeitet und bedeutend vermehrt. Das Dasein hat seit jener Zeit, allmächtig wie es ist, ein Licht auch über den Satz fallen lassen, daß Menge, ethisch-religiös, als Instanz, Unwahrheit ist. Wahrlich, damit ist mir gut gedient; so wie dadurch mir dazu verholfen worden ist, sicherer mich selbst zu verstehen, ebenso werde ich allerdings auch jetzt schon ganz anders verstanden werden als damals, da meine schwache, einsame Stimme gehört wurde als eine lächerliche Übertreibung, indessen sie jetzt kaum noch gehört wird um der lauten Stimme des Daseins willen, die von dem Gleichen spricht.

Nr. 2. XIII 599

Ein Wort über das Verhältnis, das meine Wirksamkeit als Schriftsteller zum „Einzelnen“* hat

Eine Geringfügigkeit fristet, bekanntlich, nur ein verachtetes und übersehenes Dasein – dann rächt sie sich wieder; denn Mißverständnis, besonders wenn es heftig und bösartig ist, hat natürlich eine Geringfügigkeit zum Grunde – ansonst wäre es ja auch kein Mißverständnis, sondern eine wesentliche Uneinigkeit. Mißverständnis besteht darin, daß das, was der eine für bedeutend hält, der andere für geringfügig ansieht, jedoch dergestalt, daß im Grunde nur eine Geringfügigkeit zwischen ihnen steht, daß die im Mißverständnis uneinig Gewordenen sich nicht die Zeit genommen haben, zuerst einmal einander zu verstehen. Denn aller „wirklichen Uneinigkeit“ liegt ein Einverständnis zugrunde; die Grundlosigkeit des „Mißverständnisses“ ist, daß das vorläufige Einverständnis mangelt, ohne welches beide, Einigkeit und Uneinigkeit, Mißverständnis sind. Mißverständnis kann daher behoben werden und zu Einigkeit und Einverständnis werden, aber auch behoben werden und zu wirklicher Uneinigkeit werden; denn daß da Zwei wirklich uneinig sind, ist kein Mißverständnis, sie sind gerade wirklich uneinig, weil sie einander verstehen.

Sicherlich greife ich nicht sehr weit fehl, wenn ich annehme, daß das, was zwischen Verschiedenen unter den Mitlebenden und mir hinsichtlich meiner Wirksamkeit als Schriftsteller Uneinigkeit verursacht hat und verursacht, zu einem Teile dies mit „jenem Einzelnen“ ist; unzweifelhaft würden Verschiedene meine Schriften lesen, wenn dies nicht wäre; und die Menge würde mich wohl ganz in Ruhe lassen, wo dies nicht wäre.

Wofern nun das mit „jenem Einzelnen“ für mich eine Gering- XIII 600
fügigkeit wäre, so könnte ich es ja fortfallen lassen, sollte es sogar mit Vergnügen tun, und Schande über mir, wenn ich nicht dazu bereit wäre mit größter Zuvorkommenheit. Aber dies ist keineswegs der Fall; für mich, nicht für mich persönlich, aber

* Dieser Aufsatz ist 1847 geschrieben, später jedoch überarbeitet und vermehrt.[163]+

für mich als Denker, ist das mit dem Einzelnen das Allerentscheidendste. Somit bleibt denn, um das Mißverständnis zu beheben, allein diese Möglichkeit übrig: es den Einzelnen, falls das mir gelingen möchte, einleuchtend zu machen, daß es wahrlich keine Geringfügigkeit ist; solchenfalls wäre ja doch die Uneinigkeit behoben. Was nämlich stört, ist, daß man es für eine Geringfügigkeit ansieht – und daß ich also so viel Wesens machen will von einer Geringfügigkeit. Eins von beiden also gilt: entweder die andern haben recht damit, daß es eine Geringfügigkeit ist, und ich müßte es aufgeben; oder es ist, so wie ich es verstehe etwas sehr Wesentliches, so besteht ja denn kein Grund sich darüber aufzuhalten, daß ich so viel Wesens mache – von dem Wesentlichen, dahingegen ist dann recht viel Grund, sich mit ernsthaftem Nachdenken ein bißchen dabei aufzuhalten. Was meinerseits da nicht versäumt werden sollte, ist nicht versäumt worden, ich habe einmal (in einem kleinen Artikel von Frater Taciturnus* in „Faedrelandet") die Sache soweit als möglich ins Sonderliche hinein treiben lassen – wahrlich nicht aus Sonderlichkeit. Im Gegenteil, ich bin mir in hohem Maße klar gewesen über das, was ich tat, daß ich verantwortlich handelte, bin meiner Verantwortung mir bewußt gewesen, daß es nicht zu tun, unverantwortlich gewesen wäre. Ich ließ es tun (und gerade in einer Zeitung, und gerade in einem Zeitungsartikel, der mit des Stadtgeschwätzes Ende und Anfang[164+] in Berührung kam), denn es war mir überaus wichtig, die Aufmerksamkeit gereizt auf diesen Punkt sich hinlenken zu lassen, was man weder mit zehn Büchern erreicht, welche die Lehre vom Einzelnen entwickeln, auch nicht mit zehn Vorlesungen darüber, sondern in gegenwärtigen Zeiten einzig und allein damit, daß man das Lachen dahin bringt sich auf einen zu richten,** damit daß man

* Man erinnere sich im übrigen, daß es ein Pseudonym war, und daß ich somit die bei einem polemischen Artikel noch vermehrte Schwierigkeit hatte, es zur dichterischen Entgegnung werden zu lassen, die folgerichtig war vom Charakter des Pseudonyms her.

** Und es ist – recht verstanden – zwischen dem Lachen und mir ein heimliches, glückliches Einverständnis. Ich bin – recht verstanden – Freund und Liebhaber des Lachens, war dies in gewissem Sinne, das heißt, ernsthaft gesprochen, am allermeisten und allerwahrsten wohl in eben dem

die Menschen ein bißchen böse macht, und also damit daß man sie dahin bringt, einem mit Hohn wieder und wieder und immerzu das vorzuwerfen – ja eben das, was man eingeschärft, und, wo XIII 601
möglich, zu aller Kenntnis gebracht haben möchte. Das ist unbedingt die sicherste Art von Repetitorium. Aber jeder, der etwas erwirken will, muß seine Zeit kennen und alsdann den Mut haben sich in die Gefahr zu wagen, daß er das sicherste Mittel braucht.

Das hab ich gebraucht, indessen die Dialektik „des Einzelnen" stets zweisinnig gehalten wurde in ihrer Doppelbewegung. In einer jeden der pseudonymen Schriften kommt auf die eine oder andre Weise das mit dem Einzelnen vor; aber überwiegend ist dabei der Einzelne der, welcher, gemäß der Auffassung des Ästhetischen, der Einzelne im Sinne des Vorzugs ist, der Ausgezeichnete u. dgl. In einer jeden meiner erbaulichen Schriften kommt, und so erklärt wie möglich, das mit „dem Einzelnen" vor; aber dabei ist der Einzelne das was jeder Mensch ist oder sein kann. Der Ausgangspunkt der Pseudonyme ist nämlich beim Unterschied zwischen Mensch und Mensch hinsichtlich Geistigkeit, Bildung usw.; der Ausgangspunkt der erbaulichen Reden ist beim Erbaulichen, somit beim Allgemein-Menschlichen. Aber dies Zwiefache ist eben die Dialektik „des Einzelnen". „Der Einzelne" kann bedeuten der Einzige von allen, und der „Einzelne" kann bedeuten Jedermann. Will man nun die Aufmerksamkeit dialektisch anreizen, so braucht man die Kategorie „des Einzelnen" beständig im Zweiklang. Das Stolze in dem einen Gedanken bringt einige auf, das Demütige in dem andern Gedanken schreckt andre ab, aber das Verwirrende in dieser Doppelheit reizt die Aufmerksamkeit dialektisch an; und wie gesagt, eben dies Doppelte ist der Gedanke „des Einzelnen". Jedoch glaube ich, daß man meistens auf den „Einzelnen" der Pseudonyme aufmerksam geworden ist und ohne weiteres mich mit den Pseudonymen vermengt hat – daher all das Gerede von meinem Stolz, meinem Hochmut, ein Aburteilen, mit dem man eigentlich nichts erreicht hat als daß man sich selber anzeigte.

Eingeschärft ist es denn worden, beinahe als Sprichwort, das mit jenem Einzelnen – ach ich armer Tropf, der ich das Lachen

---

Augenblick, da die andern, alle diese Tausende und aber Tausende, ironisch wurden, und ich – ironisch genug – der Einzige wurde, der sich auf Ironie nicht verstand.[165]+

habe verdauen müssen. Hätte ich alle Menschen unter Tränen gebeten und beschworen, doch um Alles und um Gottes im Himmel willen auf ihn zu achten, diesen Gedanken der Ewigkeit: es hätte sich weiß Gott niemand darum geschoren.

Nun, da es eingeschärft ist, will ich denn einen Versuch machen, und indem ich das Meine tue, das Mißverständnis wenigstens teilweise zu beheben mich bemühn, welches doch eigentlich nur für die bestehen kann, welche sich in tieferem Sinne mit meinen Schriften nicht bekannt gemacht haben — und durchaus allem Mißverständnis vorbeugen wollen, wenn man sich denn einiges vornehmen will, das könnte wohl nur einem Jüngling beikommen. Mit Mißverständnis soll man sich in acht nehmen, das will heißen, man soll sich in acht damit nehmen, ihm durchaus vorbeugen zu wollen. Es gibt nichts, das einem Menschen so leicht über den
XIII 602 Kopf wächst und so leicht mißverstanden wird wie Mißverständnis; und wollte er selbst nicht das Geringste andre sich vornehmen als dem Mißverständnis vorbeugen — ja, so würde er vermutlich am allermeisten mißverstanden werden.

Daß ich von Anfang an weit mehr als bloß einen Leser gehabt habe, weiß ich natürlich ganz gut. „Dänemark ist ein kleines Land“; das Volk, das eine Sprache für sich hat, ist nicht zahlreich; die literarischen Verhältnisse sind so eng, daß es noch nicht einmal eine literarische Zeitung gibt oder für längere Zeit gegeben hat, sondern die Literatur (ins Sinnlose)[166] herabgedrückt worden ist zu der Aufmerksamkeit, welche die Tageszeitungen, in Sonderheit Großhändler Nathanson, nach seinen eigenen Worten „ihr schenkt“; als Schriftsteller hab ich ungewöhnlich angestrengt und ungewöhnlich schnell gearbeitet; im Dienst der Wahrheit hab ich beständig ein Stück Kraft und Erfindungsgabe angewandt, nicht um die Ausbreitung der Schriften zu hindern, sondern um ihre mißverstandene Ausbreitung zu hindern: im Verhältnis dazu bin ich sogar viel gelesen. Das weiß ich sehr wohl; und ich, der ich dies weiß, bin auch nicht unerkenntlich, habe meine Erkenntlichkeit vielleicht gerade dadurch in ihrer Aufrichtigkeit und Wahrheit bewiesen, daß ich sie nie mißbraucht habe um Käufer oder Leser anzulocken. Daß darum meinerseits etwas dem Wunsche entgegenstehen sollte, meine mehr populären Schriften möchten womöglich von allen gelesen und verstanden werden, ist ein Ding, darauf nur Torheit und Erbostheit hat verfallen können, und nur Neid dazu benutzen, um, was schon gelingen und von selber gehen kann, die Verwirrten nur desto mehr zu verwirren, und um, wo möglich, die Wohldenkenden, die Besseren, die Einsichtsvolleren wider mich zu erbittern, was freilich nicht ganz von selber geht, und was denn auch, Gott sei Dank, mißlungen ist sogar weit über mein Erwarten hinaus, indem das gerade Gegenteil geschehen ist, mir zur wahren erbaulichen Freude.[167+]

Jeder Ernstere, der ein wenig Auge hat für die Verhältnisse gegenwärtiger Zeit, wird leicht sehen, wie wichtig es ist, von
Grund auf und keiner Folge sich entziehend, unter der Last einer XIII 603
ungeheuerlichen Verantwortung aber auch bis in jede wahre Zuspitzung hinein, freimütig einer unsittlichen Verwirrung entgegenzuarbeiten, welche, philosophisch und gesellschaftlich „die Einzelnen“ vermittelst der „Menschheit“ oder phantastischer Gesellschaftsbestimmungen demoralisieren will; einer Verwirrung, welche unfromme Verachtung für das lehren will, was die erste Voraussetzung aller Religiosität ist, für das ein einzelner Mensch Sein. Dieser Verwirrung kann man nur entgegenarbeiten, indem man die Menschen einzeln faßt — aber jeder Mensch ist doch wohl ein einzelner Mensch! Jeder Ernstere, der weiß, was Erbauung ist, jeder, er sei sonst wer er wolle, vornehm oder gering, weise oder einfältig, Mann oder Weib, jeder, der jemals sich erbaut und Gott ihm nahe gefühlt, wird mir doch unbedingt Recht damit geben, daß es unmöglich ist, en masse zu erbauen oder erbaut zu werden, noch unmöglicher als „verliebt zu sein zu vieren“ oder vielen:[168] Erbauung verhält sich noch bestimmter als Lieben zum Einzelnen. Der Einzelne, nicht der welcher im Sinne der Auszeichnung oder der besonderen Begabung der Einzelne ist, sondern der Einzelne in dem Sinne, in welchem jeder Mensch, schlechthin jeder Mensch es sein kann und sein soll, er soll seine Ehre darein setzen, wird aber wahrlich auch seine Seligkeit darin finden, der Einzelne zu sein. Jeder Einzelne von den vielen, die in meinen erbaulichen Schriften gelesen haben — und das zur Erbauung, jeder, auf den ich als erbaulicher Schriftsteller irgendeinen Einfluß gehabt haben mag — er wird, falls er (und das schuldet er ja sich selber, dem Urteilenden, vielleicht doch auch mir, der oft genug hat herhalten

müssen *dort*, wo nicht eben die Weisheit urteilt) in einer stillen Stunde redlich sich die Frage vorlegen will, ob ich ihn mit dieser Rede vom Einzelnen getäuscht, ob ich ihn getäuscht, als ich, (um diesen Gedanken gehörig anzuspannen, und *ihn*, wo möglich, gehörig darauf aufmerksam zu machen) um dieses Gedankens willen mich für eine Weile dem Gelächter der vielen aussetzte,*
XIII 604 und dem, dazu der Neid dies Gelächter benutzen konnte: gewiß wird er doch, ob auch nicht mir, das wird nicht verlangt, so doch sich selbst, eher eingestehen, daß, was ihm mangelt, eben dies ist, daß er noch nicht richtig der Einzelne geworden ist, und ich gebe mich selbst nicht dafür aus, daß ich es schon sei, wiewohl ich darum gekämpft, aber es noch nicht ergriffen habe,[169] und darum kämpfe, aber als einer, der doch nicht vergißt, daß nach dem höchsten Maßstabe „der Einzelne" über die Kräfte eines Menschen geht.

„Der Einzelne" ist die Kategorie, durch welche, in religiöser Hinsicht, die Zeit, die Geschichte, das Geschlecht hindurch muß. Und er,[170] der an den Thermopylen stand, war nicht solchermaßen gesichert wie ich, der ich, um doch zum mindesten darauf aufmerksam zu machen, an diesem Engpaß „dem Einzelnen" gestanden habe. Er sollte nämlich die Scharen hindern durch den Engpaß zu dringen; drangen sie durch, so hatte er verloren. Meine Aufgabe setzt mich zum mindesten weit minder der Gefahr aus, niedergetreten zu werden, da sie darin bestand, als geringer Knecht (jedoch, was ich von Anbeginn gesagt und aber und aber wiederholt habe, „ohne Vollmacht") die Vielen womöglich zu veranlassen, einzuladen, zu bewegen durch diesen Engpaß „der Einzelne" hin-

* Daß es außer aus dem hier angeführten Grunde zugleich noch aus andern Gründen geschah, will ich hier nicht darlegen, und auch nicht, daß es auch geschah, um die Mitwelt, wo möglich, aufmerksam zu machen auf das im Verhältnis zu dem kleinen Lande nur allzu erschreckende Umsichgreifen der literarischen Unsittlichkeit, daß ich, als ein sich frei Weihender es wagte – ach, ich der arme Magister der Ironie, für eine Weile das Opfer jenes Gelächters zu werden, etwas was – aber Ironie und Wehmut sind ja auch in Wahrheit eins und dasselbe – doch in gewisser Hinsicht meine Seele mit tiefer Wehmut erfüllte; denn was man den gemeinen
XIII 604 Mann im Volke nennt, hat in Kopenhagen schwerlich viele gehabt, die ihn, christlich, aufrichtiger als ich geliebt haben – das versteht sich, ich bin allerdings weder Journalist noch Agitator gewesen.

durchzudringen, durch welchen jedoch, wohl zu merken, niemand dringt ohne der Einzelne zu werden; das Entgegengesetzte ist ja eine kategorische[171] Unmöglichkeit. – Und doch, ja wenn ich eine Aufschrift für mein Grab[172+] verlangen sollte, ich verlange keine andre als „jener Einzelne"; ist sie auch noch nicht verstanden,* wahrlich sie wird es werden. – Mit der Kategorie „der Einzelne" nahmen die Pseudonyme zu ihrer Zeit, da alles hierzuland System und System war, das System** aufs Korn: jetzt wird das System XIII 605
so gut wie niemals mehr*** genannt, zum mindesten nicht als Modewort und Forderung der Zeit. Mit der Kategorie „der Einzelne" kennzeichnete ich den Beginn der meinen Namen tragenden Schriftstellerei; und dies wurde wie ein Formular mit Gleichmäßigkeit wiederholt, sodaß denn das mit dem Einzelnen nicht eine spätere Erfindung von mir ist, sondern mein Erstes. – An die Kategorie „der Einzelne" ist meine mögliche ethische Bedeutung unbedingt geknüpft.[173+] Ist diese Kategorie richtig gewesen, ist das mit dieser Kategorie in Ordnung gewesen, hab ich hier richtig gesehen, hab ich richtig verstanden, daß es meine, freilich nicht angenehme oder dankbare, Aufgabe war: darauf aufmerksam zu machen, ist mir dies geschenkt worden, wiewohl in innerlichen Leiden, wie sie sicherlich ziemlich selten erfahren werden, wiewohl unter äußerlichen Opfern, zu deren Darbringung nicht alle Tage ein Mensch sich bereit findet: so stehe ich und mit mir meine Schriften.

Diese Kategorie, daß ich diese Kategorie gebraucht habe, zumal so entscheidend und so persönlich, gibt, ethisch, den Ausschlag; ohne diese Kategorie und ohne den Gebrauch von ihr, der gemacht ist, würde die Reduplikation der gesamten schriftstellerischen Wirksamkeit fehlen. Denn weil in den Schriften alles das gesagt, dargestellt, entwickelt, ausgesprochen ist, was da in ihnen

* Der Leser wird sich erinnern, daß dies 1847 geschrieben ist. Die Weltumwälzungen 1848 haben das Verständnis bedeutend näher gebracht.

** Und jeder, der bloß etwas Dialektik hat, wird sehen, daß es unmöglich ist „das System" von einem Punkte her anzugreifen, der innerhalb des Systems liegt. Aber es gibt nur einen, allerdings samenartigen Punkt außerhalb des Systems: den Einzelnen, sofern man den Ton des Ethischen und Religiösen, des Existentiellen auf ihn legt.

*** Und jetzt 1848!

ausgesprochen ist, und das vielleicht mit Phantasie, Dialektik, psychologischem Blick und anderm dergleichen: daraus würde keineswegs ohne weiteres folgen, daß der Verfasser seine Zeit und sich in ihr verstanden hätte, und daß er mit einem einzigen Wort schlechthin entscheidend auszudrücken, überdies handelnd auszudrücken verstanden hätte, was er verstanden hatte: *daß es eine Zeit* der Auflösung sei.*

Einen „Wahrheitszeugen“ nennt der Verfasser deshalb sich doch nicht, nein, o nein, weit davon. Unter einem solchen wird wirklich nicht jedweder verstanden, der etwas Wahres sagt; ei ich danke schön, dann bekämen wir Wahrheitszeugen genug. Nein, bei einem „Wahrheitszeugen“ muß ethisch gesehen werden auf das persönliche Existieren in seinem Verhältnis zum Gesagten, ob das persönliche Existieren das Gesagte ausdrückt — eine Rücksicht, welche ganz recht die Systematisiererei und Doziererei und die Charakterlosigkeit der Zeit sehr mit Unrecht abgeschafft haben. Das Leben des Verfassers hat nun allerdings ziemlich genau das ausgedrückt, was ethisch unterstrichen wurde: ein Einzelner sein; er hat Umgang mit Unzähligen gehabt, aber immer hat er allein gestanden, in seinem Streiten zugleich streitend für das Recht
XIII 606 allein zu stehn, indessen in der Welt um ihn so gut wie alles ein An- Ein- und Niedersetzen von Ausschüssen war. Er hat auch um seiner Kategorie willen mehr als ein Opfer gebracht, sich der einen oder andern Gefahr ausgesetzt, und, wohl zu merken, eben der Art von Gefahr, die kategorisch „dem Einzelnen“ entspricht, hat sich ausgesetzt der „Menge“ und dem „Publikum“. Indes selbst wenn nichts andres im Wege stünde, er hat nicht für sein Auskommen arbeiten müssen. Allein dies reicht zu, ist eine Begünstigung, die ihn, ethisch, in eine niederere Klasse heruntersetzt. Außerdem aber hat er zuviel Phantasie gehabt und viel zuviel von einem Dichter, als daß er in strengerem Sinne ein Wahrheitszeuge genannt werden dürfte, ist auch weit davon gewesen, alles von Anbeginn an selbst zu überschauen, sodaß er erst Schritt um Schritt gelernt hat sich selbst darin zu verstehen, inwiefern er den rechten Griff getan, und gar oft veranlaßt war sich die so glücklich ausgedrückte weise Ermahnung Lessings[175] zu Herzen zu nehmen, „Laß uns nicht weise

* Was die Auffassung der Gegenwart angeht, vgl. unter anderm eine literarische Anzeige[174] von S. K. Kopenhagen 1846, letzter Abschnitt.

sein wollen, wo wir nichts als glücklich gewesen", oder veranlaßt war der Pflicht zu gedenken: Gott zu geben was Gottes ist.[176] Er hat zuviel mit dem Ethischen zu schaffen gehabt, um ein Dichter zu sein, erinnert in dieser Hinsicht an jenes erste und später wiederholte Wort des Ästhetikers in „Entweder — Oder"* darüber, kein Dichter sein zu wollen, und an den Nachdruck den der Ethiker** darauf legt, daß dies richtig sei, weil ein Mensch fort soll vom Dichter Sein und hinein in das Existentielle, das Ethische;***
dennoch aber ist er zu sehr Dichter um ein Wahrheitszeuge zu XIII 607
sein. Er ist eine Markscheide zwischen beiden, die doch das kategorisch richtige Verhältnis gehabt hat zum künftigen Zeitalter der Geschichte.

„Der Einzelne" ist die Kategorie des Geistes, der geistigen Erweckung, — der Politik so entgegengesetzt wie nur möglich. Irdischer Lohn, Macht, Ehre usf. ist mit ihrer rechten Anwendung nicht verbunden; denn selbst wenn sie im Interesse des Bestehenden gebraucht wird, Innerlichkeit interessiert die Welt nicht, und wenn sie zur Erschütterung[181] gebraucht wird, sie interessiert die Welt dennoch nicht, denn Opfer bringen, sich opfern lassen, was ja die Folge davon sein muß, daß sie nicht darauf sieht, Macht im Sinnlichen zu werden, interessiert die Welt nicht.

„Der Einzelne"; das ist die christlich entscheidende Kategorie, und sie wird auch entscheidend werden für die Zukunft des Christentums. Die Grundverwirrung, das, was man den Sündenfall der

---

* Vgl. Entweder — Oder 1. Teil S. 1, erstes Diapsalma; vgl. auch S. 23: „Vergebens wehre ich mich. Mein Fuß gleitet. Mein Leben bleibt doch eine Dichterexistenz." usw. [177]

** Vgl. Entweder — Oder 2. Teil S. 217 f.[178]; vgl. „Abschließende Nachschrift" S. 188.[179]

*** Diese Bewegung vom „Dichter" zum religiösen Existieren ist im Grunde die Bewegung in der gesamten Wirksamkeit als Schriftsteller, als ein Ganzes betrachtet; man vergleiche die „Taten der Liebe" (II A. B.) hinsichtlich des Gebrauchs, der vom „Dichter" wieder gemacht wird, als von dem Ausgangspunkt[180] für christlich religiöses Existieren. Was die Bewegung angeht, die in einer Reihe von Schriften beschrieben wird, fort vom Philosophischen, Systematischen zum Einfältigen, das heißt Existentiellen, so ist diese Bewegung, bloß in einer andern Beziehung, wesentlich die gleiche wie die vom Dichter zum religiösen Existieren.

Christenheit nennen könnte, ist: Jahr um Jahr, Jahrzehnt um Jahrzehnt, Jahrhundert um Jahrhundert, schleicherisch – halb beinahe von sich nicht wissend was sie wollte, und wesentlich von sich nicht wissend was sie tat – darauf ausgewesen zu sein, Gott das Eigentumsrecht am Christentum zu entwenden, und sich in den Kopf zu setzen, daß das Geschlecht, das Menschengeschlecht selbst das Christentum erfunden oder doch so ungefähr beinahe selbst erfunden habe. So wie im Staate, wenn ein Vermögen eine gewisse Anzahl von Jahren angestanden, und kein Eigentümer sich gemeldet hat, das Vermögen dem Staate heimfällt – so hat das Geschlecht, dadurch verwöhnt, im platten Sinne zu wissen, daß das Christentum nun einmal da ist, etwa so gedacht: es ist nun schon so lange her, daß Gott als Eigentümer und Herr etwas hat von sich hören lassen, somit ist das Christentum uns heimgefallen, mögen wir es nun ganz und gar abschaffen, oder es nach Belieben[182] zurechtstutzen wollen, als etwas das so ungefähr unser Eigentum und unsre Erfindung ist; und so behandelt es das Christentum, nicht als das, was in der *gehorsamen* Unterwerfung unter *Gottes Majestät geglaubt werden soll*, sondern als etwas, das um angenommen zu werden, zusehen muß vermittelst von „*Gründen*", „die Zeit", „das Publikum", „diese geehrte Versammlung" usf. zufriedenzustellen. Jeder
XIII 608 Aufruhr in der Wissenschaft – wider Zucht, jeder Aufruhr im sozialen Leben – wider Gehorsam, jeder Aufruhr im Politischen – wider weltlich Regiment, hängt zusammen mit und leitet sich her aus diesem Aufruhr des Geschlechts wider Gott in Bezug auf das Christentum. Dieser Aufruhr – der Mißbrauch der Kategorie des „Geschlechts" – erinnert übrigens nicht an den der Titanen, sondern ist Werk der *Reflexion*, ein schleicherischer Aufruhr, sich fortsetzend von Jahr zu Jahr, von Geschlecht zu Geschlecht. Die Reflexion nimmt stets nur ein winzig kleines Stückchen auf einmal; und in Beziehung auf dies winzig kleine Stückchen wird man stets sagen können „ja, in dieser Kleinigkeit kann man denn auch nachgeben" – bis dann die Reflexion alles genommen haben wird, worauf man nicht aufmerksam ward, weil es klein bei klein geschieht, „und in dieser Kleinigkeit kann man denn schon nachgeben". Darum müssen die Menschen Einzelne werden, um den christlich pathetischen Eindruck vom Christentum zu empfangen;

der Einzelne, jeder Einzelne, hütet sich recht wohl davor, mit Gott im Himmel darüber prozessieren zu wollen, wer von den beiden da, unbedingt und bis zum allerkleinsten Tüttel, Eigentumsrecht am Christentum habe. Gott muß zu Nutz und Frommen wieder die Zwischenbestimmung werden können; aber Gott als der Zwischenbestimmung entspricht „der Einzelne". Soll das „Geschlecht" die „Instanz" sein oder auch nur die Zwischeninstanz, so ist das Christentum abgeschafft, wo nicht auf andere Weise, so durch die *verkehrte, unchristliche Gestalt*, die man der *christlichen* Mitteilung gibt. Der höchstbetraute Spion der gewitzigtsten Polizei kann nicht mit größerer Sicherheit für den Inhalt seines Rapports einstehn, als ich, ein bescheidener Privatmann, auch ein Spion, wenn man will, für die Richtigkeit des hier Gesagten einstehen will.

„Der Einzelne"; mit dieser Kategorie steht und fällt die Sache des Christentums, nachdem die Weltentwicklung so weit in Reflexion gelangt ist als sie ist. Ohne diese Kategorie hat der Pantheismus schlechthin gesiegt. Es werden daher sicherlich die kommen, welche diese Kategorie dialektisch ganz anders anzuspannen wissen – sie haben auch keine Arbeit damit gehabt sie an den Tag zu ziehen – aber die Kategorie „der Einzelne" ist und bleibt der feste Punkt, welcher Widerhalt zu bieten vermag gegen pantheistische Verwirrung, ist und bleibt das Gewicht, das zugelegt werden kann, nur daß die, welche mit dieser Kategorie arbeiten und vorgehen sollen, mehr und mehr dialektisch sein müssen, je XIII 609
nachdem daß die Verwirrung größer und größer wird. Denn bei jedem Menschen, den man unter diese Kategorie einbringen kann, kann man sich verpflichten, ihn zum Christen zu machen – soweit ein Mensch dies für einen andern zu tun vermag – und darum richtiger, man kann dafür einstehen, daß er es werden wird. Als „der Einzelne" ist er allein, allein in der ganzen Welt, allein – Gott gegenüber; so geht es schon mit dem Gehorchen. Aller Zweifel (welcher, nebenher bemerkt, wo man nicht wissenschaftlich vornehm Aufhebens von ihm macht, sondern ihn ethisch betrachtet, schlecht und recht Ungehorsam gegen Gott ist) hat seinen Anhalt zuletzt in dem Sinnentrug des Zeitlichen, daß man so ein paar Stück ist, oder soso die ganze Menschheit, die zuletzt

soso Gott imponieren, selber Christus sein kann; und der Pantheismus ist eine Gehörstäuschung, die Volkes Stimme und Gottes Stimme verwechselt,[183+] eine Gesichtstäuschung, ein aus den Dünsten der Zeitlichkeit erstehendes Nebelgebilde, eine aus ihrem Widerschein erstehende Luftspiegelung, die das Ewige sein soll. Aber die Sache ist, dozieren kann man diese Kategorie nicht; es ist ein Können, eine Kunst, eine ethische Aufgabe und eine Kunst, deren Ausübung vielleicht zu ihrer Zeit das Leben des Darbietenden heischen könnte. Denn was göttlich das Höchste ist, das werden das eigenwillige Geschlecht und die Scharen der Verwirrten ansehen als Majestätsverbrechen wider das „Geschlecht", die „Menge", das „Publikum" usf.

„Der Einzelne"; diese Kategorie ist nur einmal, ihr erstes Mal, entscheidend dialektisch gebraucht worden, von Sokrates, um das Heidentum aufzulösen. In der Christenheit wird sie ein zweites Mal gerade umgekehrt zu brauchen sein, um die Menschen (die Christen) zu Christen zu machen. Es ist nicht die Kategorie für den Missionar im Verhältnis zu Heiden, denen er das Christentum verkündigt; sondern es ist die Kategorie für den Missionar in der Christenheit selbst, um das Christentum in die Christenheit einzuführen. Wenn er, „der Missionar", kommt, wird er diese Kategorie brauchen. Denn wofern die Zeiten auf einen Heros warten, warten sie freilich vergebens; eher wird der kom-
XIII 610 men, welcher in göttlicher Schwachheit die Menschen gehorchen lehrt — dadurch, daß sie in gottloser Empörung ihn totschlagen, ihn, der Gotte gehorsam ist, der doch mittlerweile, ob auch nach einem weit größeren Maßstabe, diese Kategorie brauchte — überdies mit „Vollmacht". Doch davon nichts weiter; dankbar gegen die Weltlenkung bleibe, sowohl in dem einen wie in dem andern Sinne,[184] ich bei dem, was, wie man leicht sieht, in jeder Hinsicht unendlich untergeordnet ist: daß ich doch auf diese Kategorie *aufmerksam mache*.

Nachschrift

Was hier gesagt ist, ist von dem Vergangenen, dem Zurückgelegten gesagt, etwas was der Leser wohl bemerkt haben wird, wenn auch nur an den Zeitformen, die gebraucht worden sind; und die Kategorie ist: aufmerksam machen, was ich wiederhole, um bis zuletzt alles was an mir ist zu tun, um Mißverständnis zu verhüten.

(1849)

Zu den „zwei Noten" XIII 611

Nachschrift

März 1855.

Indem ich jetzt diese beiden Aufsätze überlese, möchte ich doch Folgendes beifügen.

Freilich hatte, um das Höchste zu nennen, die Wahrheit selbst, Jesus Christus, auch Jünger; und, um etwas Menschliches zu nennen, Sokrates hatte Jünger.

Wenn ich da nun in gewissem Sinne die Idealität in der Sache mit dem Einzelnen noch höher emporzuzwingen scheine, wie verstehe ich denn das? Ich verstehe es teils als eine mir anhaftende Unvollkommenheit, und teils als zusammenhängend mit dem Sonderlichen an meiner Aufgabe. Ich verstehe es als meine Unvollkommenheit; denn meine gesamte Wirksamkeit als Schriftsteller ist, wie ich des öfteren gesagt, zugleich meine eigne Entwicklung, in der ich selbst mich tiefer und tiefer auf meine Idee, meine Aufgabe besonnen habe; so lange es sich aber so mit mir verhielt, bin ich ja, selbst wenn ich es gewollt hätte, nicht reif gewesen, Einzelne näher an mich heranzuziehn. — Ich verstehe es als zusammenhängend mit dem Sonderlichen an meiner Aufgabe. Denn meine Aufgabe ist einer gegebenen verkehrten Ausbreitung entgegenzuarbeiten (also nicht in Richtung darauf etwas auszubreiten), in Richtung dessen, was man das Rauchverzehrende

nennen könnte; aber dann ist es von Wichtigkeit, mit großer Vorsicht darüber zu wachen, wieweit man sich mit Einzelnen einläßt, auf daß das Rauchverzehrende nicht eine unwahre Ausgebreitetheit gewinne. Es ist nicht meine Aufgabe, und es kann „in der Christenheit“ nicht wahrhaft die Aufgabe sein, mehr Titularchristen zu schaffen, oder dazu beizutragen, die Millionen darin zu bestärken, daß sie Christen seien; nein, die Aufgabe ist eben, diesen Lumpenstreich zu beleuchten, welcher — unter dem Namen
XIII 612 christlichen Eifers und Ernstes, wie raffiniert! — zum Besten von Kirchenfürsten, Pastoren und Mittelmäßigkeit diese Millionen zuwege gebracht hat; es gilt, diesen Lumpenstreich zu beleuchten und durchleuchten, und es zur Klarheit zu bringen, christlicher Eifer und Ernst „in der Christenheit“ sei eben das — hier stellt sich auch sogleich das Kennzeichen des Christlichen ein, ebenso wie das Gegenteil das Kennzeichen der Weltlichkeit hat: den Profit — also das undankbare Geschäft, das Christentum abzuscheiden von einigen dieser Bataillone von Christen.

Nur noch ein Wort. Freilich hatte Christus Jünger, und, um etwas Menschliches zu nehmen, auch Sokrates hatte Jünger; aber weder Christus noch Sokrates hatten in dem Sinne Jünger, daß der Satz unwahr würde, den ich aufgestellt habe: ethisch, ethisch-religiös ist Menge Unwahrheit, ist es Unwahrheit, wirken zu wollen mit Menge, mit dem Numerischen, das Numerische zur Instanz dafür machen zu wollen, was Wahrheit ist.

ANMERKUNGEN DES ÜBERSETZERS

V o r b e m e r k u n g. „Verfasser“ und „Schriftsteller“ sind beide Übersetzungen des einen dänischen Worts „Forfatter“. Das „schriftstellerische Werk“ (im Ganzheitssinn) ist Wiedergabe des dänischen Worts „Forfatterskab“. „Schriftstellerei“ gibt das dänische „Produktivitet“ wieder, welches bei Kierkegaard zwischen dem „Schaffen“ und dem „Geschaffenen“ oszilliert und im Unterschied von „Forfatterskab“ meist für einzelne Seiten oder Gruppen des schriftstellerischen Gesamtwerks gebraucht wird. Ausnahmen von dieser Weise zu übersetzen sind gekennzeichnet.

Das dänische „ligefrem“ wird je nach dem Zusammenhang mit „geradezu“ oder „unmittelbar“ übersetzt. Das dänische „Myndighed“, welches der ἐξουσία des Evangeliums entspricht, ist mit Vollmacht übersetzt worden.

Der verschnörkelte und umständliche Stil vieler Teile dieses literarischen Selbstzeugnisses kommt nicht auf Rechnung des Übersetzers. Kierkegaard hat, um zum langsamen Lesen zu zwingen, verwickelten und schwierigen Satzbau vielfach geradezu gesucht. Auch hatte er das Bedürfnis nach peinlichster und gewissenhaftester Genauigkeit in der Darstellung seines Selbstverständnisses.

Der eigenartige Satzbau ließ eine den deutschen Schulregeln gemäße Interpunktion noch weniger zu als in andern Schriften, da die musikalische und dialektische Gliederung der Sätze nicht verwischt werden durfte. Kierkegaards Interpunktion folgt dem romantischen Typus und beruht auf in sich folgerichtigen aber sehr eigenwilligen Grundsätzen.

+1 Ursprünglich hatte Kierkegaard folgendes Motto geplant: „Mag für die Lilie, wenn der Augenblick da ist, da sie aufspringen soll, gleich alles so unglücklich wie möglich scheinen, die gehorsame Lilie versteht in Einfalt nur Eines: daß jetzt der Augenblick ist. S. K.“ Vgl. die ausführlichere Fassung S. V. XI 30.

+2 Ursprünglich, vgl. Papirer X 5 B 191, hat Kierkegaard „die Rechenschaft“ auf den 5. Mai 1849, d. h. auf seinen Geburtstag, datieren wollen. In dem stattdessen gewählten Monat März 1849 ist Kierkegaard mit der Ausarbeitung der „drei frommen Reden über die Lilie auf dem Felde und den Vogel unter dem Himmel“ beschäftigt gewesen, aus denen das ursprünglich geplante Motto stammt. Im gleichen Monat findet sich (Papirer X1 A 235) folgende Tagebuchaufzeichnung, die zur Abfassung der „Rechenschaft“ eine innere Beziehung hat: „das ‚Zeugnis‘ ist doch die

Form der Mitteilung, die am wahrsten mitten zwischen unmittelbare und mittelbare Mitteilung trifft. Das Zeugnis ist unmittelbare Mitteilung, macht indes die Mitlebenden nicht zur Instanz. Indem nämlich die ‚Mitteilung' des Zeugen sich an die Mitlebenden wendet, wendet der ‚Zeuge' sich zu Gott und macht ihn zur Instanz." „Die Rechenschaft" ist ursprünglich, wovon einige der folgenden Anmerkungen Proben geben, mit Bemerkungen über das eigne persönliche Schicksal so stark durchsetzt gewesen, daß sie wohl ein Zeugnis genannt werden konnte. Die in den Druck gegebene Redaktion hat das Meiste davon gestrichen.

+[8] Diese kurze Hindeutung auf die Mißhandlung durch das Witzblatt „Der Corsar" seit Anfang 1846 ist nur ein Rest des in der vorläufigen Ausarbeitung zu einer früheren Fassung der Rechenschaft Hingeworfenen. (Papirer X 5 B 203): „Wenn aber in dem gleichen kleinen Lande der gleiche Schriftsteller, wo er – abscheulich! – sein Talent herabwürdigen sollte um Pöbelei, Verhöhnung, Klatsch zu schreiben, z. B. – ja, es ist mehr als verrückt – z. B. über sich selbst und seinen eignen Namen, wenn er dann in einem halben Tage ebenso viel verdienen kann als er in Eigenschaft als wesentlicher Schriftsteller mit fortgesetztem außerordentlichem Fleiß in einem halben Jahr verdienen kann: was beweist dann dies Verhältnis? Dann beweist dies Verhältnis (welches zugleich beweist, daß hinsichtlich Neid, Nachrede usw. die Maßstäbe in diesem kleinen Lande ganz außerordentlich groß sind, und daher, da das Land ja klein ist, weit weit größer als in dem größten Lande), beweist dies Verhältnis, daß doch Geldes genug in diesem kleinen Lande ist. Und daß da in diesem kleinen Lande Geldes genug ist um – Klatsch, Bubenstreiche, Niederträchtigkeit zu honorieren, das beweist, daß dies kleine Land hinsichtlich des Inneren sich in einer Art Auflösungszustand befindet. – Vielleicht dürfte es doch recht und dienlich sein, daß dies einmal ganz gerade heraus und einfältig gesagt wird. Laß mich denn zu dem Verbrechen, das ich begangen habe (und daß es ein Verbrechen sein muß, schließe ich aus der Behandlung, die ich, zum mindesten von einer Seite her, erfahren habe), laß mich zu dem Verbrechen, daß ich Schriftsteller gewesen bin und es zu sein ausgehalten habe auf die Bedingung, unter der ich es gewesen bin, noch, und zwar wiederholt, das Verbrechen fügen, die Wahrheit zu sagen über die Beschaffenheit der literarischen Verhältnisse in Dänemark. Ich getröste mich vor Gott hiermit meiner Verantwortung ledig geworden zu sein, und bewiesen zu haben, daß ich mein Geburtsland liebe; wahrlich, es haben in dem letzt verflossenen Jahre [1848] verschiedene sich eine große Verantwortung zugezogen – mit Schweigen. Mag wohl wirklich jemand, wenn er sich einen Augenblick die Zeit nimmt, die Sache ruhig zu überdenken, annehmen, daß der „Magister der Ironie", vor allem ein Schriftsteller, der trotz einem sich von endlichem Geschwätz rein gehalten hat, daß er falsch gesehen haben sollte, und das gerade an diesem Punkte, der so durchaus innerhalb seiner Zuständigkeit lag, oder ob es nicht vielmehr richtiger ist, daß er, wenn er auch nicht der Einzige war, der recht sah, doch der Einzige war, der in dem Maße recht sah, daß es ihn bewog, da zu handeln, wo alle die andern – furchtsam die Flucht ergriffen und um ihre Furcht zu verhüllen, sagten: das hat nichts zu sagen, da, wo das Böse lag."

+[4] Ein früher Entwurf der „Rechenschaft" (Papirer X5 B 201) hat hier folgenden Nachtrag: „Denn daß ich weiß, was zu sagen ich religiös für meine Pflicht halte – denn wenn Anmaßung Gott widerwärtig ist, so doch ebenso sehr lügenhafte Bescheidenheit, die unfromm die Menschen fürchtet –, daß ich als Schriftsteller meinen Platz in der Geschichte finden werde, und auch weiß welchen, diese Befriedigung könnte mich ja doch nicht undankbar machen für die Teilnahme der Mitlebenden an mir, wohl aber könnte sie, falls es not täte, mich gleichgiltig gemacht haben gegen die Undankbarkeit der Mitlebenden." Der nach dem Trennungsstrich dann beginnende neue Abschnitt hatte ursprünglich eine persönliche Einleitung, die ich zunächst nach der Fassung Papirer X5 B 191 wiedergebe: „Als ich, mit religiöser Entschlossenheit, als Schriftsteller begann, war es mein Gedanke, dies nicht für viele Jahre sein zu wollen, sondern für die wenigen Jahre, die dazu angesetzt wurden, [aber] es mit Leib und Seele zu sein, Nacht und Tag, „nur Eines wollend", und vermöge des Verhältnisses zu diesem Einen allem andern den Abschied gebend und entsagend. Was mich solchermaßen bestimmte, ist Folgendes. Nach meinem Begriff war und ist das Schriftsteller Sein zu betrachten als eine Art außerordentlicher Existenz, daher im Stile so frei wie möglich zu halten von jeglicher alltäglicheren Bestimmung der Endlichkeit; es müsse, meinte ich, die Blüte aus dem Leben sein, das einer hat – ich bin nun Schriftsteller gewesen die sieben Jahre, welche auch gewöhnlich für die reichesten gehalten werden: vom achtundzwanzigsten bis zum fünfunddreißigsten. Dies nach der einen Seite; nach der andern Seite war es von Anbeginn an mein Wunsch, was ich mir ja doch beständig als die endliche Bestimmung meines Lebens gedacht habe: dermaleinst in die bescheidene Stellung eines Dorfpastors zu treten. – – Diese zwei Gedanken sind das Gesetz für die Geschwindigkeit, mit der ich als Schriftsteller gearbeitet habe; man könnte sagen, daß auf den zweiten dieser beiden Gedanken das gesamte schriftstellerische Werk in seiner Ganzheit betrachtet wie berechnet sei, wenn das schriftstellerische Werk und meine Persönlichkeit irgend ein endliches Verhältnis zu einander hätten, statt daß meine endliche Persönlichkeit für das schriftstellerische Werk das unendlich Gleichgiltige ist." Eine andre Fassung dieser Einleitung (X5 B 201) gibt von der Stelle an, die „nach der andern Seite" beginnt, folgende ausführlicheren Mitteilungen: „Zum andern sah ich von Anfang an voraus, daß meine Vermögensumstände, selbst wenn der Geist es zuließe, es mir nicht gestatten würden eine solche Existenz mein ganzes Leben hindurch fortzusetzen, zum Dritten ist in meiner Seele von frühester Zeit an eine ursprüngliche Bewunderung gewesen für die Kunst, welche im Verhältnis zu der Tätigkeit welche ausgeübt wird, es sei welche es wolle, stets ebenso großartig ist wie die Tätigkeit, für die Kunst: abbrechen zu können. Und endlich ist es gleich von Anfang an so wie es unverändert auch jetzt noch ist, mein Wunsch gewesen" usw. fast wörtlich wie oben.

+[5] Das „nur eines wollen" ist das Thema der sogenannten langen Beichtrede über die Reinheit des Herzens, der „Eine Gelegenheitsrede" überschriebenen ersten Abteilung der „Erbaulichen Reden in verschiedenem Geist" 1847, vgl. S. V. VIII 133. In der älteren Fassung der „Rechenschaft" X5 B 191 hat Kierkegaard an dieser Stelle hinter dem Wort „Schriftsteller" noch die Worte: „in Reinheit des Herzens." In der gleichen Fassung steht kurz vorher hinter dem Satze, daß die Bewegung der Schriftstellerei in einem einzigen Atemzuge beschrieben worden sei, noch Folgendes: „Ich war, als ich mit „Entweder – Oder" begann, ebenso tief vom Religiösen ergriffen wie jetzt am Ende, nur daß die Arbeit für mich doch auch gleich einer abermaligen Erziehung gewesen ist, und nur daß ich mehr entwickelt worden bin."

[6] hineintäuschen: dän. bedrage ind. Wer will, kann das Wort täuschen überall, wo es in der deutschen Übersetzung der Schriften über die schriftstellerische Wirksamkeit vorkommt, durch das Wort betrügen ersetzen.

[7] Maieutische: d. h. die sokratische Kunst, in andern Gedanken zu entbinden. Die ganze Anmerkung, ebenso wie die drei weiter im Text folgenden, ist eine ziemlich späte nachträgliche Hinzufügung.

[8] Ziel und Ende: bei Kierkegaard *τελος*.

[9] Fragmal: dän. Problemet; schlechthin: bei Kierkegaard *κατ' εξοχην*. – Zur Sache vgl. „Abschließende Nachschrift" (von Joh. Climacus) S. V. VII 45 ff. und öfter.

+[10] Wortlaut der früheren Fassung X5 B 191 von hier bis zum Schluß des Satzes: „daß längst vom Ästhetischen Abschied genommen war."

[11] Merkwürdigkeit: dän. Curiositet.

+[12] Die älteren Fassungen hatten hier noch eine abschließende Bemerkung, vgl. z. B. X5 B 191: „Mithin, die Aufgabe des gesamten schriftstellerischen Werks ist gewesen: hinkommen zum Einfältigen, einfältig werden, Vereinfältigung (Eenfoldiggjørelse). Es wäre daher eine Folgerichtigkeit meines persönlichen Lebens, wenn ich, der Verfasser, jetzt Dorfpfarrer würde." Dieser Satz wurde dann ziemlich früh verklausuliert und fiel in den späteren Fassungen.

[13] Vgl. S. V. III 11. Das Vorwort schildert, wie das bescheidene kleine Buch auf einsamen Wegen dahinwanderte und „endlich traf jenen Einzelnen, den ich mit Freude und Dankbarkeit meinen Leser nenne, jenen Einzelnen, den es [das kleine Buch] sucht, nach dem es gleichsam seine Arme ausstreckt, jenen Einzelnen, der freundwillig genug ist, sich finden zu lassen, freundwillig genug, es entgegenzunehmen ..."

[14] Unter dem Namen des Frater Taciturnus, des pseudonymen Herausgebers und Beurteilers der „Leidensgeschichte" (Stadien auf dem Lebensweg III. Teil) ließ Kierkegaard am 27. 12. 1845 in „Faedrelandet" einen Artikel erscheinen, in welchem er den ihm damals freundlich gesonnenen gesinnungslosen Literaten P. L. Møller angriff und unter Hindeutung auf Møllers bekannte aber nicht publike Mitarbeit an dem üblen Witzblatt

„Der Corsar" den Wunsch aussprach, „in den Corsaren zu kommen". Die Ablieferung der „Abschließenden Nachschrift" an die Druckerei geschah am 30. Dez. 1845. Am 10. Januar 1846, wieder in „Faedrelandet", gab Frater Taciturnus (Kierkegaard) eine zweite Erklärung, mit der er den ersten Anpöbelungen gegenüber die Unveränderlichkeit seiner Haltung und Gesinnung kund machte.

+15 An dieser Stelle hat Kierkegaard auf vielfältige Weise mit der Versuchung gekämpft, ausführlicher zu werden. Der Kampf geht bis in die dem Druck zugrunde liegende „allerletzte Redaktion" der Rechenschaft (X5 B 289) hinein. Das Ergebnis ist, daß der Text sehr knapp wurde und die Anmerkung, die wir jetzt an dieser Stelle lesen, an die Stelle des Fortgelassenen trat. Ich gebe Proben des Unterdrückten (X5 B 195–199). „Es ist mir daher seinerzeit eine Befriedigung gewesen, daß das [die Abstoßung des Publikums] glückte, daß ich, von jenem Augenblicke an, sicherlich durchaus frei von lesendem „Publikum" gewesen bin . . . daß von jenem Augenblick an das Publikum mich durchaus in Ruhe gelassen hat – den Schriftsteller meine ich, und wenn auch eben nicht den besseren Teil meiner Persönlichkeit gewählt hat, sondern das von ihr, was sich ja auch in ganz andrer Weise dazu eignet, Gegenstand zu sein für das allerlebhafteste Interesse des großen hochverehrten gebildeten Publikums und für seine geschmackvolle Kritik und Beurteilung: meine leibliche Gestalt und meine im übrigen armselige Kleidung, einen Gegenstand, der doch meinen Schneider mehr angeht als mich . . ." „Ich glaube, das [die Abstoßung des Publikums] ist geglückt, und so ist es ja das Gleichgiltige, was sonst noch geschehen; wie sollte man auch nicht gleichgiltig sein gegen das, was sonst noch geschieht, wenn das glückt, das einem nicht das Gleichgiltige ist sondern das unendlich Wichtige. Und wie gesagt, ich glaube, es ist mir geglückt, sowohl des Publikums quitt zu werden, dazu es offenbar zu machen, wofür doch eigentlich das Publikum sich interessiert, als auch „die Einzelnen" recht zu fassen zu bekommen."

+16 Was auf das Wort Verfasser in der Anmerkung noch folgt, ist endgiltig erst bei der Erstkorrektur eingefügt worden. Kierkegaard bezieht sich hier auf S. V. VIII 72 ff., seine großartige Weissagung (die erste dieser Art im gesamten europäischen Bereich), daß ein Zeitalter der Nivellierung aller Unterschiede und Besonderheiten über die Menschheit heraufzuziehen im Begriffe sei und eine völlig neue geistige und religiöse Lage schaffen werde.

+17 Noch in der letzten Reinschrift war hier folgende Erläuterung geplant und wurde nachträglich gestrichen. (X5 B 289, 13): „Und vorzüglich in unsrer Zeit mußte und muß dies ethisch und existentiell so entscheidend wie möglich eingeschärft werden; vorzüglich in unsrer Zeit, deren eigentümliches Böse und deren besondere Demoralisierung eben ist, in metaphysischer oder ethischer Ausschweifung abschaffen zu wollen, was die Grundfeste ist aller Sittlichkeit, Erbauung, Religiosität, nämlich „den Einzelnen", und an die Stelle das Geschlecht, das eine oder andere Abstraktum, phantastische Bestimmungen der Gesellschaft u. dgl. zu setzen, was die Weltumwälzung von 1848 lediglich noch etwas deutlicher und offenbarer gemacht hat, sodaß es nun bereits ziemlich leicht zu sehen ist, daß „der Einzelne" der Gesichtspunkt (point de vue) der Zukunft in Richtung auf Rettung ist, ebensowie auch der Einzelne der Durchgang ist, durch den die „Christenheit" hindurch muß, dieser alle christlichen Begriffe verkehrt widerspiegelnde Sinnentrug, welcher, wo er vollständig revidiert und aufgehoben werden sollte, die Aufgabe setzen würde: das Christentum in die Christenheit einzuführen."

+[18] Die Anmerkung über die Gemeinde ist nur Rest einer ursprünglich weit ausführlicheren Darlegung über die Gemeinde. Vgl. z. B. X 5 B 289, 14: „Der Einzelne" muß ethisch entscheidend als Zwischenbestimmung dazwischengetreten sein, um Sicherheit dagegen zu schaffen, daß „Gemeinde" nicht eitel genommen werde als eindeutig mit Publikum, Menge und dgl., während doch die bekannte Aussage in Erinnerung gebracht werden muß, daß es nicht das Verhältnis des Einzelnen zur Gemeinde ist, das sein Verhältnis zu Gott bestimmt, sondern sein Verhältnis zu Gott, das sein Verhältnis zur Gemeinde bestimmt. So gibt es endlich, um doch auch dies mitzunehmen, ein allerhöchstes Verhältnis, in dem der Einzelne unbedingt höher ist als „Gemeinde", der Einzelne schlechthin, der Gott-Mensch; der Richter im Alten Testamente, der Apostel im Neuen Testament, wenn diese auch gottesfürchtig anerkennen, ihre göttliche Vollmacht zu haben um der „Gemeinde" zu dienen. Aber religiös gibt es (im Gegensatz zu „Publikum", „Menge" und dgl., was politisch seine Giltigkeit haben mag) nur Einzelne. Und christlich religiös gibt es noch weniger „Menge", „Publikum" und dgl. (was im Heidentum und Weltlichkeit Giltigkeit gehabt hat, hat und haben mag); denn die „Möglichkeit des Ärgernisses", welche christlich in Beziehung auf das Christ Werden die Zwischenbestimmung ist, macht die Menschen unbedingt zuerst qualitativ zu Einzelnen, wodurch gesichert wird dieser Begriff der christlichen Gemeinde als ein von „Publikum", „Menge" und dgl. qualitativ Verschiedenes, indessen natürlich unbedingt ein jeder Mensch der Einzelne sein kann." Die „bekannte Aussage" über das Verhältnis von Gemeinde und Einzelnem, die Kierkegaard zu Anfang in Erinnerung bringt, ist eine leicht verallgemeinernde Fassung von Schleiermachers Bestimmung des Protestantischen in seinem Gegensatz zum Römisch-Katholischen, vgl. F. Schleiermacher, Der christliche Glaube, 2. Aufl. § 24.

+[19] Wieder gestrichener Entwurf zu einem Zusatz im Texte an dieser Stelle (X 5 B 247): „— — Dies über „den Einzelnen!" Ja, es war dies über den Einzelnen, was zu seiner Zeit von Systematikern, Politikern, Journalisten, vom Publikum, von Krethi und Plethi vernommen wurde wie eine törichte Übertreibung, mit welcher ich mich wohl sogar lächerlich gemacht hätte — bis dann das Jahr 48 zeigte, daß es Wahrheit war; wahrlich ein armer einsamer Denker kann unmöglich mehr Beihilfe vom Dasein verlangen. Auch kann ein Schriftsteller, der es im Jahre 46 auf sich nimmt, die Zukunft zu zeichnen, und das so wie ich es in der „Literarischen Anzeige" [vgl. hier Anm. 16] tat, — unmöglich kann er mehr verlangen als 48. Und endlich, es kann, um der Erinnerung willen, einen Denker beschäftigen, seine ganze gedankliche Wirksamkeit in einem einzigen Gedanken zu sammeln und gesammelt zu haben: mir ward dies vergönnt; meine gesamte gedankliche Wirksamkeit als Schriftsteller ist gesammelt in diesem einen Gedanken: der Einzelne, der Kategorie, die sich erweisen wird als der Gesichtspunkt (point de vue) der Zukunft, der Kategorie, deren Bedeutung (politisch, ethisch, religiös) die Zukunft mehr und mehr offenbar machen wird." Der Zusatz unterblieb, um eine Dublette zu der angehängten kleinen Schrift über die Position als Schriftsteller zu vermeiden.

+[20] Was von hier ab bis zum Schluß der „Rechenschaft" folgt, ist ein nach langem Tasten gefundener kurzer Ersatz für abschließende und rückblickende Äußerungen weit persönlicheren Gepräges, die wegen ihres Umfanges und Gewichtes den Rahmen einer Anmerkung sprengen. Sie sind in der ersten Anlage am Schluß dieser Abteilung abgedruckt. – Von hier ab bis zum Schluß der „Rechenschaft" zeigt der Urdruck größere Lettern als die bis hierher gebrauchten.

[21] verschuldet haben mag: ursprünglich hieß es: verschuldet habe.

[22] Weltlenkung: dän. Styrelse, d. h. Lenkung, Regierung, das von Kierkegaard regelmäßig gebrauchte Wort für „Vorsehung". Die Übersetzung „Weltlenkung" ist ein Notbehelf.

+[23] Die dem Druck zugrunde liegende letzte Reinschrift hat hier noch einen dann wieder gestrichenen Schlußsatz mehr (X 5 289, 21): „Nein, in dieser Hinsicht habe ich sicherlich noch viel unerledigt, indessen ich vielleicht fertig bin als Schriftsteller." (Geschrieben nach der Veröffentlichung der „Einübung im Christentum".)

+[24] Dies „Beiblatt" ist entworfen als „Beiblatt zur Einübung im Christentum", vom Herausgeber (X 5 B 290). Es ist von der vorhergehenden Rechenschaft im Urdruck dadurch abgesetzt, daß die verkürzte Bezeichnung „Ein Beiblatt" als sogenannter Schmutztitel ein Blatt für sich einnimmt und der Text des Folgenden in auffallend kleinem Petit gedruckt ist. Dem Leser wird das Verständnis erleichtert, wenn er vorher das „Vorwort des Herausgebers" der Einübung S. V. XII vor 1 liest und aus den Erläuterungen und Beilagen der 26. Abtl. dieser Ausgabe sich über Sinn und Geschichte dieses Vorworts unterrichtet. Zum Anfang des Beiblattes steht in der „endlichen Ausarbeitung" (X 5 B 291) folgende Anmerkung: „Es sind nur ein paar Worte das Ganze. Und da ich mich der Kürze und Deutlichkeit befleißigt habe, hoffe ich beim Leser Langsamkeit und Bereitwilligkeit zu finden".

[25] letzten Buche: d. i. „Einübung im Christentum".

+[26] Hier hat Kierkegaard folgenden Zusatz gestrichen: „Jedoch ich klage keinen an, urteile keinen, ebensowenig wie ich Partei stifte oder dergleichen. Ich will lediglich, daß der Unendlichkeit Forderungen gehört werden sollen, indem ich alles gleich als mir selber gesagt ansehe . . . und im Übrigen es jedem durchaus überlasse, welchen Gebrauch er von diesen

Darstellungen machen will – in einem Falle jedoch nicht, falls nämlich jemand sie benutzen würde um, anstatt sich selber zu urteilen, andre zu urteilen, daß sie keine wahren Christen seien und dgl.; denn in diesem Falle gedenke ich, wenn anders sich Gelegenheit bietet, für die Angegriffnen Partei zu nehmen, und werde ich verhindert, geschieht es nicht, so ist es gleichwohl das, was ich tun wollte." Stattdessen fügte er dann die beiden folgenden Absätze ein.

27 Vgl. Eph. 4,30.

28 weiter gehe: vgl. das Vorwort des Joh. de Silentio zu „Furcht und Zittern". S. V. III 57.

29 weltlichen: dän. profane.

30 Das bezieht sich auf die Herausforderung P. L. Møllers und des Corsaren, vgl. hier Anm. 14.

31 Vgl. hierzu „Einübung im Christentum" I, S. V. XII 124 f.

+32 An dem hier schließenden Absatz hat Kierkegaard viel herumkorrigiert. Der Gegensatz zwischen ihm und „dem Mann im Amte" (bei dem man weitgehend an den Kirchenmann zu denken hat) reizte seine Feder zu bitteren Bemerkungen, deren Wiedergabe hier nicht lohnt und veranlaßte ihn zu Blicken in die politischen Ereignisse hinein. Der gegenwärtige Text entstand, indem er die Bitterkeiten strich und die Seitenblicke umgestaltete zu dem oben folgenden glänzenden Absatz über 1848. Ich gebe aus den gestrichenen Partien daher nur ein paar inhaltlich bedeutende Sätze: „Was es heißen will: gehorsam gegen Gott, in Furcht und Zittern vor der ewigen Verantwortung anordnen, regieren, Lehrer sein, das ist mehr oder minder vergessen, und stattdessen ist da mehr und mehr regiert worden in Menschenfurcht und weltlicher Klugheit. Soll es wieder zu etwas kommen, so tut man am besten ein Zugeständnis zu machen. „Ein Zugeständnis", höre ich da jemand sagen, „sollen der Opposition etwa noch mehr Zugeständnisse gemacht werden, etwa noch mehr abgemarktet werden vom Regiment". Nein, nein, das Zugeständnis wird zu machen sein in Richtung auf Gott und das Christentum, daß man nämlich unzulässig abgemarktet habe. Es ist mehr oder minder vergessen, daß alles Regiment, besonders denn auf kirchlichem Gebiete, von Gott ist, (Röm. 13,1) daß regieren heißt, Gott gehorsam sein und nicht so ganz und gar ohne weiteres damit gleichzusetzen ist, ein Mann im Amte zu sein, und als solcher vielleicht bald, wenn man seinen Schnitt machen kann, despotisch zu werden, bald, wenn der Wind umschlägt, zu feilschen, und abzudingen und geschickt zu spielen – das ist mehr oder weniger vergessen."

+33 Eine gestrichene Stelle bemerkt, daß die durch 1848 unbrauchbar gewordene alte weltlich kluge Regierungskunst trotz ihren Mängeln dennoch „in jedem Falle unbedingt vorzuziehen ist den Regierungskünsten, die sich auf Abstimmungen und Abzählen an den Knöpfen gründen".

34 Die zweite Auflage von Entweder – Oder ist am 14. Mai 1849 im Kopenhagener Buchhandel erschienen. Laut Tagebuchaufzeichnung IX A 293 ist der „Gesichtspunkt" im November 1848 so gut wie fertig gewor-

den. Die Einleitung gehört aber wohl zum Teil der Druckbearbeitung von Jan./Febr. 1849 an.

[35] Pred. Sal. 3, 7 f.

[36] Kierkegaard hat die Schriften des Jahres 1848 (vor allem „Krankheit zum Tode" und „Einübung") als den vollendenden Abschluß seines schriftstellerischen Gesamtwerks angesehen. Diese Stelle hier scheint an Leser zu denken, die den Gesichtspunkt zugleich mit diesen Schriften in die Hand bekommen sollen; vgl. dagegen Anm. 142+.

[37] Anspielung auf die „Abschließende Nachschrift"; vgl. Anm. 9.

[38] Christenheit: Beziehung auf die Polemik der „Einübung im Christentum".

[39] Sokrates: Vgl. Xenophon, Memorabilia IV 8, 5.

[40] Verhältnis: dän. Forhold. Andre mögliche Übersetzung: Verhalten.

[41] Mark. 8,36.

[42] verwirkt: dän. forbrudt. Andre mögliche Übersetzung: verbrochen. In der „Rechenschaft" (XIII 500) sagt Kierkegaard schärfer: „verschuldet" (forskyldt); vgl. auch hier Anm. 21.

[43] Büßers: dän. Poeniterendes.

[44] Amtlichkeit: dän. Officialitet. Kierkegaard grenzt sich hier ab gegen den unmittelbar bevollmächtigten Apostel; vgl. zu der Frage E. Hirsch, Kierkegaardstudien 1933 I 318 ff.

[45] Zwiefältigkeit: dän. Duplicitet, ein Wort, dessen Sinn bei Kierkegaard aus dem übertragenen Sinne des lateinischen Wortes duplex sich herleitet.

[46] Vgl. Anm. 9.

[47] Ich habe hier und im Folgenden Kierkegaards Zitierung nach den Urdrucken stehen lassen. Der hier gemeinte Abschnitt steht S. V. VII 212–256 („Blick auf eine gleichzeitige Bestrebung in der dänischen Literatur").

[48] S. V. VIII 3–108; vgl. Anm. 16.

[49] verfälsche: dän. altererer.

[50] einleuchtend: dän. evident.

[51] Irreführung: dän. Mystification.

[52] zielgerichtete: dän. teleologisk.

[53] Springkraft: dän. Elasticitet.

+[54] An dieser Stelle ist eine Lücke anzusetzen. Der Hinweis auf das Vorhandensein von bloß ein paar Diapsalmata beim Anfangen mit „Entweder – Oder" schwebt in der Luft; ebenso ist der Hinweis auf die rasend schnelle Entstehung von „Entweder – Oder" im Zusammenhang unbegründet. Auch erwartet man gerade nach dem Vorhergehenden eine persönlicher gefärbte Erklärung über das Motiv der Schriftstellerei. Die Lücke läßt sich zum Teil ausfüllen. Es hat hier ursprünglich mindestens soviel gestanden, als hier in Anm. 4 als der später unterdrückte persönliche Einsatz der „Rechenschaft“ nach der Fassung Papirer X 5 B 191 (vgl. auch X 5 B 201) mitgeteilt ist. („Als ich mit religiöser Entschlossenheit als Schriftsteller begann . . .“ usw.) Doch wird die folgende Darlegung Kierkegaards noch verständlicher, wenn man außerdem einen Hinweis auf eine vor dem religiösen Entschluß zur Schriftstellerei liegende persönliche Krise ansetzt.

55 Ergießung: dän. Udtømmelse, d. h. wörtlich Ausleerung. Ich habe das Wort gemäß der goethisch-romantischen Theorie von der Ergießung der dichterischen Subjektivität in der dichterischen Produktion verstanden und übersetzt.

55a Victor Eremita ist der Name des pseudonymen Herausgebers von Entweder – Oder und in der Tat ursprünglich, wie es auch die Äußerung hier andeutet, verhüllte Selbstbezeichnung, im Anschluß an eine Figur in einem Romane Eichendorffs. Vgl. E. Hirsch, Kierkegaardstudien, 1933. Band 1, S. 431–441.

56 zu alt: Wie es in „Furcht und Zittern“ S. V. III 75 durch eine Rune angedeutet ist: 130 Jahre alt.

57 Vgl. Anm. 13 für dies Vorwort. – Der Hinweis auf den verstorbenen Vater und den eigenen Geburtstag würde dem Leser mehr sagen, wenn das Vorhergehende eine Andeutung der Krise enthalten hätte, die der Hinwendung zum Religiösen vorausging.

58 S. V. IV 73 (Von Kierkegaard verkürzt zitiert).

59 Vgl. Anm. 13. Die innerliche Bedeutung jenes Vorworts, die Kierkegaard gleich erwähnt, liegt in der Beziehung auf Regine, von der er gewünscht hat, sie möchte der Einzelne werden, der des Buches rechter Leser ist.

60 Kts. ist die Signatur von Bischof Mynster. Kierkegaard bezieht sich auf den Artikel „Kirkelig Polemik“ in Heibergs Intelligentsblade IV (Nr. 41–42). Auch Johannes Climacus bezieht sich auf die Sache; S. V. VII 221 (Mitteilungen der dänischen Ausgabe).

61 Vgl. S. V. VII 537.

62 in Wahrheit der Lernende sein: d. h. sich gleichsam in den Lernenden verwandeln und als gleichsam er den Weg zur Einsicht noch einmal gehen.

63 Partei: Die dänische Ausgabe nimmt an, daß Kierkegaard dies mit Sicht auf die Grundtvigianer sage, und verweist dieserhalb auf S. V. VII 531 f. und eine Tagebuchaufzeichnung von 1848, VIII 1 A 591. Man könnte aber auch an den Kreis um Rudelbach denken.

64 eben damit: dän. eo ipso.

65 Mittel der Verständigung: dän. Communications-Middel.

66 Außer der „Abschließenden Nachschrift“ muß Kierkegaard hier auch die Anticlimacus-Schriften im Auge haben.

67 sokratische Methode: Dieser Seitenhieb Kierkegaards auf die aufgeklärte Religionspädagogik steht in eigenartigem Kontrast dazu, daß

er in der gleich folgenden letzten fast feierlichen Erklärung über seine Stellung zu Sokrates diesem, unter stillschweigendem Anschluß an die zwinglische und aufgeklärte Lehre von der Seligkeit der großen Heiden, die ewige Seligkeit zugesteht.

68 Vgl. Anm. 9.

69 W e r d e n, w a s m a n i s t: Diese dann bei Nietzsche so häufige Formel stammt ursprünglich aus der goethisch-romantischen Anschauung vom Wesen der sittlichen Persönlichkeit.

70 Vgl. 2. Thessal. 2,7.

71 W e l t b e t r o g e n w e r d e n w i l l: bei Kierkegaard lat. mundus vult decipi.

72 d i e „T ä u s c h e n d e n": Kierkegaard setzt dies Wort in Anführungsstriche, weil er mit ihm an den Vorwurf des platonischen Sokrates wider die Sophisten erinnern will. Ebenso spielt das Bild des in umgekehrter Richtung täuschenden „Wahrheitszeugen" leicht auf die Gestalt des Sokrates an.

73 v i e h i s c h - r o h e: dän. bestialske.

74 Wahrscheinlich Anspielung auf einen Gesangbuchvers oder dgl.; näherer Nachweis nicht gelungen.

75 Vgl. Röm. 8,16.

76 mit der Tat: dän. executivt.

77 Der Schriftleiter des Blattes „Faedrelandet", welches Kierkegaard für seine Artikel zu benutzen pflegte.

78 Faedrelandet, 12. VI. 1842 (Nr. 904), abgedruckt S. V. XIII 397–406.

79 V e r l ä ß l i c h k e i t: dän. Positivitet.

+80 Tagebuchaufzeichnungen aus der Zeit während und kurz nach der Abfassung des „Gesichtspunktes" notieren die Erinnerung, schon in frühster Jugend darüber belehrt worden zu sein, daß man auf Christus g e s p i e n habe, und davon einen unverlöschlichen, das ganze Lebensgefühl bestimmenden Eindruck empfangen zu haben; vgl. IX A 288 (etwa Okt. 1848) und X 1 A 272 (April 1849). – Die gleich folgende Stelle aus Entweder – Oder: S. V. II 184.

81 Vgl. zum Folgenden Anm. 14. – Luno ist der Drucker Kierkegaards gewesen. – Der gleich erwähnte „geringfügige Umstand" ist die kritische Bezugnahme des Literaten P. L. Møller in der „Gaea" auf Kierkegaards „Stadien auf dem Lebensweg" im Vergleich mit dem sehr gelobten „Tagebuch des Verführers" samt einem freundlichen Briefe P. L. Møllers an Kierkegaard mit der Bitte um Mitarbeit. – Der „Krieg" ist der für die Dänen wenig günstige Feldzug von 1848 gegen die Elbherzogtümer.

82 W i l d p a r k: dän. Dyrehaugen, bisher meist mit „Tiergarten" übersetzt, der selten große und schöne königliche Wildpark bei Kopenhagen, beliebter Ausflugsort.

[83] Strohmanns-Redaktion: dän. Sjouer-Redaktion. Schriftleiter und Mitarbeiter des „Corsaren“, darunter P. L. Møller, versteckten sich aus presserechtlichen Gründen hinter vorgeschobenen Scheinredakteuren, deren einer im Corsaren selber zynisch-offen mit dem schwer übersetzbaren Spottwort Sjouer (etwa Bofke, Kuli, Eckensteher) bezeichnet worden ist; vgl. die Mitteilung der dänischen Ausgabe.

[84] eben damit: bei Kierkegaard: eo ipso.

[85] um seiner selbst willen: bei Kierkegaard griechisch *ἑαυτοῦ ἕνεκα*. Der Satz steht bei Aristoteles Rhetor. III 18 Ende und lautet vollständig auf deutsch: „Die Ironie ist etwas Edleres als das Possenreißen. Denn jener vollbringt das Lächerliche um seiner selbst willen, der Possenreißer aber um eines andern willen.“

[86] gut Freund: bei Kierkegaard in bona caritate.

[87] Gemeint ist Meir Aaron Goldschmidt, 1840–47 tatsächlicher Schriftleiter des Corsaren.

[88] Jes. 3,4.

[89] Kleinstadt: dän. Kjøbstad. Der sprachlichen Wurzel nach Kaufstadt, „Markt“. Das bei Kierkegaard öfter sich findende Wortspiel Kjøbenhavn Kjøbstad ist unübersetzbar.

[90] Kierkegaard hat seinen Magister (heute: Doktor der philosophischen Fakultät) 1841 mit einer Arbeit „Über den Begriff der Ironie mit besonderer Rücksicht auf Sokrates“ gemacht.

[91] jenen Römer: Marcus Curtius, der nach der Sage sich mit Roß und Rüstung in den Abgrund auf dem römischen Forum stürzte und damit Rom rettete; vgl. Livius VII 6.

[92] eben damit: bei Kierkegaard eo ipso.

[93] Kierkegaards Vorstellung von den wahren religiösen Lehrern als den in der Christenheit Verfolgten erinnert stark an die Ansicht Gottfried Arnolds in der „Kirchen- und Ketzerhistorie“ und verrät somit auch, daß er durch einen Pietisten erzogen worden ist.

[94] Der „Krieg“ ist der Feldzug von 1848. Die Anführungsstriche stammen von Kierkegaard.

[95] So nennt bei Plato Phaedrus den Sokrates Phaedrus V (230 C).

[96] Am 6. März 1848 hat Kierkegaard das Manuskript zu seinen „Christlichen Reden“ (S. V. X 1–317) in die Druckerei eingeliefert. Am 26. April 1848 sind sie im Kopenhagener Buchhandel erschienen.

[97] Erscheinung: dies Wort auch bei Kierkegaard deutsch.

+[98] Es ist zu vermuten, daß der Unterschied zwischen dem ursprünglichen „Gesichtspunkt“ und dem „Gesichtspunkt“, der uns vorliegt, in diesem Kapitel über den Anteil der Weltlenkung besonders erheblich ist. Die ziemlich lose aneinander geschobenen Abschnitte des Kapitels sind wahrscheinlich aus einem etwas umfassenderen Zusammenhang herausgelöst.

99 Liebesgeschichte: Das Dänische hat zwei Worte für Liebe, deren eines die Liebe zwischen Mann und Weib, und deren andres die Liebe in allgemeinerem, vor allem auch ethischem und religiösem Sinne bezeichnet. Kierkegaard gebraucht selbstverständlich das zweite Wort, sodaß der Ausdruck im Original ein wenig verhaltener klingt als in der Übersetzung.

100 Einer; Einem; der Geliebte usw.: im Dänischen sämtlich sowohl männlich wie weiblich auffaßbar.

+101 der Verfasser als Verfasser: So lautet der uns allein verfügbare gedruckte Text. Es liegt klar ein Lesefehler oder Druckfehler vor. Kierkegaard muß geschrieben haben: der Verfasser als Mensch.

102 erweckliche Sinnspruch: dän. Opvaekkelsens Epigramm.

+103 Eben: Ich habe die Zeichensetzung geändert. Im gedruckten dänischen Text ist „eben" usw. nur durch ein Komma vom Vorhergehenden getrennt, also dem Warum-Satz falsch untergeordnet.

104 Bruch: nämlich Bruch im mathematischen Sinne.

105 Shakespeare, Richard III., 5. Akt, 4. Szene.

106 den „Ausdruck": Vgl. „Furcht und Zittern" S. V. III 111.

107 Märchengarten: Aller Wahrscheinlichkeit nach hat Kierkegaard an den von ihm sehr geliebten „Aladdin" Oehlenschlägers gedacht.

108 1. Sam. 15,22.

109 federnden Kraft: dän. Elasticitet.

110 Pfahl im Fleisch: 2. Kor. 12,7. Der Ausdruck ist bei Kierkegaard stehend für das dunkle qualvolle Geheimnis in seiner leib-seelischen Struktur, aus dem ihm alle Widersprüchlichkeit, Verzweiflung und Anfechtung seines Lebens erwachsen ist; vgl. die Rede von 1844 über den Pfahl im Fleisch S. V. V 106 ff.

111 Es ist zweckmäßig, zu diesem Satze eine Erläuterung zu geben. Kierkegaard war sich vgl. die Tagebuchaufzeichnung von April 1849, X 1 A 266, abgedruckt hier in den Anlagen – dessen scharf bewußt, daß er mit „jenem Einzelnen, den ich mit Freude und Dankbarkeit meinen Leser nenne" ursprünglich die verlassene Braut gemeint hatte, und daß ihm die allgemeinere Bedeutung des Begriffs des „Einzelnen" erst allmählich daraus erwachsen ist. In seiner Denk- und Empfindungsweise ausgedrückt: das persönlich Begründete wird in das Ideelle, geistig und religiös Bedeutungsvolle „übernommen". Den so sich knüpfenden Zusammenhang zwischen persönlicher Geschichte und geschichtlicher Leistung und Wirksamkeit sieht er als Werk der all-lenkenden göttlichen Vorsehung an.

112 kategorisch: Das Wort „kategorisch" heißt bei Kierkegaard fast immer „der Kategorie nach", könnte also beinahe durch „begrifflich" ersetzt werden.

113 Ergießung: vgl. Anm. 55.

114 S. V. VII 213.

[115] S. V. VII 212–256.

[116] Constantin Constantius nennt sich einen Beobachter und vergleicht sich dabei mit einem Polizeibeamten, einem Polizeispion (S. V. III 176). Frater Taciturnus nennt sich einen Beobachter und Aufsichtsbeamten (S. V. VI 424). Sogar der Gerichtsrat Wilhelm der „Stadien" vergleicht sich einem (Polizei-)Unterbeamten (S. V. VI 169).

[117] Scham: dän. Undseelse. Wer will, kann auch „Scheu" oder „Schüchternheit" übersetzen.

[118] die gleich große Größe: Die Übersetzung bildet den absichtlich harten dänischen Ausdruck genau nach.

[119] auf wahnsinnige Weise: dän. afsindigt. Die hier von andern versuchte abschwächende Übersetzung „auf unsinnige Weise" verdunkelt das von Kierkegaard Gemeinte.

[120] in Sonderheit: bei Kierkegaard in specie.

[121] erfahren: dän. forsøgt; die Übersetzung „versucht" wäre unangebracht.

[122] Weg der Verdammnis: dän. Fortabelsens Vei; Wendung aus Matth. 7,13, in pietistischen Kreisen üblich und inhaltlich nichts aussagend, auf jede beliebige Gestalt der Lebensführung der Weltkinder anwendbar.

[123] Man beachte, daß das von Kierkegaard gewählte Wort für „Buße" und „Büßer" (Poenitentse, Poeniterende) deutlich die Lebensbuße bezeichnet, welche eine nicht allgemein verpflichtende Scheidung von der Welt sich auferlegt. Der fünfundzwanzigste Geburtstag (5. V. 1838) bezeichnet nach dem Zeugnis der frühen Tagebücher tatsächlich etwa den Rückwendepunkt in Kierkegaards religiöser Jugendkrise (Erlebnis der Gnadenminute; Versöhnung mit dem Vater einige Monate vor dessen Tode; Wiederteilnahme an Beichte und Abendmahl). Der erste Akt der Lebensbuße ist dann der Entschluß gewesen, das theologische Examen zu machen. – Wenn Kierkegaard hier die vorsichtige Formel gebraucht, er habe damals verstanden, daß sein Leben „am richtigsten" zur Poenitenz verwandt werden sollte, so ist der Grund der, daß er sich bewußt ist, in dieser Erkenntnis damals noch nicht unwiderruflich fest gewesen zu sein. Seine Verlobung 1840 ist der Versuch, auf dem Boden der Rückwendung zum persönlichen Leben in Gnade und Glaube ein gewöhnliches menschliches Dasein mit seinem Lebensglück zu erringen, und erst das dramatische Scheitern dieses Versuchs 1841 und das völlige innere Zerbrechen jedes irdischen Hoffens 1843 haben ihn dann zu dem lebenslänglich Poenitierenden gemacht. Hier wie überall im „Gesichtspunkt" erweisen sich Kierkegaards Aussagen für den nachkontrollierenden Forscher als von genauester Wahrhaftigkeit bis in die feinste Abschattung des Ausdrucks hinein.

[124] 9. VIII. 1838.

[125] Jugend: dän. Ungdom; das Wort meint hier die Zeit etwa bis zum fünfundzwanzigsten Lebensjahr.

126 F a k t u m: Kierkegaard spürt in dem Worte Faktum die lateinische Wurzel (facere tun, handeln) durch. Übersetzung des ganzen Satzes in die Sprache Fichtes: „Dem Anfange meiner eigentlichen Wirksamkeit als Schriftsteller voraus liegt eine Tatsache oder richtiger eine Tathandlung; eine Tatsache wäre" usw. Die gemeinte Tathandlung ist die Aufhebung der Verlobung aus religiösen Gründen und mit den Mitteln der Täuschung.

127 Kierkegaard teilt, wie auch einige Entwürfe zur „Rechenschaft" zeigen (Anlage Nr. 1), die romantische Anschauung von der wesentlichen Jugendlichkeit des Dichters und von den Lebensjahren um die Dreißig herum als den für das dichterische Schaffen am besten geeigneten. Auch hier steht er mit den übrigen Romantikern gegen Hegel; vgl. dessen Ästhetik Werke Jubil. Ausg. XIV 273.

128 e r g o s s e n: dän. udtømmes; vgl. Anm. 55.

129 S. V. IV 175 ff. und S. V. VII S. V ff. (die Vorworte zu den beiden Climacus-Schriften).

+130 Dieser Gesichtspunkt ist in den unterdrückten Entwürfen zur „Rechenschaft", die in den Anlagen mitgeteilt werden, durchgeführt.

131 r ü c k g e r i c h t e t e n: dän. inverse.

132 Die andre Seite der Sache, d. h. des Christ Werdens, ist die äußere, das Erleiden von Verfolgung usw. durch die Welt in der Nachfolge des Vorbilds.

133 v o n g e r i n g e r H e r k u n f t: Kierkegaards Eltern stammen aus der ländlichen Unterschicht Jütlands. Der Vater ist als Ladenbursch, der auch die Stiefel putzte, die Mutter als Dienstmädchen nach Kopenhagen gekommen, der soziale Aufstieg des Vaters zu einem recht hablichen und angesehenen Manne ist einer eigentümlichen Mischung von Charakterfestigkeit, Tüchtigkeit und Glück zu verdanken.

+134 Man vermißt in diesem Kapitel über den Anteil der Weltlenkung am schriftstellerischen Werk eine Bezugnahme unmittelbar auf die religiöse Schriftstellerei der letzten zwei, drei Jahre und ebenso einen Ausblick auf das, was die Weltlenkung nunmehr mit Kierkegaard vorhat oder nicht vorhat. Die Frage, ob er im „Gesichtspunkt" ursprünglich an diese Dinge gerührt hatte, ist schwer entscheidbar. Immerhin zeigt die zur Zeit des Abschlusses der ersten Niederschrift des „Gesichtspunktes" aufgezeichnete Tagebuchäußerung über Savonarola IX A 295 (mitgeteilt hier in den Anlagen), daß Kierkegaard über das zweite angegebene Fragmal damals ernstlich nachgedacht hat.

135 Phil. 3,8 (eine im Pietismus für die Abgrenzung gegen das Weltleben besonders häufig angeführte Stelle).

136 Vgl. Anm. 9.

137 v o n s e l b s t: bei Kierkegaard eo ipso.

138 i h n m i t m i r w e i t e r l e b e n z u l a s s e n: dän. at tage ham med mig, d. h. genauer: ihn mit mir mitzuführen (etwa so wie der Sieger einen Gefangenen mit sich führt). – Zu P. L. Møller vgl. Anm. 14. – Trotz

diesen Worten Kierkegaards haben bis heute die Erklärer nicht gefehlt, welche den Schlüssel zu Kierkegaards Geistigkeit angeblich im „Tagebuch des Verführers“ gefunden haben. Sie mögen sich sagen, daß sie für Kierkegaard auch dann, wenn sie ernsthaftere Gewandung zu tragen scheinen, nur eine Spielart des Herrn P. L. Møller wären. Die kleine Abfertigung, auf die Kierkegaard hindeutet, ist der Anm. 14 erwähnte Artikel vom 27. XII. 1845.

139 Kierkegaard meint die Erziehung und Entwicklung durch die Weltlenkung in und bei dem schriftstellerischen Werk.

140 Mit dieser Anmerkung sucht Kierkegaard das Mißverständnis des Haupttextes, als ob erst der Beginn der Schriftstellerei 1841 die Weihe an das Christentum gewesen sei, auszuschließen und der Rückwendung von 1838 als der wahren Weihe an das Christentum das zu geben, was ihr mindestens gebührt.

+141 Da Kierkegaard laut eigener Aussage den „Gesichtspunkt“ ursprünglich lediglich für sich selbst geschrieben und erst nachträglich ihn für den Druck zurechtgemacht hat, so gehört nach dieser Stelle der Epilog zu den nachträglich umgestalteten andres verdrängenden neuen Stücken.

+142 Dieser verschnörkelte Satz will auf die später dann dem Anti-Climacus unterlegten Schriften als in der Rechenschaft des „Gesichtspunktes“ nicht mit umfaßt vorsichtig hindeuten. Er zeugt auf seine Weise von dem Reflexionskampf 1849/50 über der Frage, ob, wieweit und in welcher Folge die schriftstellerische Frucht des Jahres 1848 zu veröffentlichen sei. Er scheint in einem Augenblick geschrieben, wo Kierkegaard den „Gesichtspunkt“ veröffentlichen, aber die Schriften mit dem Angriff auf die Christenheit für die Zeit nach seinem Tode zurückstellen wollte. Ich bin geneigt, ihn auf Februar 1849 zu datieren.

+143 In den Anlagen findet der Leser IX A 298 und IX B 57 die Reste eines anderen älteren Schlusses.

144 die absolute Herrschaft: bei Kierkegaard absolutum dominium.

145 das Ende vom Liede: bei Kierkegaard summa summarum.

146 Kaufstadt: vgl. Anm. 89; um des Folgenden „unbezahlbar“ willen mußte das Wort „Kaufstadt“ gewagt werden.

147 Schleppkleid: dän. Adrienne nach Mitteilung der dänischen Ausgabe Anspielung auf eine Komödie Holbergs, (den ‚politischen Kannegießer‘).

148 Offb. Joh. 2,4 (Kierkegaard braucht hier nicht das erotische, sondern das allgemeine, gern ethisch-religiös verwandte Wort für Liebe).

149 Vgl. Anm. 5.

150 Vgl. das „Vorwort des Herausgebers“ zur „Einübung im Christentum“ S. V. XII, vor S. 1.

+[151] Das Vorwort ist von Kierkegaard hinzugefügt worden, als er den eigentlichen „Gesichtspunkt“ zu Lebzeiten ungedruckt zu lassen sich entschloß, dagegen die Veröffentlichung der Beilage als eigne kleine Schrift ins Auge gefaßt hatte. Die Beilage hatte ursprünglich den Titel: „Drei Noten betreffs meiner Wirksamkeit als Schriftsteller.“ Die dritte dieser drei Noten wurde als Vorwort zu den August 1851 erschienenen „Zwei Reden beim Altargang am Freitag“ verwandt (S. V. XII 267), und die übrigbleibenden „Zwei Noten“ usw. bekamen nun den Obertitel „Der Einzelne“.

[152] Sokrates, der nach Kierkegaard als Urheber der im Folgenden dargestellten „unpraktischen“ Idee des „Einzelnen“ zu gelten hat.

[153] Menschlichkeit, Menschgleichheit: Das dänische Wort für Menschlichkeit Menneskelighed, klingt, wenn man vor den letzten beiden Silben eine Pause macht und nach der Pause mit neuem Hauptton einsetzt, also Menneske-Lighed spricht, wie Menschgleichheit. Das Gleiche gilt von „Verdslighed“, Verds-Lighed (Weltlichkeit, Weltgleichheit). Die beiden schon im Dänischen reichlich künstlichen Wortspiele Kierkegaards sind in der Übersetzung so notdürftig, wie es die deutsche Sprache erlaubt, zur Geltung gebracht worden.

+[154] S. V. VIII 116. Wir haben von 1846 an eine Reihe langsam anwachsender Entwürfe zu jenem Geleitwort: Papirer VII 1 A 176; VIII 1 A 656; IX B 63 und dann zahlreiche Einzelbemerkungen und Einzelverbesserungen X 5 B 167 ff. Die Arbeit hat sich im Ganzen von 1846–1850 erstreckt. Zum Vergleich gebe ich hier, einige kleine Wiederholungen in den Kauf nehmend, den vollständigen Text der Anfangsfassung VII 1 A 176: „Der Widmung an ‚jenen Einzelnen‘“ in der Gelegenheitsrede [1. Abt. der „Erbaulichen Reden in verschiedenem Geist“] hatte eigentlich folgendes Schreiben beigefügt werden sollen: Lieber! Nimm diese Zueignung entgegen; sie wird gleichsam blindlings gegeben, darum aber auch von jedem Zwecke ungestört, mit Aufrichtigkeit! Wer du bist, weiß ich nicht; wo du bist, weiß ich nicht; welches dein Name ist, weiß ich nicht. Ich weiß noch nicht einmal, ob du da bist, oder ob du vielleicht dagewesen bist, aber es nicht mehr bist, oder ob doch am Ende einmal deine Zeit kommen wird. Und dennoch bist du meine Hoffnung, meine Freude, mein Stolz, in der Ungewißheit meine Ehre; denn kennte ich dich persönlich mit irdischer Gewißheit, so wäre dies meine Schande, meine Schuld – und meine Ehre wäre verloren. Es ist mir tröstlich, daß die gelegene Zeit für dich, Lieber, kommt, die gelegene Zeit, für die ich mir bewußt bin, redlich gearbeitet zu haben. Denn wofern es, gesetzt daß dies möglich wäre, wofern es Schick und Brauch würde zu lesen was ich schreibe oder doch so zu tun als ob man es gelesen hätte, weil man hofft etwas in der Welt zu gewinnen, so wäre nicht die gelegene Zeit für meinen Leser, denn dann hätte das Mißverständnis gesiegt – ja, es hätte mich zu Unredlichkeit verführt, wenn ich nicht mit äußerster Kraft verhindert hätte, daß dergleichen geschehe – wohingegen ich redlich gehandelt hätte, so ich alles getan hätte, das zu verhindern. Nein, wenn es ein zweifelhaftes Gut wird zu lesen was ich schreibe (– und wo ich gemäß der mir vergönnten Kraft hierzu beitrage, so handle ich redlich); oder noch besser, wenn es eine Torheit, eine Lächerlichkeit wird; oder noch besser wenn es ein verächtlich Ding wird, sodaß keiner dafür bekannt sein mag: so ist die gelegene Zeit für m e i n e n Leser; so sucht er Stille, so liest er, nicht um meinetwillen, nicht um der Welt willen – sondern um seiner selbst willen, so liest er auf die Art, daß er nicht meine Bekanntschaft sucht sondern sie meidet – und so ist er m e i n Leser. Oft hab ich mich an eines Pastors Stelle gedacht; wenn da die Menge anstürmt, ihn zu hören, wenn der Kirche Wölbung die große Schar nicht fassen kann, die bis nach draußen lauschend steht: ja, Preis und Ehre dem, welcher dermaßen begabt ist, daß er da in Stimmung ergriffen wird, daß er da begeistert zu reden vermag, begeistert durch den Anblick der Menge, weil dort wo sie ist, die Wahrheit sein muß, begeistert durch den Gedanken, daß doch Wenig zu Etwas werden muß, weil viele da sind, und viele die ein Weniges von der Wahrheit haben ja die Wahrheit sind: mir wäre es eine Unmöglichkeit! Aber wo es ein Sonntagnachmittag wäre, wo das Wetter ungemütlich und verstimmend wäre, wo der Wintersturm die Straßen öde machte, und jeder der eine warme Stube hat Gott in der Kirche warten ließe bis besser Wetter würde; wo da in der verödeten Kirche ein paar arme Weiber säßen, welche die Stube nicht warm hätten, und also ebenso gut in der Kirche frieren könnten: wahrlich, ich würde sie und mich beide warm reden! – Ich hab oft mich an ein Grab gedacht; wenn da im Gefolge alles versammelt wäre, was ausgezeichnet und herrlich ist, wenn Festlichkeit sich breitete über die zahlreiche Schar, ja Preis und Ehre dem, welcher dermaßen begabt wäre, daß er da die Festlichkeit mehren könnte indem er bewegt ein Dolmetsch der vielen würde, ein Ausdruck würde für die Wahrheit der Trauer: ich vermöchte es nicht! Aber wo es der arme Leichenwagen wäre, und keiner folgte, wo nur ein armes Weib nebenherginge, des Toten hinterlassene Witwe, der es jetzt zum ersten Mal widerfuhr, daß der Mann ausfuhr ohne sie mitzunehmen – wo sie mich darum bäte: bei meiner Ehre, ich würde eine Leichenpredigt tun trotz einem. – Oft hab ich mich in die Entscheidung des Todes gedacht; wenn da Unruhe ums Lager wäre, und viel Laufens um nach mir zu fragen – ich glaube nicht, daß ich sterben könnte, ich glaube, meine alte Streitbarkeit würde noch einmal erwachen, sodaß ich noch einmal heraus müßte, mit den Menschen zu streiten. Aber wenn ich abseits und einsam läge: ich hoffe zu Gott, ich könnte sterben stille und selig. Es gibt eine Anschauung vom Leben, welche meint, daß da wo die Menge ist, auch die Wahrheit ist, daß es der Wahrheit selber ein Bedürfnis ist, die Menge für sich zu haben. Es gibt eine andre Anschauung vom Leben; sie meint, daß überall da wo Menge ist die Unwahrheit ist, sodaß, ob etwa gleich alle Einzelnen, jeder für sich, in der Stille die Wahrheit hätten, dennoch alsogleich, da wo sie in Menge zusammen kämen (dergestalt jedoch, daß die „Menge" irgendeine entscheidende, abstimmende, lärmende, laute Bedeutung bekäme), die Unwahrheit zur Stelle wäre. Wer sich aber zu dieser letzten Anschauung bekennt, (die selten zum Vortrag kommt. Denn das kommt öfter vor, daß ein Mann glaubt, die Menge sei in der Unwahrheit, aber wenn die Menge nur seine Ansicht annehmen will, so ist alles in der Reihe) der gesteht es ja selber ein, daß er der Schwache und Ohnmächtige ist; wie vermöchte auch ein Einzelner zu stehen wider die vielen, welche die Macht haben! Und das könnte er denn wohl nicht wünschen, die Menge auf seiner Seite zu haben: das hieße ja seiner selbst spotten. Ist aber dergestalt diese letzte Anschauung das Eingeständnis der Schwäche und Ohnmacht und erscheint sie deshalb vielleicht so wenig einladend: so hat sie das Gute, daß sie gleiches Maß hat, daß sie niemand kränkt, auch nicht einen einzigen, daß sie keinen Unterschied macht, auch nicht mit einem einzigen. Die Menge wird ja aus Einzelnen gebildet; somit muß es also in jedermanns Macht stehen zu bleiben was er ist, ein Einzelner; davon, ein Einzelner zu sein, ist niemand, niemand, niemand ausgeschlossen, außer dem, der sich selbst ausschließt indem er viele wird. Menge werden, Menge um sich sammeln ist hingegen Lebensverschiedenheit; selbst der Allerwohlmeinendste, der davon spricht, kann leicht einen Einzelnen kränken. Aber dann wieder hat die Menge Macht, Einfluß, Ansehn und Herrschaft – auch das ist Lebensverschiedenheit, die herrisch über den Einzelnen hinwegsieht als über den Schwachen und Ohnmächtigen." Ein Vergleich mit der Endfassung zeigt, daß alle Beziehungen auf die Zeitgeschichte und alle schärferen begrifflichen Umgrenzungen erst nachträglich hinzugekommen und diesen Ergänzungen die nun nicht mehr recht passenden reichen Stimmungsbilder des Erstentwurfs geopfert worden sind.

+155 Wie der Vergleich mit der ersten Fassung zeigt, ist der Trennungsstrich, der hier folgt, (hier als Leerzeile wiedergegeben) dadurch entstanden, daß Kierkegaard ein größeres Stück des Entwurfs gestrichen hat. Diese Beobachtung ist wichtig zur Beurteilung der Trennungsstriche (Leerzeilen) in dem Kapitel des „Gesichtspunktes" über den Anteil der Vorsehung an der Schriftstellerei.

+156 Der absolute artikellose Gebrauch von „Menge" ist meistenteils von Kierkegaard erst nachträglich hergestellt worden. Noch die endliche Ausarbeitung der letzten Fassung hatte ursprünglich den Artikel. Der Übersetzer durfte daher nicht sprachlich glätten durch Wiedereinführung des Artikels.

157 1. Cor. 9,24.

158 A b s c h ä t z u n g: dän. Qvalification.

+159 Das letzte Stück des Vorhergehenden war ursprünglich ausführlicher und witziger gehalten; ich gebe das Überschießende (IX B 63): „. . . so sollte man, gottesfürchtig, stolz, seinen Überrock so hoch bis zum Halse wie möglich knöpfen; und wäre man so unglücklich, daß Bravo gerufen würde, so sollte man . . . womöglich allen beißenden Spott in seiner Gestalt sammeln und nicht wie jener bis zu einem gewissen Grade weise Mann sagen: ‚Sollte ich eine Dummheit gesagt haben?', sondern noch bestimmter: ‚Ich muß eine Dummheit gemacht haben', die nämlich, zu einer Versammlung zu reden, in welcher „Menge" das Entscheidende in

Beziehung auf Wahrheit ist, und dies so, daß er nicht ausgezischt wurde. Das ist die Wahrheit."

160 *ebendamit*: bei Kierkegaard eo ipso.

+161 Frühere Fassung (VIII A 656): „Gott im Himmel, was ist das denn im Grunde für ein Narrenstreich, daß die Staaten eine Polizei unterhalten, welche ein paar einzelne Diebe und Räuber fängt: wenn das öffentliche Leben selber und – die Wahrheitsmitteilung gleich einer Unwahrheit von Grund auf ist."

+162 Im Entwurf steht hier noch Folgendes (IX B 63): „Ich für mein Teil wäre bereit, vor jedem einzelnen Menschen, der mit mir im Lande lebt, unbedingt jedem einzelnen Menschen, wo ich dazu imstande wäre, in Gottes Namen so schriftlich wie mündlich, so tief wie möglich mich zu demütigen, ihn kniefällig zu bitten er möge sein Gottesverhältnis bedenken. Denn jeden einzelnen Menschen ehren heißt Gott fürchten, wohingegen jede Versammlung bewußt oder unbewußt einen Hang hat, sich für einen zu Gott machen zu wollen, auf daß man sie mehr fürchte als Gott . . ." – der im Text folgende Trennungsstrich (hier Leerzeile) bezeichnet die Naht zwischen dem Text der Neubearbeitung und dem aus der Urfassung übernommenen Schluß.

+163 Die ursprüngliche Fassung findet sich VIII 2 B 193 ff; die Überschrift ist, abgesehen davon, daß es *jenen* Einzelnen statt *den* Einzelnen heißt, die gleiche. Das Hauptzeugnis für die Umarbeitung zur endgiltigen Fassung hin ist IX B 63. Das Verhältnis der ursprünglichen und der letzten Fassung ist ähnlich wie bei der ersten Note, nur daß Kierkegaard weniger fortgestrichen hat.

+164 Ursprünglich hieß es: „mit des Stadtgeschwätzes Ende und Anfang, Herrn P. L. Møller;" vgl. Anm. 14. Der gemeinte Artikel ist wiederum der von Frater Taciturnus vom 27. XII. 1845.

+165 Ursprüngliche Fassung der Anmerkung: „Denn ich bin Freund und Liebhaber des Lachens, aber ich fürchte es nicht. Es ist zwischen dem Lachen und mir ein heimliches aber glückliches Einverständnis; darf ich mich auch sonst nicht glücklich nennen, das darf ich sagen, ich bin des Lachens glücklicher Liebhaber. Müßte ich auch den Augenblick erleben, wo ich keinen fände der mit mir zu lachen versteht, so würden die Genien des Lachens mit mir lachen. Aber der Mensch ist nicht geboren, der es vermag, mir das Lachen abspenstig zu machen. Da sage ich zu mir selbst wie jener Ästhetiker in „Entweder – Oder" sagt: Wenn ihr wüßtet, worüber ihr lacht!" Vgl. dazu S. V. II 184.

166 (*ins Sinnlose*): bei Kierkegaard (in absurdum). Großhändler Nathanson ist seinerzeit der maßgebliche Mann der Zeitung „Berlingske Tidende" gewesen.

+167 Ursprünglich hieß es hier noch weiter: „. . . denn wohl hab ich der ganzen Welt zum Trotz Glauben an die Richtigkeit meines Gedankens, aber was ich nächst meinem Gedanken am ungernsten von allem würde fahren lassen, ist mein Glaube an die Menschen."

[168] z u v i e r e n o d e r v i e l e n: bei Kierkegaard en quatre eller en masse.

[169] Phil. 3,12.

[170] Leonidas.

[171] k a t e g o r i s c h e: vgl. Anm. 112.

+[172] Eine Tagebuchaufzeichnung von etwa November 1848 lautet (IX A 282): „Inschrift auf ein Grab. Die Tagespresse ist der Staaten Unglück, „die Menge“ das Böse in der Welt. ‚Jener Einzelne‘.“

+[173] Ursprünglich folgte hier, als Einleitung zum Folgenden: „Meine Schriften werden vielleicht bald vergessen werden, wie die manches andern Schriftstellers; aber ist diese Kategorie“ usw. wie im Haupttext.

[174] Vgl. Anm. 16.

[175] Lessing, Emilia Galotti 2. Akt, 4. Szene (auch bei Kierkegaard deutsch zitiert).

[176] Mark. 12,17.

[177] S. V. I 3, 20.

[178] S. V. II 188 f.

[179] S. V. VII 213.

[180] A u s g a n g s p u n k t: bei Kierkegaard terminus a quo. – Zu der Stelle aus den „Taten der Liebe“ vgl. S. V. IX 21 ff.

[181] z u r E r s c h ü t t e r u n g: dän. katastrophisk.

[182] n a c h B e l i e b e n: bei Kierkegaard ad libitum.

+[183] die Bemerkung über die Gehörstäuschung, welche Volkes Stimme und Gottes Stimme (bei Kierkegaard: vox populi und vox dei) verwechselt, ist 1848 in den Entwurf eingefügt worden, wobei es zuerst hinter „verwechselt“ noch weiter hieß: „wie damals, als man rief kreuzige, kreuzige ihn.“

[184] Der eine Sinn von „dabei bleiben“ ist: damit unbeirrt fortfahren; der andre Sinn ist: nicht darüber hinausgehen zum Höheren.

ANLAGEN

I. AUS DER ARBEIT AN DER RECHENSCHAFT

a) Entwurf eines Geleitworts 1850
(X 5 B 207)

Über meine Wirksamkeit als Schriftsteller

Kopenhagen 1850

Vielleicht wird sich doch der eine oder andere verwundern, wenn er diese Schriften [„Rechenschaft“ und „Beiblatt“] gelesen hat; keiner jedoch mehr als ich, der ich jetzt (nachdem ich ungefähr sieben Jahre lang Schriftsteller gewesen bin und zwar wie in einem einzigen Atemzuge) indem ich mich umwende und das Zurückgelegte betrachte, mit Verwunderung beinahe erschauernd sehe, daß das Ganze auch wirklich nur ein Gedanke ist, wie ich das jetzt ganz deutlich verstehe, indessen ich doch zu Anbeginn weder gedacht hätte, daß ich so viele Jahre fortfahren würde, Schriftsteller zu sein, noch auch eine so großartige Absicht gehegt habe. Dies ist philosophisch eine Reflexionsbewegung, welche hinterher beschrieben wird, erst verstanden wird, wenn sie zurückgelegt ist. Religiös dient dies Gleiche mir persönlich als Zeichen, in welcher unendlichen Dankesschuld ich der Weltlenkung gegenüber bin, die väterlich und begünstigend ihre Hand über mir gehalten und mich so mannigfach unterstützt hat. Zugleich bedeutet dies Gleiche mir persönlich meine eigene Entwicklung und Erziehung; denn wie wahr es auch ist, daß ich, als ich begann, tief verstanden hatte, daß ich wesentlich dem Religiösen zugehörte, so bedurfte doch dies Verhältnis gleichwohl auf unterschiedliche Weise der Entwicklung und Erziehung.

Da mittlerweile die „Auffassung" der schriftstellerischen Wirksamkeit, welche ich hier mitteilen werde, keine Zutat von irgend etwas ist, sondern schlecht und recht Nachweis und Erklärung dessen, was tatsächlich geleistet worden; und da ich doch von Anbeginn an einiges im voraus und allmählich mehr und mehr von dem Ganzen verstanden habe: so hab ich die Darstellung angelegt, als wäre das Ganze ein mir von Anbeginn an bewußter Gedanke — ich bin ja doch in einem gewissen Sinne selber der Verfasser, der alles getan hat, was da getan worden ist; menschlich gesprochen muß ich das schriftstellerische Werk überwiegend meine Hervorbringung nennen: fromm verstanden, vor Gott nenne ich es meine eigne Entwicklung und Erziehung, nur nicht in der Meinung, als sei ich jetzt da vollkommen oder vollkommen fertig, so daß ich der Entwicklung und Erziehung nicht mehr bedürfte.

Indes um nicht irgendwie, ach undankbar, auch nur im Geringsten die Weltlenkung gleichsam zu beschubsen, oder mir etwas anzulügen, lasse ich das hier Dargelegte vorausgehen. Und in Wahrheit wichtiger als das gesamte schriftstellerische Werk ist mir doch dies und liegt mehr mir am Herzen, daß ich so aufrichtig und so stark wie möglich ausdrücke, dafür ich nie genugsam danken kann, und des ich mich, wenn ich dermaleinst das ganze schriftstellerische Werk vergessen habe, unveränderlich, ewig erinnern werde: wie unendlich viel mehr die Weltlenkung für mich getan hat, als ich jemals erwartet hätte, hätte erwarten können oder erwarten dürfen. Dies Gefühl ist unbeschreiblich selig; zuweilen hat es mich so sehr überwältigt, daß es mich gelehrt hat annähernd die Worte des Apostels zu verstehen: „gehe hinaus von mir, denn ich bin ein sündiger Mensch", [Luk. 5, 8], d. h. eben dies Überschwängliche läßt mich um so tiefer meine eigene jämmerliche Unwürdigkeit fühlen.

„Erziehung im Christentum" ist es, dessen es mehr als alles andern bedarf; in dieser Hinsicht meine ich, hat das schriftstellerische Werk Bedeutung. Einen „Lehrer" nenne ich mich, den Verfasser, indes keineswegs; ich bin mir selber der, welcher erzogen worden ist. „Vollmacht" hab ich nie gebraucht; ich habe im Gegenteil vom ersten Augenblicke an (Vorwort zu den zwei erbaulichen Reden 1843), und mit Gleichmäßigkeit es wiederholend, eingeschärft, daß „ich ohne Vollmacht bin". „Aufmerksam machen" im Verhältnis zum Religiösen, näher zum Christlichen, ist eigentlich die Kategorie für meine Wirksamkeit als Schriftsteller; dieser Kategorie entsprechen auch kategorisch richtig die drei vorhergehenden Bestimmungen.

b) Ergänzungen zu dem unterdrückten persönlichen Anfang der Rechenschaft (X 5 B 228. 229) 1849/50

Von Kind an strenge im Christentum erzogen; mit kindlicher Pietät unauflöslich an es gebunden; innerlich tief ein Leidender; im Besitz recht ungewöhnlicher Gaben; unabhängig gestellt, so daß ich einer Idee dienen konnte; beim ersten Blick in die Welt mich leicht überzeugend, daß das, was in der Welt unter dem Namen des Christentums verkündigt wird, eigentlich kein Christentum ist oder jedenfalls durch Sinnentrug so gut wie sinnlos unkenntlich ist: verstand ich es als meine Aufgabe, einen jeglichen Tag meines Lebens von ganzer Seele und mit aller meiner Macht in frommer Weihe daran zu arbeiten, eine Darstellung des Christentums zustande zu bekommen. Was mich persönlich angeht, so gab es — in mir oder im Christentum für mich — besonders anfänglich ein Etwas, eine Schwierigkeit, die mich peinigte, unter der ich litt, so als ob sie mich abhalten wollte mich ganz dem Christentum hinzugeben; aber selbst wo ich siebzig Jahre alt hätte werden sollen, und dies unverändert so hätte bleiben sollen, ich verstand dennoch unverändert, unbedingt unverändert dadurch, jene Aufgabe meines Lebens, wozu es geweiht war; und daß ich, menschlich gesprochen, mit der Darstellung des Christentums Nutzen stiften konnte, durfte ich glauben, denn teils wußte ich in einem recht ungewöhnlichen Maße darüber Bescheid was Christentum ist, teils hatte ich mehr als gewöhnliche Gaben dazu es darzustellen, und endlich sah ich deutlich, daß ich für die gewöhnlicheren Zweifel hinsichtlich des Christentums eine Lösung hatte. Auf die Weise verstanden (mit Rücksicht auf jenes Etwas und jene Schwierigkeit für mich persönlich) nenne ich die Wirksamkeit als Schriftsteller meine Erziehung und Entwicklung.

[Das Folgende sollte nach später wieder aufgegebnem Plan in der Einleitung zur Rechenschaft an den Dank für empfangenes Verständnis S. V. XIII 493 unten angeschlossen werden:] ..... bezeigt worden ist, einem Schriftsteller und einer schriftstellerischen Wirksamkeit, auf die freilich im Übrigen in gewissem Maße genau jenes Pauluswort paßt [1. Kor. 9, 18]: mein Lohn ist, daß ich es ohne Bezahlung tue. Wunderlicher Lohn! armer Lohn – reicher Lohn. Jedoch ich erkenne es willig an, es ist der höchste Lohn, keinen Lohn zu erhalten; und es ist der höchste Lohn, den ein Mensch haben kann, der Lohn, daß er keine Bezahlung erhalten hat. Zugleich war und ist dies ja ganz in der Ordnung bei einer Schriftstellerei, die wahrlich, eines Schwermütigen einzige Möglichkeit, eines Tiefbetrübten einziger Trost gewesen ist, bisweilen auch auf die Art: daß es ihm mit uneigennützigem und rücksichtsfreiem Dienst an der Wahrheit, mit dem Bringen von Opfern und dem Aufsuchen von Gefahren, womöglich gelingen mochte, ein bißchen Gutes zu tun zur Erstattung dessen, was er persönlich verschuldet oder verwirkt haben mag.

c) Entwurf zu einer Anmerkung oder einem Postskriptum am Schluß des Hauptstücks der Rechenschaft

(X 5 B 249) 1849/50. Vgl. auch Anm. 20+

Um jedoch damit, daß ständig allein in diesem herabgestimmten und gedämpften Tone von dem schriftstellerischen Werk gesprochen wird, nie auf andre Weise, um damit doch nicht des schuldig zu werden, was in Gottes Augen sicherlich ebenso strafwürdig ist wie Anmaßung, einer unwahren und unziemlichen Bescheidenheit: so muß, der Wahrheit getreu, doch auch die andre Seite der Sache angedeutet werden. Wenn dies schriftstellerische Werk dermaleinst seinen Platz in der Geschichte einnehmen wird, so wird man sagen: In diesem schriftstellerischen Werk ist eine Wendepunktsbewegung enthalten, und sein Verfasser hat den Wendepunktskonflikt zwischen den beiden Augenblicken durchlebt. Das, darin die Zeit, zu welcher der Verfasser begann, irre gegangen oder festgefahren war, war das Interessante. Religiös, war die Aufgabe vom Interessanten zum Einfältigen zu kommen. Zu diesem Ende mußte der Verfasser in hohem Maße im Besitz des Interessanten sein. Das ist er auch gewesen; schlechthin kein anderer dänischer Schriftsteller kann in dem Maße Anspruch erheben auf das Prädikat: der Interessante, das ihm als ästhetischem Schriftsteller als Charakteristikum zukommt, indessen andre ästhetische Prädikate auf gleiche Weise anderen zukommen. Was der „Augenblick" wollte, das war: das Interessante; was der Verfasser vermochte, das war: das Interessante — er hätte es somit in seiner Macht gehabt, Held und Abgott des „Augenblicks" zu werden. Wäre ihm der „Augenblick" das Übermächtige geworden, hätte er „das Nächste" vergessen, (zum Einfältigen zu kommen) hätte er seine Aufgabe verfälschen wollen, indem er in den „Augenblick" einging: so wäre er der Abgott des „Augenblicks" geworden. Tat er es nicht — so, ja so mußte er der Märtyrer des Augenblicks werden; denn der „Augenblick", der das Interessante wollte, war zu entscheidend aufmerksam auf ihn, der eben der zu werden vermochte, den der Augenblick verlangte, als daß er ihn ohne weiteres hätte fahren lassen. Seiner Aufgabe getreu, wurde er denn der Märtyrer des Augenblicks — der beste oder richtiger der einzige Beweis, der dafür geführt werden kann, daß er, im Sinne des Ewigen, siegte. Und sein Martyrium, welches er selbst frei bestimmte und wählte, stand in kategorisch genauer Entsprechung zum Zusammenstoß zwischen den beiden Kategorien: das Interessante — das Einfältige, in genauer Entsprechung zu dem Wendepunktskonflikt, den er durchlebte: dem Konflikt zwischen dem Interessanten und dem Einfältigen.

Indes kann dem Verfasser, inwendig, nichts Verdienstliches eigen sein. Er ist keineswegs durchaus frei gewesen: er hat (das ist historisch) von Anbeginn an einen Pfahl im Fleische gehabt — das Einzige das er von einem Apostel hatte —, und es hat ihn Gehorsam gelehrt; und er hat (das ist historisch) in einem reueerfüllten Bewußtsein von dem, was er persönlich verschuldete, ein Zwingendes gehabt, das ihn auch darüber hinaus in unbedingten Gehorsam hätte hineinzwingen können.

d) Ursprüngliche Fassung der Nachschrift der Rechenschaft
vgl. S. V. XIII 500 f. (X 5 B 211) März 1849

Lieber Leser! Das habe ich zu sagen gewünscht, sagen zu dürfen gemeint, und eben in diesem Augenblick, zunächst dadurch veranlaßt, daß der Erstling noch einmal gekommen ist, die zweite Auflage von „Entweder – Oder", die ich nicht früher habe erscheinen lassen wollen. Zu Weitläuftigkeiten war hier denn am wenigsten Platz .....

Jedoch es hat mit meiner Erklärung meiner Wirksamkeit als Schriftsteller in gewissem Sinne einen eignen Zusammenhang, weshalb ich auch so lange Schweigen beobachtet habe, und selbst jetzt in diesem Augenblick nicht ohne Besorgnis bin, ob es nicht zu früh ist, daß ich rede, ja ob ich in dieser Hinsicht überhaupt Erlaubnis habe unmittelbar zu reden. Es ist mit meiner Erklärung nicht, wie wenn ein Schriftsteller versichert: das und das hab ich getan – und man sich dann, indem man in seinen Schriften nachsieht, vergewissert, daß er gerade das nicht geleistet hat; nein, was ich erkläre, ist ein Tatsächliches, ist tatsächlich da für den Leser wie für mich, steht gedruckt in den Büchern; oder soweit man an die Anordnung der Bücher denken will, so ist diese ja auch ein Tatsächliches, etwas, davon jeder jeden Augenblick den er will sich überzeugen kann, in welcher Reihenfolge nämlich die Bücher erschienen sind. Auch ist das was ich meine – das wäre ja nur eine schlichte und natürliche Entwicklung – nicht dies, daß ich, nach und nach wenn ich etwas vollendet habe, mich selbst besser verstehe in meinem Bestreben oder in dem, was ich überhaupt will; diese Stellung hat Johannes Climacus eingenommen, welcher in einer Übersicht über die pseudonymen Schriften mitsamt meinen erbaulichen Reden ausdrücklich bemerkt, daß er, der, als Leser, mitging, jedes Mal wenn er solch eine neu erschienene Schrift gelesen, besser verstanden habe, was er gewollt hatte, er der doch von Anfang an selber eben das habe verwirklichen wollen, was in dieser schriftstellerischen Bestrebung verwirklicht wurde (vgl. „Abschließende Nachschrift" p. 187 ff. [=S. V. VII 212 ff.]). Nein, bei mir ist es so, daß ich das was ich selbst geplant, ausgeführt, ausgesprochen habe, daß ich das mitunter erst selber hinterdrein verstehe, wie richtig es war, daß etwas weit Tieferes darin lag als ich ursprünglich gedacht — und doch bin ich ja der, welcher der Autor ist. Hier ist in meinen Gedanken ein unerklärliches Etwas, das darauf hindeutet, daß mir gleichsam von einem andern geholfen worden ist, daß ich dazu gekommen bin etwas auszuführen, zu sagen, dessen vollere Bedeutung ich mitunter selbst erst hinterdrein verstehe. Das ist nach meinem Begriff, ganz einfältig und gottesfürchtig, ein Mitwirken der Weltlenkung, auf die Art denn wie jeder Mensch davon reden können müßte und sollte. Was nämlich, wenn bloß wissenschaftlich oder philosophisch davon gesprochen werden soll, heißen würde: das Verhältnis zwischen Unmittelbarkeit und Reflexion innerhalb der Reflexion, oder jener Entwicklungsprozeß, der, innerhalb der Reflexion, die Umsetzung von Unmittelbarkeit in Reflexion ist, hier in einer schriftstellerischen Wirksamkeit reflektiert, und das Existieren einer selbige unterstützenden Schriftsteller-Persönlichkeit — eben dies selbe muß ja die Individualität, in der dies vorgeht, wenn sie Religiosität hat, und in dem gleichen Maße, in dem sie Religiosität hat, religiös, und zwar in dem gleichen Maße religiös, auf Gott zurückführen, und dies dazu umso innerlicher und dankbarer, in dem gleichen Maße als sie sich vielleicht im Übrigen leidend und wehmütig fühlt, sowie von einer andern Seite betrachtet sich in Demut vor Gott keineswegs dessen würdig fühlt oder vielmehr dessen unwürdig fühlt, daß dies Glückliche gerade ihr vergönnt sein soll.

Aber wenn ich denn dermaßen selbst religiös verstehe, daß mir von einem andern geholfen worden ist, was Wunder dann, daß ich bange gewesen bin und bin, persönlich von der Wirksamkeit als Schriftsteller zu reden, daß ich, wenn ich in erster Person auch nur das Geringste gesagt habe, alsogleich starke Besorgnis habe zuviel über mich gesagt zu haben, und zu wenig von der Weltlenkung! Doch die Schwierigkeit, die hier mit dem Reden verknüpft ist, kehrt in anderer Weise wieder: nämlich wenn ich dann, was ich in gewissem Sinne so gerne möchte, persönlich, in erster Person mich selbst, womöglich, zunichte machte, und den pathetischen Nachdruck der Demut richtig darauf fallen ließe, daß alles der Weltlenkung zu verdanken ist — so laufe ich ja eine andre Gefahr, vor der mich noch mehr schaudert, daß ich in jemandes Vorstellung von mir so hoch ins Außerordentliche erhoben werden sollte, als hätte ich auf die eine oder andre Weise ein unmittelbares Verhältnis zu Gott, und das wäre, womöglich, unwahrer und mir grauenhafter, als wenn ich ohne weiteres alles mir zuschreiben wollte, ich der ich doch gleich einem Inbegriff von Reflexion bin.

So schwierig ist es hier persönlich zu sprechen, in erster Person zu sagen was vollbracht worden ist, was in den Schriften liegt, in ihrer tatsächlichen Folge auf einander usw., etwas was jeder Dritte ohne die geringste Besorgnis tun kann, was ich selbst als Dritter so überaus leicht tun kann, wovon ich auch gezeigt habe, daß ich es tun kann; denn auf die Art ist ja die Anzeige der pseudonymen Schriften durch Joh. Climacus (vgl. „Abschließende Nachschrift" p. 187-227) [S. V. VII 212 ff.] etwas, das ich als Dritter durch einen Dritten getan habe. Meine Lage ist nämlich von der der meisten Schriftsteller darin unterschieden: ihnen fällt es am leichtesten in erster Person von ihrem Bestreben zu sprechen, mir ist es überaus leicht in dritter Person davon zu sprechen. Indes es hat auch seine Schwierigkeit zu schweigen. Ich kann, indem ich ohne weiteres alles mir selber zuschreibe, die Weltlenkung um das betrügen, was ich, religiös und persönlich, ihren Anteil nennen müßte. Wofern ich dergestalt die gesamte Wirksamkeit als Schriftsteller unbedingt als meinen Plan von Anbeginn an auf mich nehmen wollte, so wäre das ein Betrug; denn sie ist zugleich die Möglichkeit des mir als Schriftsteller eignen Wesens, die ins Dasein getreten ist, jedoch so, daß es mit Bewußtsein geschehen ist. Also indem ich spreche kann ich die Weltlenkung betrügen; aber ich kann sie auch betrügen indem ich schweige, da ja solchenfalls mein Leser veranlaßt wäre, alles ohne weiteres auf mich zurück zu führen, als hätte ich von Anfang an alles dergestalt überschaut.

Darum habe ich es gewählt, das Wenige zu sagen, das ich gesagt habe. In meinem eignen Innersten auf meine Verantwortung verstehe ich alles leicht; in meinem eignen Innersten, wo ich vor Gott mein persönliches Leben für mich habe, dessen Arglist, dessen allerdings gottesfürchtige Arglist im Verhältnis zur schriftstellerischen Wirksamkeit und ihrem Zweck; in meinem eignen Innersten vor Gott, wo ich als zweckdienlich mäßigende und berichtigende Zwischenbestimmung in Beziehung auf das was mir an Außerordentlichem vergönnt sein mag, mein persönliches Leben für mich habe, dessen Schmerz und Leiden und vor allem dessen Irrungen und Verirrungen und dessen Schuld und Vergehen, samt (was daraus folgt) dessen Furcht und Zittern, dessen leidvolle Erfahrungen, dessen Reue und Bedauern, dessen Furcht und Zittern. [An dieser Stelle ist viel hin und her korrigiert]. Mir ist daher auch in meinem Innersten, wie natürlich ist, eine weit persönlichere Erklärung meiner Wirksamkeit als Schriftsteller eigen als das hier Mitgeteilte; aber ich kann ja wohl nicht, und ich könnte das ja auch nicht verantworten, von mir selber ganz so reden wie von einem Verstorbenen, solange ich doch ein Lebender bin.

Und so denn nur Eines noch. Das Wenige, das hier über meine Wirksamkeit als Schriftsteller gesagt ist, geht (etwas, das vernunftgemäß in der Sache selber liegt), auf das Vergangene, das Zurückgelegte. Über das Zukünftige, ob ich noch einige Zeit fortfahre, eine längere oder kürzere, Schriftsteller zu sein und das so wie bisher, oder ob ich beginnen werde auf eine andre Weise Schriftsteller zu sein, oder ob ich eben jetzt aufhöre Schriftsteller zu sein: darüber weiß man nichts.* In viel Furcht und Zittern hab ich, der ich zudem von Natur ein geborener Dialektiker bin und gleichwie lauter Reflexion, es gelernt, haargenau, buchstäblich und im Ernste zu verstehen, daß ich ja nicht einmal wissen kann, ob die Gaben und Voraussetzungen in deren Besitz ich anher gewesen bin, das Glück, das anher mir gefolgt ist usw., ob all das nicht von mir genommen ist den nächsten Augenblick, vielleicht ehedenn ich diesen Satz zu Ende geschrieben habe. Glaub nicht, dies sei Schwermut von der Art, die unproduktiv macht: unter der Last dieser Stimmung — und vielleicht drückte sie doch damals noch stärker auf mich als in diesem Augenblick, da ich sie ja im Laufe der Zeit immer besser eingeübt habe — unter der

* [Anmerkung Kierkegaards]

Doch das weiß ich, daß es sowohl ursprünglich wie fort und fort unverändert mein Gedanke gewesen ist, nicht viele Jahre hindurch Schriftsteller zu sein, und alsdann in die Stellung eines Dorfpfarrers zu treten.

Last dieser Stimmung hab ich als Schriftsteller begonnen, unter der Last dieser Stimmung hab ich geschrieben – soll ich nun sagen die paar Seiten die ich geschrieben habe.

im März 1849

e) Späterer Entwurf zu einem andern Schlußwort zur Rechenschaft (X 5 B 255) 1849/50

Aber daß ich hier dermaßen unmittelbar von mir selber spreche, das ist, was man da, ich begreife es wohl, eine Folgewidrigkeit nennen kann, das will denn heißen, insofern jemand es sich in den Kopf gesetzt hat, ich solle die reine Idee sein; dahingegen ist es durchaus folgerichtig in Richtung dessen, was ich jederzeit von mir selbst gesagt habe, daß ich ein armer einzelner Mensch bin, und eine Folge davon, daß es denn doch eben nicht eitle Lust oder Egoismus oder Absonderlichkeit gewesen ist, die mich zum Schweigen bestimmte. Mein Verhältnis ist dies: darunter leidend, daß ich mich habe verstehen müssen, oder jedenfalls gemeint habe mich verstehen zu müssen, als gewissermaßen eine unglückseligere Sonderbildung [dän. Partikularitet], habe ich dann wiederum meine Geisteskräfte dafür angestrengt, sie fromm dazu geweiht, (dabei überdies durch äußere Umstände begünstigt) womöglich selbst recht aufmerksam zu werden auf die Idealität und andre auf sie aufmerksam machen zu können. Mehr vermag ich nicht, mehr verlange ich nicht; ich danke unablässig der Weltlenkung, daß mir dies vergönnt worden ist, so unbeschreiblich weit mehr als ich erwartet hatte. Dahingegen ist es so weit als möglich davon, daß ich, nachdem ich in diesen Jahren so viel und so angestrengt über „den Einzelnen" nachgedacht habe, zu der Entscheidung gekommen wäre, daß es ein Irrtum, ein Mißverständnis sei. Nein, ich bin zu der Entscheidung gekommen, daß dieser Gedanke der Gedanke der ewigen Wahrheit ist; aber daß ihn, wenn er im größten Maßstabe durchgeführt werden soll, daß ihn dann kein Mensch aushalten kann, geschweige ein ganzes Leben, geschweige, wenn ihm sogar die Gunst versagt worden ist freigestellt zu sein von der Sorge um das Auskommen. Die Wahrheit in einem Einzelnen das ist reinste Geistesmacht, heißt aber gleichzeitig allem Irdischen und Zeitlichen entsagen und seiner unbedingt verlustig gehen nach einem Maßstabe als ob man reiner Geist wäre. Anderseits, in dem gleichen Maße als das Numerische im Verhältnis zur Wahrheit geltend gemacht wird, im gleichen Maße wird Geistesmacht verwechselt mit Sinnenmacht; da jedoch der Mensch als Mensch nicht reiner Geist ist, so hat er ein Bedürfnis nach Gemeinsamkeit so wie er auch Bedürfnis nach dem Irdischen und Zeitlichen hat. Das ist, wenn man so will, eine traurige Wahrheit; aber selbst sie zugestanden, folgt denn nicht, daß man soweit gehe, das Numerische zum Entscheidenden zu machen für die Wahrheit und das mit dem Einzelnen als Unwahrheit und Phantasterei betrachte, statt daß man ein Eingeständnis betreffs seiner selbst macht, daß die Wahrheit für einen zu erhaben sei und so sich unter sie demütigt, und so ein Verhältnis zu ihr aufrecht erhält, teils vermöge des Eingeständnisses, teils vermöge eines Strebens, wie schwach und unvollkommen dies auch sein möge.

f) Andre Fassung der Anmerkung S. V. XIII S. 494 über „Krankheit zum Tode" und „Einübung im Christentum" aus der Zeit, als die innere Entscheidung gegen die Drucklegung fallen wollte (X 5 B 205) 1849

Und dann nur eines noch, um so wahr wie möglich zu sein. Ich weiß sehr wohl, daß es eine weit entscheidender christliche Darstellung des Christlichen gibt, die, falls ich der Darstellende wäre, der ihr entspräche, mich hinausführen würde auf die andre Seite des Bestehenden; dies weiß ich sehr wohl, und weiß es deshalb, weil ich um meiner selbst willen eine solche Darstellung fertig gemacht, geschrieben und reingeschrieben habe. Aber diese Darstellung habe ich nicht mitteilen wollen, teils weil ich mich weder stark genug, noch vollkommen genug in der Wahrheit fühle, noch vor allem heilig und rein genug um der Mitteilende zu sein. Ferner, weil ich die Verantwortung nicht habe auf mich nehmen dürfen etwas von der Art mitzuteilen in unsern Zeiten, wo Philosophen, starke Geister usw. ohne weiteres die Darstellung vereinnahmen würden für das Interessante, das Tiefsinnige, das Spekulative; wenn da nämlich einer solchen Mitteilung, wie wahr sie auch sei, nicht der wahre Mitteilende entspricht, in welchem sie wahr ist, der durch die Reinheit seines Lebens, mit seinen Aufopferungen, ja mit seinem Leiden und Tod der Sache den rechten Ernst verleiht, so ist jede solche Mitteilung lediglich ein Beitrag um das Christentum auf dämonische Weise eitel zu nehmen, da christlich ja dies das Gesetz für christliche Mitteilung ist, daß es mir als Gottlosigkeit verwehrt ist das Christentum entscheidender darzustellen als mein eignes Leben es ausdrückt. Endlich habe ich sie nicht mitteilen wollen, weil ich die Verantwortung nicht habe auf mich nehmen dürfen, verschiedene Gebrechliche vielleicht nahezu zur Verzweiflung zu treiben; ich rühme mich dessen nicht als einer Menschenliebe, was nur Menschen beikommen könnte, die schlechterdings keine Vorstellung von Christentum haben, ich gestehe vielmehr, daß es Schwachheit ist und Mangel an rechter christlicher Liebe, welche, menschlich gesprochen, gewesen ist, ist und jederzeit bleibt Grausamkeit. In Anbetracht der nach meinem Begriff empörenden Frechheit, mit welcher Philosophen, starke Geister, Gebildete usw. so geschäftig waren weiterzugehen als das Christentum, hab ich die Sache mit höchstem Ernst angesehen, ob es denn nicht auch religiös meine Pflicht sei weiter zu gehen, ob es nicht Gottes Wille mit mir sei, daß ich es wagte das Christentum darzustellen in seiner entscheidendsten und wahrsten Gestalt, selber zusammensinkend unter seiner Last, jedoch auch allen diesen Toren den ebenso gewissen Untergang bereitend, und eine Erweckung zustande bringend, an der doch etwas dran wäre. Die Welt war in den Zeiten des Friedens eingeschlummert und verzaubert in Einbildung und Sinnentrug, insofern hätte das wohl vonnöten sein können. Da kam das Jahr 48. Das Erwachen wird schon noch kommen; und daher hab ich gemeint, daß es doch für mich so überaus bedenklich sei, ob ich eine solche Verantwortung auf mich nehmen dürfte, und daß ich nunmehr still meinem ursprünglichen Besteck folgen könne, denn von jetzt an wird es eben von Wichtigkeit sein das Bestehende zu stärken. Jedoch gebe ich zu, daß ich sehr gut verstehe, daß gerade auch jetzt der Augenblick sein könnte für die entscheidendste Darstellung des Christentums, ein Augenblick, der nahezu dem Augenblick gleich ist, da das Christentum in die Welt kam, daß es jetzt, wo die Aufmerksamkeit der Menschen so entscheidend dem Irdischen, dem Politischen, dem Nationalen zugekehrt ist (ungefähr wie zur Zeit Christi), daß dies somit auch der Augenblick wäre um gerade im Gegensatz dazu, und vermittelst des Gegensatzes schlechthin entscheidend die Sehne zu spannen, und an Christi Wort zu erinnern: Mein Reich ist nicht von dieser Welt. Aber ich gestehe, dazu hab ich nicht Kraft, ich dürfte die Verantwortung nicht auf mich laden.

g) Aus den Versuchen, eine mögliche Widmung der Schriften über die schriftstellerische Wirksamkeit an Regine zu finden (X 5 B 263 f.) 1849/50

Die Widmung an Regine Schlegel,
wenn während meines Lebens von einer solchen die Rede sein kann, könnte wohl ihren Platz finden vor einer kleinen Sammlung von Freitagsreden, gehört jedoch wesentlich zu den Schriften über meine Wirksamkeit als Schriftsteller. Indem ich dergestalt entscheidend in den Charakter des Religiösen eintrete als in das, was ich von Anbeginn an gewollt, in diesem Augenblick ist sie das einzig Wichtige, da ich zu ihr ein Gottesverhältnis habe.

Die Widmung könnte lauten:

R. S. sei mit dieser Schrift gewidmet eine schriftstellerische Wirksamkeit, die bis zu einem gewissen Maße ihr zugehört, von dem, der ihr ganz zugehört.

Oder mit einer Sammlung von Freitagsreden:

R. S. sei diese kleine Schrift gewidmet.

[Zum Folgenden vgl. S. V. XII 265; beachte, daß im Dänischen das männliche und weibliche Geschlecht unkenntlich zusammenfallen].

Einem [Einer] Mitlebenden,

dessen [deren] Name noch verschwiegen werden muß, den jedoch die Geschichte nennen wird, – es sei nun kürzer oder länger, – solange sie den meinen nennt, sei gewidmet

mit dieser kleinen Schrift

meine gesamte schriftstellerische Wirksamkeit, so wie sie es von Anbeginn an gewesen ist.

II. TAGEBUCHAUFZEICHNUNGEN, DIE IM ZUSAMMENHANG MIT DEM SCHRIFTSTELLERISCHEN SELBSTZEUGNIS STEHN

IX A 213 (August 1848)

Was ich oft genug gesagt habe, kann ich nicht oft genug wiederholen: ich bin ein Dichter, aber einer ganz eigner Art; denn das Dialektische ist die Naturbestimmtheit meines Wesens, und Dialektik pflegt sonst dem Dichter gerade fremd zu sein. Von früher Zeit an auf ein qualvolles Leben gewiesen, das vielleicht wenige sich auch nur vorstellen könnten, in die tiefste Schwermut gestürzt, und von dieser Schwermut einmal in Verzweiflung: wurde ich dann mir selber klar indem ich schriftstellerte. Es war das Ethische, das begeisterte – ach ich, der qualvoll daran gehindert war, es vollkommen zu verwirklichen, weil ich unglücklich außerhalb des Allgemein-Menschlichen gestellt war. Hätte ich es vermocht, so wäre ich wohl ungeheuer stolz geworden. So gewann ich wieder ein Verhältnis zum Christentum. Es war mein Plan, sofort nach der Herausgabe von „Entweder – Oder" ein Dorfpfarramt zu suchen und über meine Sünden zu trauern. Ich konnte meine Schriftstellerei nicht zurückdämmen, ich gab ihr nach – natürlich ging sie nun ins Religiöse. Da verstand ich es als meine Aufgabe Buße zu tun, indem ich der Wahrheit auf die Weise diente, daß es in Wahrheit eine beschwerliche, eine, menschlich gesprochen, undankbare Arbeit unter Aufopferung von allem werde. Auf die Weise diene ich dem Christentum – bei allem Elend selig durch den Gedanken an das unbeschreiblich Gute das Gott mir getan, so weit mehr als ich erwartet habe.

Es gilt das Christentum einmal wieder in seiner ganzen Rücksichtslosigkeit darzustellen; und da die Lage in der Christenheit ist: mittelbar. Ich muß herausgehalten werden: desto größer wird die Erweckung. Die unmittelbare Mitteilung lieben die Menschen, weil sie die Sache behaglich macht, und die Mitteilenden, weil sie ihnen das Leben weniger anstrengend macht, insofern sie doch immer einige dazu bekommen mit ihnen zu halten und der Anstrengung der Einsamkeit entwischen.

Auf die Art lebe ich, dessen gewiß, daß Gott den Nachdruck seines Weltregiments auf mein Streben legen wird — sobald ich gestorben bin, nicht vorher, das gehört mit zur Buße und zur Größe des Plans. In diesem Glauben lebe ich, in ihm hoffe ich zu Gott zu sterben. Will er es anders, so sorgt er schon selbst dafür, ich darf es nicht anders.

IX A 214 [August 1848, Anm. zur vorigen Stelle, zu dem Worte „mittelbar"]

..... jedoch nicht so wie einer der das Christentum begeistert verkündigt, sondern so wie ein Dialektiker es tun kann, dadurch, daß man das Leben aus allem Sinnentrug heraushungert, in dem die Christenheit festgefahren ist. Denn es ist nicht das Christentum, das nicht verkündigt ist, sondern es ist die Christenheit welche die Virtuosität selber geworden ist darin, es in Sinnentrug zu verwandeln, und es dergestalt zu umgehen.

IX A 215 (August 1848)

Die Welt ist nur allzu gescheit geworden. Wer für das Religiöse wirken soll muß hinter sie zurück — sonst nützt er nicht viel. Gibt sich einer dafür aus der Religiöse zu sein, so hat die Welt tausend Ausflüchte und Sinnentrüge, dadurch sie sich sicher stellt wider ihn und ihn hinauspraktiziert. Der Streit geht jetzt nicht mehr wie in alten Tagen wider wilde Leidenschaften, wider die das unmittelbare Auftreten das Richtige ist. Nein, die Christenheit ist in der Gescheitheit festgefahren. Um sie da heraus zu praktizieren muß einer her, der es mit ihr an Gescheitheit mehr als aufnehmen kann.

Selbst wenn es daher Gott gefällt einen Menschen zu seinem Werkzeug sich auszuersehen, wird seine Taktik eine ganz andre als in älteren Zeiten; wer derart gebraucht werden soll, muß im Besitz dessen sein, darauf die Zeit stolz ist, ob es schon zu ihrem eignen Unglück ist. Aber er darf seine Gescheitheit nicht mißbrauchen um in eine neue Gescheitheit hineinzuhelfen, er muß vermittelst der Gescheitheit zur Einfalt zurückbringen.

Dergestalt verstehe ich mich selbst, ohne daß ich mich doch im besonderen Sinne ein Werkzeug Gottes nennen darf; denn wie alles an mir so ist auch mein Verhältnis zu Gott dialektisch. Und auf der andern Seite ist das meine selige Überzeugung, daß ein jeder Mensch Gott wesentlich gleich nahe ist.

Aber eben weil somit alles in meiner Existenz auf diese Art verknüpft ist, kann ich eigentlich erst nach meinem Tode die Wirkung hervorbringen.

IX A 216 (August 1848)

Ja so mußte es sein. Ich bin religiöser Schriftsteller nicht geworden, ich bin es [von je] gewesen: gleichzeitig mit „Entweder – Oder" folgten zwei erbauliche Reden – jetzt, nachdem ich zwei Jahre lang allein religiöse Schriften geschrieben, folgt eine kleine Abhandlung über eine Schauspielerin.

Jetzt gibt es einen Augenblick lang einen Ruhepunkt; ich habe durch diesen Schritt mich selbst verstanden und das weit konkreter.

Dann muß weitergegangen werden (d. h. ich bin natürlich weiter, ich bin fertig mit dem was gebraucht werden soll: 1. ein Zyklus ethisch-religiöser Abhandlungen, 2. die Krankheit zum Tode, 3. Kommt her zu mir alle ... [Einübung No. 1] hinsichtlich der Herausgabe, falls es nicht so kommen sollte, daß ich vorher stürbe. Meine Gesundheit ist sehr schwach, und der Gedanke hat, über mich, viel Macht gewonnen, daß ich jetzt sterben soll, indem ich dies Halbjahr anwende um über meine Sünden zu trauern und weiter arbeite an der Darstellung des Christentums. Vielleicht ist dies ein schwermütiger Gedanke, vielleicht ist dies auch weil ich den Entscheidungen der Endlichkeit mit dem Herausgeben abgeneigt worden bin: auf jeden Fall jetzt hab ich durch ihn den Stachel bekommen.

Die Herausgabe der nächsten Schrift wird recht entscheidend werden für meine äußre Existenz. Ich habe doch beständig eine entfernte Möglichkeit offengehalten, daß ich, wenn es hinsichtlich des Auskommens ganz verkehrt mit mir ginge, ein Pfarramt suchen könnte. Wenn ich jetzt die letzten Bücher herausgebe, ist es sehr wohl möglich, daß man es mir verweigert, selbst wenn ich es suchte, so daß die Schwierigkeit nicht wie zuvor die ist, ob ich das Amt auf mich nehmen will, sondern daß man es mir gar nicht geben will.

Das ist zu allem dem inneren Leiden und aller der äußeren Mißhandlung eine schwere Bürde mehr, aber mir sicherlich dienlich, daß ich mich nicht überrumpele, sondern mehr und mehr dazu komme Gottes zu bedürfen. Denn in dem gleichen Maße, in dem Gott mir anvertraut, legt er mir auch mehr Lasten auf.

So wird denn weiter gegangen, wenn jetzt die Zeit kommt, wofern ich nicht vorher sterbe, indem ich die ungeheure Säule von Reflexion trage, die ich im Grunde jeden Augenblick trage — und dann doch tief im Innern vertrauensvoll bin wie ein Kind. O, denn ich kann Gott nie genugsam danken für all das Gute das er mir getan hat und tut, so unbeschreiblich viel mehr als was ich erwartet hatte, er der einem hilft Schritt für Schritt, wenn man ihm bloß aufrichtig sagt, woran man ist, und dann sich helfen lassen will, einem hilft indem er Lasten fortnimmt, die man vielleicht nicht tragen könnte, einem hilft Stück um Stück leicht die Lasten zu tragen, vor denen man einst zurückgeschaudert ist. O, den, der Gott liebt, ihn liebt Gott dergestalt empor, das ist Erziehung, Emporziehung. Jeden Augenblick ist da eine Welt von Hilfe möglich, denn für Gott ist alles möglich; wenn ich etwas verkehrt gemacht habe, ob ich es gleich redlich überlegt, jeden Augenblick ist da eine Welt von Hilfe, denn für Gott ist alles möglich — o, wie selig, daß er so zugleich Liebe ist, daß für den Liebreichen alles möglich ist, und daß der, dem alles möglich ist, Liebe ist. Und strauchle ich, siegt die Sünde einen Augenblick über mich: o, in jedem Augenblick ist für den der redlich bereut eine Welt von Hilfe da in der Versöhnung für alle unsre Sünde bei ihm unserm Heiland und Versöhner.

Ja, so allenthalben umgeben von Liebe, o wer sollte sich nicht selig fühlen mitten unter allem Leiden, das wohl dazu da ist daß man die Seligkeit nicht eitel nehme, jedoch zugleich dazu dient der Seligkeit noch seliger gewahr zu sein.

IX A 218 (August 1848)

Es war doch gut mit jenem kleinen Artikel [über die Schauspielerin], daß ich ihn erscheinen ließ und in die Spannung geriet. Hätte ich ihn nicht erscheinen lassen, so hätte ich doch in einiger Unklarheit betreffs des zukünftigen Gebrauchs der mittelbaren Mitteilung dahingelebt.

Es ist mir nunmehr klar, daß es von jetzt ab unverantwortlich sein würde sie zu brauchen.

Das Erweckende liegt darin, daß Gott mir Kraft gegeben hat als ein Rätsel existieren zu können — aber nicht mehr länger so, damit das Erweckende nicht ende im Verwirrenden.

Es wird nun wohl gelten unmittelbar mit voller Stimme die maieutische Anlage der vorhergegangenen Schriftstellerei auf mich zu nehmen, somit bestimmt und geradezu in die Rolle dessen einzutreten, welcher der Sache des Christentums hat dienen wollen und dienen will.

Hätte ich nun jenen Artikel nicht erscheinen lassen, so hätte die mittelbare Mitteilung mir doch als eine Möglichkeit vorgeschwebt, ich hätte nicht den Eindruck empfangen, daß ich sie nicht brauchen darf.

Ich durfte ja doch auch nicht über mich selbst die Aussage tun, daß ich von Anbeginn an die Übersicht über die Anlage der gesamten Hervorbringung gehabt habe, ich muß ja sagen, was ich ständig bekenne, daß ich unter der Arbeit erzogen und entwickelt worden bin, daß ich selbst immer noch fester an das Christentum gebunden worden bin als ich es war. Aber das steht doch fest, daß ich angefangen habe mit dem tiefsten religiösen Eindruck, ach ich, der als ich begann, die ungeheuerliche Verantwortung für das Leben eines andern Menschen trug und das als Gottes Strafe über mir verstand.

IX A 224 (August 1848)

..... Gesetzt nun das Verhältnis wäre dies, es gäbe einen Menschen der in einer Hinsicht vielleicht, menschlich gesprochen, edel und uneigennützig wäre, und er verstünde nun in der Reflexion, es sei das Wahre es zu vermeiden, daß er auch so erscheine. Aber gesetzt nun der gleiche Mensch wäre in andrer Hinsicht ein größerer Sünder als viele andere: wenn er nun in der Reflexion es versteckt, oder den Augenschein meidet so gut oder uneigennützig zu erscheinen wie er ist, aber nicht darauf achtet oder nicht dazu kommen kann die andre Seite offenbar zu machen, so ist hier ja wieder eine Unwahrheit.

Die Selbstverleugnung, es zu vermeiden so gut zu erscheinen wie man ist, ist allzu vollkommen, ist zu hoch geschraubt für einen Menschen, ist etwas Dämonisches – ist nicht für Sünder. Ein Sünder darf sich niemals einbilden, er könne so gut sein, daß es gefährlich sei wenn Welt oder Menschen zu wissen bekämen wie gut er sei. An die Stelle dieses heidnischen Gedankens den Augenschein zu meiden setzt das Christentum etwas anderes, das Bekenntnis der Sünde. Wird ein Mensch in dieser Hinsicht ganz aufrichtig sein, so kann es niemals gefährlich werden, wenn die Welt ganz zu wissen bekäme wie gut er ist.

Gut. Aber wenn nun im Lauf der Entwicklung das sich als Sünder Erkennen und Bekennen wiederum ein reflektierter Ausdruck für Reinheit geworden ist: so sind wir ja wieder am gleichen Fleck. Und so war das ja im Mittelalter.

So kommt es denn doch wieder dahin, daß ein Mensch in Furcht und Zittern seine Reflexion brauchen muß.

IX A 285 (Oktober/November 1848)

An diesem Punkt ist mir Halt geboten. Eröffne ich mich anderen, so ist eben damit mein Leben weniger angestrengt. Menschlich gesprochen (d. h. im Sinne menschlicher Selbstliebe) haben die Menschen recht damit dies von mir zu fordern, aber habe ich Erlaubnis dazu bei Gott? Ich kann mit einem halben Blicke sehen, daß soweit hinaus wie ich bin, ich keine bekomme; daß ich mich eröffne, will bedeuten, daß ich niedergezogen werde. Auf der andern Seite mein Gang voran ist der gewisse Untergang. Aber ist denn nicht etwas Unbedingtes da? Hier hab ich es wieder. In dem Augenblick wo ich mit meinem Leben ausfahre in Bedingtheiten hinaus, bin ich verstanden, und meine Sache ist in tieferem Sinne verloren – menschlich gesprochen ist sie dann gewonnen.

Der einzige Ausdruck dafür daß ein Unbedingtes da ist, ist dessen Märtyrer zu werden oder Märtyrer für es. So ist es bereits im Verhältnis zu unbedingter Liebe.

So fern ist das Geschlecht dem Ideal, daß da in einzelnen Generationen zwischendurch einmal einer ist, der doch etwas näher daran ist auszudrücken, daß das Unbedingte da ist und er wird dann niedergetreten vom Geschlecht. –

IX A 293 (Nov. 1848)

Recht angestrengt bin ich doch, aber nun hab ich auch bald das Ziel erreicht. Die Schrift „Der Gesichtspunkt für meine Wirksamkeit als Schriftsteller" ist nun so gut wie fertig. Auf das mich verlassend was ich in der vergangenen Zeit getan habe um meine Schriftstellerei existierend zu unterstützen, bin ich in dieser letzten Zeit nichts als Schriftsteller gewesen. Mein Geist ist stark genug, leider allzu stark für meinen Leib; in einer Hinsicht ist es mein Geist, der mir hilft es mit einer so schwachen Gesundheit auszuhalten, in anderm Sinne ist es mein Geist, der meinen Leib vergewaltigt.

IX A 295 (Nov. 1848)

Das Wort von Savonarola über sich selbst, daß er wie ein Hammer in Gottes Hand sei: brauch ihn solange du willst, und willst du ihn nicht länger brauchen so wirf ihn weg – ist eigentlich eine Beleidigung Gottes. Auf die Weise kann kein Mensch ein Verhältnis zu Gott haben, das ist von allzu erotischem Ebenmaß und unterstellt Gott doch eigentlich Veränderlichkeit; es ist wie wenn ein Mädchen von dem Treulosen sagt: ich bin es zufrieden, daß er mich eine ganz kurze Zeit geliebt hat, dann warf er mich weg, aber ich lieb ihn gleichwohl und bin dankbar für die kurze Zeit.

Also das kann das Verhältnis nicht sein, daß es doch ist als ob Gott sich veränderte, als ob es Gott wäre der eines überdrüssig würde. Das Verfehlte an jenem Wort ist gerade die leidenschaftliche Wendung: wenn du ihn nicht länger brauchen willst, denn die Aufgabe im Verhältnis zu Gott ist fort und fort die des Glaubens, daß er einen darum und dennoch gleich höchlich liebt. Somit mußte Savonarola sagen: mögest du mich nun brauchen oder nicht mich brauchen, hilf mir nur den Glauben festhalten, daß du Liebe bist; daß Savonarola also nicht deshalb glaubt, daß Gott ihn liebt, weil er ihn braucht – sondern weil Gott Liebe ist, sodaß da nicht, geschweige denn in einer Veränderung die der Reflexion unterlegt wird, sein Verhältnis zu Gott Gegenstand der Reflexion wird, sondern Gottes Wesen, daß er nämlich Liebe ist.

Im Grunde ist etwas Verzweifeltes in jenem Worte Savonarolas, daß also Gott nicht derselbe wäre, nicht ganz die Liebe wäre gegen einen Menschen, wenn er ihn nicht länger mehr brauchen könnte. Ja, so ist es bei einem Menschen, aber, schrecklich, von Gott so zu denken.

IX A 298 (Nov. 1848)

Aus einer Beilage (4) zum Gesichtspunkt für meine Wirksamkeit als Schriftsteller, welche nicht gebraucht worden ist:

Mein Herz weitet sich, nicht als hätte es jemals enge geschlagen in meiner Brust; aber die Innerlichkeit, die mein Leben gewesen, und von der ich geglaubt sie müßte mein Tod geworden sein, hat Luft bekommen, das Band des Dialektischen ist gelöst, ich darf unmittelbar reden.

Ich liebe mein Vaterland – ich bin freilich nicht in den Krieg gezogen – meine aber auf andre Weise ihm gedient zu haben, und meine zu verstehen, daß ich recht habe in dem was ich verstehe, daß Dänemark seine Stärke suchen soll in Geist und Intelligenz. Ich bin stolz auf meine Muttersprache, deren Heimlichkeiten ich kenne, die Muttersprache, die ich mit größerer Verliebtheit behandle als ein Flötenspieler sein Instrument.

Ich weiß, aufrichtig hab ich jeden Menschen geliebt, sind gleich viele meine Feinde gewesen, ich habe keinen Feind gehabt. Ich habe, wie ich in der Schrift erwähnt, es nie gekannt, daß Gedanken und Ideen sich nicht darbieten wollten. Aber ich habe etwas andres gekannt. Wofern ich so nach einem Spaziergang wo ich mir meditierend die Gedanken hole, heimkehrte, überwältigt von Gedanken, jedes Wort fertig es niederzuschreiben, in gewissem Sinne schwach, sodaß ich kaum gehen konnte (o, wer mit Ideen zu tun hat, weiß, was das sagen will) – wofern dann ein Armer unterwegs mich ansprach, und ich in meinem Eifer für die Ideen nicht Zeit hatte mit ihm zu sprechen: dann geschah es, wenn ich heimkam, daß alles wie fort war, und ich in die schrecklichste Anfechtung sank, mit dem Gedanken, Gott könne gegen mich tun wie ich gegen diesen Menschen getan. Nahm ich mir hingegen die Zeit mit dem Armen zu reden, auf ihn zu hören: so ist mir dies nie widerfahren, so stand alles fix und fertig, wenn ich heimkam. O, man verachtet in diesen Zeiten alle Garantien – und doch, doch ist und bleibt es die beste Garantie dafür daß ein Mensch die Menschen liebt, wenn er Gott so nahe auf dem Leibe hat wie ich ihn nahezu jeden Augenblick gehabt.

[Anmerkung. Einige Sätze dieser Tagebuchaufzeichnung wiederholen sich in dem einzigen Stück aus dem Manuskript des Gesichtspunktes, das der Vernichtung in der Zeit nach Kierkegaards Tode entgangen ist, deshalb entgangen ist, weil Kierkegaard es vorher aus dem Manuskript abgesondert hat. Ich füge dies Stück (IX B 57) zweckmäßig hier an:]

Schluß

Die vorliegende Schrift ist eine Deutung und zwar von etwas Vergangenem, etwas Zurückgelegtem, etwas Historischem. Sie gehört insofern gewissermaßen selbst der Vergangenheit zu; es mußte daher verschiedenes gesagt werden, von dem ich lieber wünschte es nicht haben sagen zu müssen, das aber dennoch historisch nicht vergessen, nicht verschwiegen werden soll und kann.

Das ist nun vollbracht, der historischen Wahrheit ist ihr Recht widerfahren vermöge einer unmittelbaren Mitteilung, eben daher ist aber auch – und dies gehört natürlich nicht zur Vergangenheit – mein ganzes Verhältnis als Schriftsteller verändert. Die Rechenschaft ist getan; auf der andern Seite bin ich durch die unmittelbare Mitteilung, die in dieser Schrift enthalten ist, aus dem Charakter der polemischen Hinterlist herausgetreten – es wäre ja ein Widerspruch zu gleicher Zeit hinterlistig zu sein und geradezu.

Also, um zum Schluß an die Einleitung zu erinnern, so bestimmt, so geradezu, so offen, so versöhnlich, so friedsam wie möglich heraus mit der Sprache. Jetzt wo ich es religiös für meine Pflicht ansehe zu reden, werde ich mit Gottes Hilfe in diesem Geiste reden, aufrichtig, und im Übrigen so gut ich's vermag. Mein Herz weitet sich, nicht als hätte es jemals enge geschlagen in meiner Brust; aber die Innerlichkeit, die in meinem Leben gewesen, und von der ich geglaubt, sie müßte mein Tod geworden sein, hat Luft bekommen, das Band des Dialektischen ist gelöst, ich darf unmittelbar reden.

Ich bitte jeden, dem des Christentums Sache am Herzen liegt (und ich bitte zu Gott, die Zeit möge kommen, daß dies bei jedem der Fall wäre) recht inständig auf mein ganzes Bestreben als Schriftsteller zu achten. Ich bin des gewiß, daß daselbst auf meiner Seite, so vereint, wie sie gar selten vereint sind, die Bedingungen vorhanden sind um das Christentum gerade so zu beleuchten und darzustellen wie es in diesem Augenblick vonnöten ist. Ich sage dies ohne jegliche eitle Freude; ich bin ja im Grunde von meiner frühesten Jugend an geopfert worden, und werde es noch, für die Sache, welcher ich diene. Doch das kümmert mich nicht, wenn nur die Sache — und das beschäftigt mich unbeschreiblich — zu Gottes Ehre dienen muß. Jedoch in dieser Hinsicht ist auch alles vorhanden. Meine Schwachheit, eine Memme wie ich bin; meine Kraftlosigkeit und Ohnmacht, ein Sterbender wie ich bin; meine Irrungen und Sünden, ein Büßer wie ich bin: ja, selbst wenn ich undankbar und lümmelhaft genug wäre die Ehre des Ganzen an mich reißen zu wollen: es wäre unmöglich. Dahingegen, Gott sei gelobt, kann es nicht anders sein als daß jeder, der auch nur mit einiger Nachdenklichkeit auf meine Wirksamkeit als Schriftsteller Acht hat, auf Gott aufmerksam werden muß, und, wo er es nicht mit Freuden tut, gleichsam genötigt wird, Gott die Ehre zu geben — Gott sei gelobt! Denn was schiert mich doch der Welt Ehre und Herrlichkeit, und was schiert mich doch ihr Hohn und Spott, ja was schiert mich meine eigne Person, wenn nur Gott geehrt werden muß. Schenk mir die ganze Welt — und ich gebe sie augenblicklich wieder fort, wo Gott mir zulassen würde auch nur das Geringste zu tun zu seiner Ehre.

„Du rasest". O, nein ich rase gewiß nicht. Oder ist es denn Raserei, was ich hinzufüge: wo einer mich aufklären kann, daß in diesem Augenblick in unserm Lande noch ein Mann lebe, ein Schriftsteller, der im gleichen Maße wie ich die Voraussetzungen hat die Sache des Christentums zu beleuchten: so unterstelle ich ihm augenblicklich meine ganze Arbeit.

X 1 A 78 (Jan. 1849)

Der Gesichtspunkt für meine Wirksamkeit als Schriftsteller soll nicht herausgegeben werden, nein, nein!

..... ich kann mich nicht ganz wahr darstellen. Selbst in dem ganz ursprünglichen Manuskript (das ich doch geschrieben hatte ohne überhaupt an den Druck zu denken) hab ich doch nicht herausheben können, was mir die Hauptsache ist: daß ich ein Büßer bin, und daß dies mich am tiefsten erklärt. Aber als ich dann das Manuskript vornahm um an die Herausgabe zu denken, mußte ich doch einige Kleinänderungen anbringen, weil der Nachdruck doch zu stark darauf gelegt war als daß es hätte herausgegeben werden können. Aber nur wenn das über Sünde und Schuld ebenso stark gesagt werden kann, wenn es ebenso stark miterklingen kann (was es in meinem Innersten, wenn ich die Sache bei mir selbst bedenke, tut), nur dann kann und will ich von dem Außerordentlichen sprechen das mir anvertraut ist oder gewesen ist .....

Ich kann nicht ganz sagen daß meine Wirksamkeit als Schriftsteller Aufopferung ist. Denn wohl wahr, ich bin von Kind auf usw. unbeschreiblich unglücklich gewesen; aber im Verhältnis dazu erkenne ich ja doch, daß der Ausweg den Gott fand, mich Schriftsteller werden zu lassen, für mich reich, reich an Genuß gewesen ist. Ich bin somit wohl geopfert, aber meine Wirksamkeit als Schriftsteller ist nicht Aufopferung, es ist ja doch das was ich unbedingt am liebsten fortfahren möchte zu sein. .....

X 1 A 117 (19. Febr. 1849)

..... Was den „Gesichtspunkt" angeht, so gilt, daß er ganz und gar in einem Zustand geschrieben ist, da ich es nicht erwartete es zu erleben, daß ich ihn selbst herausgäbe. Er ist wie die Beichte eines Sterbenden. Es ist gewiß ein großes Gut für mich daß es mir gelungen ist ihn zu schreiben, und wäre ich, gemäß einem ersten Vorsatz, im vorigen Frühjahr ins Ausland gereist, hätte ich es wohl nie erlebt so etwas aufs Papier zu bekommen. Dazu mußte ich in ganz andrer Weise leiden und noch tiefer als je zuvor in mich selber hineinsinken. Der vergangene Sommer ist in der Hinsicht von äußerster Wichtigkeit für mich gewesen. Insofern war es wieder gut, daß ich nicht reiste. Ich habe eine Produktivität erreicht, die ich sonst nicht erreicht hätte. Aber was den „Gesichtspunkt“ angeht, so folgt daraus nicht, daß er herausgegeben werden soll.

..... Es liegt so ganz in meinem Wesen das Beste in Innerlichkeit verborgen zu halten.

X 1 A 266 (April 1849)

Noch einen letzten Versuch habe ich gemacht um doch ein Wort über mich selbst und mein ganzes schriftstellerisches Werk zu sagen. Ich habe „ein Beiblatt“ geschrieben, welches die „Rechenschaft“ genannt werden, und die „Reden“ [über die Lilie und den Vogel] begleiten sollte. Es ist in meinen Gedanken ein Meisterstück; aber das ist gleichgiltig: es läßt sich nicht machen.

Die Sache ist, ich sehe mit außerordentlicher Klarheit den unendlich sinnreichen Gedanken ein, welcher in der Ganzheit des schriftstellerischen Werkes liegt. Menschlich gesprochen wäre eben jetzt der Augenblick, jetzt wo die zweite Ausgabe von „Entweder — Oder“ erscheint. Es würde großartig sein. Aber es ist etwas Unwahres darin.

Denn ich bin dermaßen Genie, daß ich nicht geradenwegs unmittelbar persönlich das Ganze auf mich nehmen kann ohne der Weltlenkung zu nahe zu treten. Jedes Genie ist überwiegend Unmittelbarkeit und Immanenz, hat kein Warum; und es ist daher wiederum meine Genialität die mich so klar, jetzt hinterdrein, das unendliche Warum in dem Ganzen sehen läßt; aber dies ist somit der Anteil der Weltlenkung. Auf der andern Seite, ich bin nicht dermaßen der Religiöse, daß ich alles unmittelbar auf Gott zurückführen kann.

Also nicht ein Wort. Sollte etwas gesagt werden, dann allein dies. Oder falls die Umwelt mir eine Verlautbarung und Erklärung abnötigen will, dann diese:

Ich leide unbeschreiblich, jedes Mal da ich dazu angesetzt habe etwas Derartiges über mich selbst und das schriftstellerische Werk herausgeben zu wollen. Meine Seele wird unruhig, mein Geist verweilt nicht wie sonst beim Produzieren; ich ergeife mit einer grauenhaften Leidenschaft ein jedes Wort, denke daran zu allen Zeiten, auch außerhalb der Arbeitszeit; mein Gebet wird ungesund und zerstreut, denn jede Geringfügigkeit wird mir übertrieben wichtig, sobald hierzu ein Verhältnis besteht. Sobald ich es sein lasse, entweder es hervorbringe aber mit dem Gedanken es nicht herausgeben zu wollen, oder etwas anderes hervorbringe, so werde ich sogleich ruhig, mein Geist verweilt, so wie jetzt bei der Niederschrift und der geplanten Herausgabe der drei frommen Reden.

Es ist zuviel, nun plötzlich diese gewaltige Schriftstellerei auf mich zu nehmen als einen einzigen Gedanken — wiewohl ich sehr gut sehe daß sie das ist. Indes ist es doch keineswegs dies Eitle, das mich bestimmt hat, das glaube ich nicht. Es ist ursprünglich ein religiöser Gedanke, ich meinte es Gott schuldig zu sein. Aber deshalb liegt ja nun auch alles fertig da — für die Zeit nach meinem Tode.

Persönlich kann ich es nicht derart auf mich nehmen. Es ist, um ein Beispiel zu nehmen, wahr, daß ich „mit religiöser Entschlossenheit" als Schriftsteller begann; [vgl. hierzu X 5 B 191, mitgeteilt oben Anm. 4+]. Aber es muß auf andre Weise verstanden werden. „Entweder — Oder", insbesondre das „Tagebuch des Verführers" hab ich geschrieben um ihretwillen, um sie aus dem Verhältnis [zu mir] herauszulösen. Überhaupt ist eben dies das Zeichen dafür, daß Genialität in mir ist, daß das was mich persönlich beschäftigt, daß das die Vorsehung zu etwas weithin Eingreifendem macht. Ich denke hier an das was ein Pseudonym [Joh. Climacus S. V. VII 120 f.] über Sokrates geschrieben hat: „sein ganzes Leben war persönliche Beschäftigung mit sich selbst, und dann geht die Weltlenkung hin und fügt welthistorische Bedeutung hinzu." So um ein anderes Beispiel zu nehmen. Polemisch bin ich von Natur und das mit „jenem Einzelnen" habe ich frühzeitig verstanden. Aber dennoch, als ich das [über den Einzelnen] zum ersten Male schrieb (in den „zwei erbaulichen Reden" [1843]) dachte ich im Besonderen an das: „m e i n Leser", denn dies Buch enthielt einen kleinen Wink für sie, und es war bis auf weiteres auf besondere Weise ungeheuer persönlich wahr in mir, daß ich nur einen einzigen Leser suchte. Dieser Gedanke ist dann nachträglich übernommen. Aber hier ist wiederum der Anteil der Weltlenkung so unendlich.

Die übrige Schriftstellerei kann gerne ausgegeben werden. Nur nicht ein Wort über mich selbst.

Reisen muß ich denn.

X 2 A 511 (Febr. 1850)

Über die Herausgabe der Schriften über mich selbst.

Auch die Rechenschaft kann jetzt nicht herausgegeben werden. Es ist in mir, so wie ich es ständig verstanden habe, allzuviel Dichterisches, als daß ich mich selbst mit anbringen könnte; und anderseits soll es geschehen, so sollte es nach einem so entscheidenden Maßstabe getan werden, daß ich ganz und gar ausreden dürfte über mich selbst. Hier ist ein Entweder – Oder. Ein einziges Wort derart unmittelbar über mich selbst, so ist die *μεταβασις εις αλλο γενος* [der Übergang in eine andre Art] gebildet, und ich kann nicht anhalten .....

..... Der „Gesichtspunkt für meine Wirksamkeit als Schriftsteller", so wie er in der ursprünglichen Niederschrift vorliegt, ist die wahreste Auffassung.

..... Für das Außerordentliche gebe ich mich selbst nicht aus. Ich bin wesentlich ein Dichter – und dann ein Büßer.

X 2 A 515 (Febr. 1850)

Die Schriften über mich selbst betreffend.

Es ist etwas, darauf ich oft zurückkomme, das Ursprüngliche: daß ich mit Tode hätte abgegangen sein sollen, und dann die ganze letzte Schriftstellerei herausgegeben werden sollen nach meinem Tode.

Ich fühlte mich in jener Zeit so leiblich schwach aber so unerklärlich reich. Da glückte es mir denn auch die ganze Durchsichtigkeit zu erreichen.

Wäre ich damals gestorben, so wäre die Wirkung die stärkstmögliche geworden, menschlich gesprochen.

Solange ich lebe, werde ich nicht verstanden. Der Tod muß mildernd hinzu um den Gleichzeitigen aus der Schwierigkeit herauszuhelfen. Ich habe eigentlich viel zu viel Idealität um ein Lebender zu sein. So lange ich lebendig daneben stehe, wird es beinahe für jedermann eine Unmöglichkeit sein, zu glauben, nach welchem Maßstabe ich gefühlt habe, daß ich recht hatte und die Wahrheit auf meiner Seite, welche überlegene Stärke mir vergönnt war, was ich in meiner Macht gehabt habe, wie systematisch ich Schritt für Schritt, so wie ich allmählich den Gedanken der Weltlenkung verstand, mir entgegengearbeitet habe, um desto tiefer zu verwunden. O, es ist etwas unbeschreiblich Wehmütiges und Schmerzhaftes in diesem einsamen bei sich selber Wissen, aus dem ich im Übrigen vergeblich mich bemühen würde herauszudringen, denn es würde doch keiner mir glauben. Ich der ich mich unendlich tief als geringer denn der Geringste gefühlt habe, als kaum ein Mensch: und dann in einem andern Sinne nach dem Maßstabe begünstigt.

X 4 A 351 (Etwa August 1851, ganz kurz vor dem gleichzeitigen Erscheinen der Schrift „Über meine Wirksamkeit als Schriftsteller" und der „Zwei Reden beim Altargang am Freitag").

Über mich selbst.

Jetzt ist es im Druck. O, unerklärlich, so unsäglich froh fühle ich mich und so beruhigt und vertrauensvoll und überwältigt.

Unendliche Liebe! Ich habe viel gelitten in der verflossenen Zeit, ach sehr viel, o, aber nun kommt es wieder. Abermals steht das Verständnis meiner Aufgabe vor mir, aber in einer höheren Potenz; und ob ich denn siebzehn Male fehlgegriffen habe – dennoch, eine unendliche Liebe hat in ihrer Gnade alles miteinander zum Richtigsten gemacht.

Unendliche Liebe! Es ist doch selig zu danken, aber niemals vielleicht fühlt man tiefer seine Elendigkeit und Sünde als wenn man dergestalt überwältigt wird, so wie Petrus sagte: „Gehe hinaus von mir, denn ich bin ein sündiger Mensch" – gerade anläßlich des großen Fischzugs.

X 5 A 146 (13. Okt. 1853)

Über mich selbst.

In dem was in den Tagebüchern von 1848 und 1849 über mich selbst aufgezeichnet ist, ist sicherlich noch oft etwas Dichterisches mit unterlaufen. Es ist nicht so leicht, wenn man in dem Maße dichterisch-produktiv ist wie ich, etwas Derartiges fern zu halten. Es kommt alsogleich zutage, wenn ich die Feder in die Hand nehme. Denn, wunderlich genug, in meinem eignen Innern bin ich auf ganz andere Weise kurz und klar über mich selbst. Aber sobald ich es aufzeichnen will, wird es sofort zu einem Dichtwerk. So ist es auch wunderlich genug, daß bei religiösen Eindrücken, Gedanken, Ausdrücken, die ich persönlich anwende, ich keine

Lust habe sie aufzuzeichnen, dafür sind sie mir gleichsam zu wichtig. An solchen hab ich nur ein paar — aber ich habe Mengen davon erzeugt. Und erst wenn solch ein Wort gleichsam verbraucht ist, kann es mir beikommen es aufzuzeichnen oder es in die Schriftstellerei mit einlaufen zu lassen.

Nun will ich dennoch wiederum ein bißchen über mich aufzeichnen.

Es gibt zwei Gedanken, die seit so früher Zeit in meiner Seele sind, daß ich eigentlich ihr Entstehen nicht nachweisen kann. Der erste ist: daß es Menschen gebe, deren Bestimmung ist geopfert zu werden, auf die eine oder andre Weise für andre geopfert zu werden, um die Idee hervorzubringen — und daß ich durch mein besonderes Kreuz so einer sei. Der andre Gedanke ist, daß ich niemals darin erprobt werden würde für mein Auskommen arbeiten zu müssen, teils weil ich meinte sehr jung sterben zu müssen, teils weil ich meinte, daß Gott in Anbetracht meines besondren Kreuzes dies Leiden, diese Aufgabe mir fernhalten würde. Woher man solche Gedanken hat, ja das weiß ich nicht; aber das weiß ich, angelesen hab ich sie mir nicht, auch hab ich sie nicht von einem andern Menschen empfangen.

Nun will ich mein Leben in Kürze durchgehen.

Als ich „sie“ verlor, begehrte ich Eines von Gott, daß es mir gelingen möge „Entweder — Oder“ zu schreiben und zu vollenden (das war auch um ihretwillen, denn das „Tagebuch des Verführers“ sollte ja abstoßen, oder wie es in „Furcht und Zittern“ heißt: wenn das Kind entwöhnt werden soll, so schwärzt die Mutter die Brust) — und dann hinaus auf eine Pfarre, das, meinte ich nämlich, wäre ein Ausdruck für der Welt entsagen.

Das mit „Entweder — Oder“ ist mir gelungen. Jedoch geschah es nicht, wie ich erwartet und beabsichtigt hatte, daß ich gehaßt, verabscheut wurde usw.: o, nein, ich machte glänzendes Glück.

Also dieser Wunsch, mein Begehr wurde erfüllt soweit es das Fertigwerden mit „Entweder — Oder“ betrifft.

Nun sollte ich also mich davon gemacht haben hinaus auf eine Pfarre als Dorfpastor. Ich schulde es der Wahrheit einzugestehn, daß nach solch einer mächtigen schriftstellerischen Leistung in so kurzer Zeit, nachdem da solch eine Sensation hierzuort entstanden war, dieser Gedanke mir gleichsam aus dem Gedächtnis gekommen war. Zugleich war in mir eine so starke Produktivität erwacht, daß ich ihr nicht Widerstand zu leisten vermochte.

Hier geschah somit etwas anderes, ich wurde Schriftsteller, schwenkte aber in die Richtung ein, religiöser Schriftsteller zu werden.

Bald tauchte indes jener andre Gedanke (der Dorfpastor) wieder auf. Ich gedachte darauf zu sehen, daß ich in der kürzesten möglichen Zeit als Schriftsteller fertig würde – und dann Dorfpastor.

Bei jeder neuen Schrift dachte ich stets, jetzt mußt du abbrechen.

Am entscheidendsten zeigte sich das doch für mich in Beziehung auf die „Abschließende Nachschrift".

Hier war es mein Gedanke Halt zu machen – – – – – – da schrieb ich die Zeile über den Corsaren.

Von diesem Augenblick an veränderte sich für mich der Eindruck vom Schriftsteller Sein. Jetzt meinte ich, ich müsse dabei bleiben, so lange als es irgendwie möglich sei, jetzt war Schriftsteller sein, hier sein, mir derart vergällt, daß es eher Askese war, als hinaus zu gehen aufs Land.

Da kam 1848. Hier wurde mir eine Überschau über mich selbst vergönnt, von der ich nahezu überwältigt wurde. Ich glaubte zu verstehen, welchermaßen eine Lenkung mir zur Seite gegangen war, daß mir wirklich das Außerordentliche vergönnt war.

Aber im gleichen Augenblick wurde ein andrer Gedanke mir klar, daß da, falls ich wirklich das Außerordentliche sein sollte, von mir nun gefordert werden müsse dergestalt in den Charakter des Außerordentlichen zu treten, daß ich willig wäre in Armut zu leben, in einem andern Sinne zu leiden als ich anher mir gedacht. Also das war 1848. Stark bin ich eigentlich nie gewesen. Und in dieser Zeit widerfuhr es mir, daß ich ein paar Male näher an den Tod gemahnt wurde – da ..... [das Folgende verliert sich in Einzelheiten des großen Reflexionskampfes von 1849/50 und dann in allgemeinere Erörterungen über die Dialektik seines Christentumsverständnisses.]

III. ÜBERSICHT ÜBER KIERKEGAARDS SCHRIFTSTELLERISCHES WERK

Ausgeschlossen aus dieser Übersicht ist alles, was Kierkegaard nicht zu seinem schriftstellerischen Werk gerechnet hat, also die Jugendschriften bis zur Dissertation einschließlich, kleine belanglose Zeitungsartikel u. dgl. Ausgeschlossen ist ferner das nach Herbst 1851 von ihm in den Druck Gegebene. Die Aufführung des Aufgenommenen geschieht nach der Zeitfolge des Drucks. Die den einzelnen Schriften vorangestellten Daten sind die des Erscheinens im Kopenhagener Buchhandel. Bei den unter eignem Namen erschienenen Schriften ist dem Titel ein (S. K.) beigefügt.

1843

20. II. **Entweder — Oder.** Ein Lebensbruchstück, herausgegeben von Victor Eremita. **Erster Teil**, enthaltend die Papiere von A (dem Ästhetiker). **Zweiter Teil**, enthaltend die Papiere von B (dem Ethiker). Den Papieren von A im ersten Teil ist beigefügt das Tagebuch des Verführers.

Erste Ansätze zur Arbeit: Aug./Sept. 1841 (Zeit der Täuschung, die zur Entlobung führt). Abschluß der Niederschrift zum zweiten Bande (noch ohne das „Ultimatum"): 7. XII. 1841. Entstehen und Niederschrift der Hauptstücke des ersten Teils: Dez. 1841 bis Juli 1842. Abschluß des Vorworts von Victor Eremita zum Ganzen (wahrscheinlich also Abschluß der Reinschrift des Ganzen): Nov. 1842. Die Aussage Kierkegaards im „Gesichtspunkt", daß der Artikel „Offenbare Beichte" vom 12. VI. 1842 geschrieben sei, als „Entweder — Oder" zum Reinschreiben fertig war, ist wesentlich richtig; es sind hinterher nur noch „Schattenrisse", „Diapsalmata" und „Ultimatum" abzuschließen gewesen, von denen die beiden letzten ältere Vorlagen haben. Auch die Angabe, daß Entweder — Oder in elf Monaten entstanden sei, ist, auf das Konzept bezogen, wesentlich richtig.

16. V. **Zwei erbauliche Reden.** (S. K.)

Das Vorwort, das von „jenem Einzelnen" spricht, den Kierkegaard mit Freude und Dankbarkeit *seinen* Leser nennt, trägt das Datum des 5. Mai 1843 (Kierkegaards 30. Geburtstag).

16. X. **Die Wiederholung.** Ein Versuch in der experimentierenden Psychologie von Constantin Constantius. — **Furcht und Zittern.** Dialektische Lyrik von Johannes de silentio. — **Drei erbauliche Reden.** (S. K.)

Die drei Schriften sind ab Mai 1843 geschrieben und auf einen Tag im Kopenhagener Buchhandel erschienen. In ihre Abfassung hinein (wohl Ende Juli 1843) erfuhr Kierkegaard die anderweitige Verlobung Regines.

6. XII. Vier erbauliche Reden. (S. K.)

1844

5. III. Zwei erbauliche Reden. (S. K.)

8. VI. Drei erbauliche Reden. (S. K.)

13. VI. Philosophische Brocken oder ein Bröckchen Philosophie. Von Johannes Climacus. Herausgegeben von S. Kierkegaard.

17. VI. Der Begriff Angst. Eine schlichte psychologisch hinweisende Erwägung in Richtung auf das dogmatische Problem der Erbsünde von Vigilius Haufniensis. — Vorreden: Unterhaltungslektüre für einzelne Stände, nach Zeit und Gelegenheit, von Nicolaus Notabene.

31. VIII. Vier erbauliche Reden. (S. K.)

Die sämtlichen erbaulichen Reden 1843/44 heißen auch zusammen: „Die achtzehn erbaulichen Reden."

1845

29./30. IV. Drei Reden bei gedachten Gelegenheiten. (S. K.) — Stadien auf dem Lebensweg. Studien von Verschiedenen. Zusammengebracht, zum Druck befördert und herausgegeben von Hilarius Bogbinder.

Die beiden Schriften sind an zwei aufeinanderfolgenden Tagen, die geleitenden religiösen Reden voran, im Kopenhagener Buchhandel erschienen. Die Stadien auf dem Lebensweg umfassen folgende drei (den drei vorangehenden Reden in umgekehrter Folge entsprechende) Teile: a) „In vino veritas". Eine Erinnerung nacherzählt von William Afham. [Das Gastmahl der Pseudonyme.] b) Unterschiedliches über die Ehe wider Einreden. Von einem Ehemann [Gerichtsrat Wilhelm]. c) „Schuldig" — „Nicht Schuldig?" Eine Leidensgeschichte. Psychologisches Experiment von Frater Taciturnus. [Bestehend aus dem Tagebuch des Quidam und dem Schreiben an den Leser von Frater Taciturnus.]

1846

27. II. Abschließende unwissenschaftliche Nachschrift zu den philosophischen Brocken. Mimisch-pathe-

tisch-dialektische Sammelschrift. Existentielle Einsprache, von Johannes Climacus. Herausgegeben von S. Kierkegaard.

Vgl. Anm. 9. Die Schrift ist am 30. Dez. 1845 an die Druckerei übergeben worden. Über den drei Tage davor erschienenen ersten Artikel des Frater Taciturnus gegen P. L. Møller und den Corsaren vgl. Anm. 14.

30. III. Eine literarische Anzeige. (S. K.) – Vgl. Anm. 16 u. ö.

1847

13. III. Erbauliche Reden in verschiedenem Geist. (S. K.)

1. Abt. Eine Gelegenheitsrede. [Mit der Widmung an „jenen Einzelnen"; vgl. im Übrigen Anm. 5.] 2. Abt. Was wir lernen von den Lilien auf dem Felde und den Vögeln unter dem Himmel. Drei Reden. 3. Abt. Das Evangelium der Leiden. Christliche Reden. [Die ersten Reden, welche Kierkegaard als „christlich" angezeichnet hat.]

29. IX. Die Taten der Liebe. Einige christliche Erwägungen in Gestalt von Reden. (S. K.)

1848

26. IV. Christliche Reden. (S. K.)

Übergabe des Manuskripts an die Druckerei: 6. III. 1848. – 1. Abt. Die Sorgen der Heiden. 2. Abt. Stimmungen in der Leiden Zwist 3. Abt. Gedanken die von rückwärts verwunden – zur Erbauung 4. Abt. Reden beim Altargang am Freitag [sieben an der Zahl].

24.–27. VII. Die Krise und eine Krise im Leben einer Schauspielerin (erschienen in dem Blatt „Faedrelandet" mit der Signatur: Inter et Inter).

1849

14. V. Die Lilie auf dem Feld und der Vogel unter dem Himmel. Drei fromme Reden. (S. K.)

Mit diesen drei frommen Reden, die März/April 1849 gleichzeitig mit der ersten Fassung der „Rechenschaft" entstanden sind, auf einen Tag ließ Kierkegaard die zweite Auflage von Entweder – Oder im Buchhandel erscheinen. Eben um dieses Geleitzweckes willen haben sie den auffallenden Untertitel fromme Reden erhalten.

19. V. Zwo kleine ethisch-religiöse Abhandlungen. Von H. H.

1. Hat ein Mensch das Recht, sich für die Wahrheit totschlagen zu lassen? 2. Über den Unterschied zwischen einem Genie und einem Apostel. – Die beiden Abhandlungen sind ein von aller persönlichen Polemik befreiter Auszug aus dem „Buch über Adler", einer von Kierkegaard seit 1846 immer wieder neu geschriebenen und umgelegten Schrift wider den Pastor Adler, der sich auf vorgebliche persönliche Offenbarungen berufen hatte.

30. VII. Die Krankheit zum Tode. Eine christliche psychologische Erörterung zur Erbauung und Erweckung. Von Anti-Climacus. Herausgegeben von S. Kierkegaard.

Erster Plan zu der Schrift: 11. II. 1848. Rapport und Urteil über die Schrift: 13. V. 1848. Übergabe des Manuskripts an die Druckerei: 28. VI. 1849.

13. XI. „Der Hohepriester" – „der Zöllner" – „die Sünderin", drei Reden beim Altargang am Freitag. (S. K.)

1850

27. IX. Einübung im Christentum. Von Anti-Climacus. Nr. I, II, III. Herausgegeben von S. Kierkegaard.

1. Plan zu Nr. I: April 1848. Nr. I, Nr. II und die erste Rede in Nr. III sind Mai bis Sept. 1848 geschrieben, die übrigen sechs Reden in Nr. III der Hauptsache nach Nov./Dez. 1848 (abgeschlossen spätestens Jan. 1849). Übergabe des Manuskripts an die Druckerei August 1850.

20. XII. Eine erbauliche Rede. (S. K.)

1851

7. VIII. Über meine Wirksamkeit als Schriftsteller. (S. K.) – Zwei Reden beim Altargang am Freitag. (S. K.)

Über die erste Schrift vgl. die geschichtliche Einleitung zu dieser Abteilung. Die zweite Schrift verwendet ein älteres Vorwort, das zwischendurch zur dritten Note in der Beilage zum „Gesichtspunkt" bestimmt gewesen war.

10. IX. Zur Selbstprüfung, der Gegenwart anbefohlen. (S. K.)